Knaur
MensSana

Von Ayya Khema sind außerdem erschienen:
Das Größte ist die Liebe
Ich schenke euch mein Leben

Über die Autorin:

Ayya Khema wuchs als Tochter eines jüdischen Börsenmaklers im Berlin der 20er-Jahre auf. Mit fünfzehn floh sie vor den Nazis nach England, wo für sie ein völlig neues Leben begann. Als Erwachsene bereiste sie mit Mann und Kind unter abenteuerlichen Umständen fast die ganze Welt, stets auf der Suche nach der letzten Wahrheit, die ihrem Leben Halt, Sinn und Orientierung geben sollte. In Ceylon, als 56-Jährige, wurde sie buddhistische Nonne. Ayya Khema gründete das erste buddhistische Waldkloster Deutschlands und wurde dort der geistige Mittelpunkt einer wachsenden Schar spiritueller Schüler aus aller Welt.

Ayya Khema

Die vier Ebenen des Glücks

Die Weisungen des Buddha zum Glücklichsein

Knaur
MensSana

Besuchen Sie uns im Internet: www.droemer-knaur.de
Alle Titel aus dem Bereich MensSana finden Sie im Internet unter
www.knaur-mens-sana.de

Vollständige Taschenbuchausgabe 2004

Knaur Taschenbuch. Ein Unternehmen der Droemerschen Verlagsanstalt
Th. Knaur Nachf. GmbH & Co. KG, München

Umschlaggestaltung: Werbeagentur ZERO, München
Satz: Ventura Publisher im Verlag
Umschlagabbildung: Photonica
Druck und Bindung: Nørhaven Paperback A/S
Printed in Denmark
ISBN 3-426-87203-X

2 4 5 3 1

Dieses Buch ist allen Menschen gewidmet,
die Glück und Frieden nicht in der Welt,
sondern in ihren eigenen Herzen suchen.

Inhalt

Vorwort

Es ist bestimmt nichts Neues, daß wir alle glücklich sein wollen. Daß wir uns alle darum bemühen, ist gleichfalls altbekannt. Der genaue Plan, den der Buddha hinterlassen hat, wie man das am besten machen und sicher mit Erfolg rechnen kann, ist hier in diesem Buch beschrieben.

Natürlich handelt es sich dabei um neue Wege, neues Denken, neue Methoden, denn, wenn das Altbekannte funktioniert hätte, wären wir ja alle schon permanent glücklich.

Der Buddha hat diesen genauen Plan „die vier Ebenen des Glücks" genannt und im Detail erklärt, wie jede der Ebenen aufgebaut ist, was unsere Bemühungen sein sollten, und welche Tiefe des Glücks wir auf jeder Ebene erwarten können.

Dieses Buch enthält nicht nur die 2500 Jahre alten Erklärungen des Buddha, sondern ist gleichzeitig ein aktuelles Arbeitsbuch, demzufolge wir die Methoden ausprobieren und verinnerlichen können.

Möge es recht vielen Menschen den Weg zu dauerhaftem Glück bahnen.

Buddha-Haus im Allgäu
Januar 1997

Ayya Khema

Danksagung

Man kann sich kaum vorstellen, wie viele Menschen dabei mithelfen, bis so ein Buch wie dieses in die Hände des Lesers gelangt.

Allen, die mich dabei unterstützen, mein Gedankengut, basiert auf den Anweisungen des Buddha, in Buchform weitergeben zu können, möchte ich innigen Dank aussprechen.

Ich denke auch, daß die Bücher mich überleben werden und vielleicht nach meinem Tod noch hin und wieder hilfreich wirken können.

Als erstes danke ich meinen Schülern, denen ich diese Lehrreden als Vorträge vermittelt habe. Ohne ihre Aufmerksamkeit und ihr Interesse wären diese Vorträge nicht zustande gekommen.

Dann danke ich denjenigen meiner Schülerinnen und Schüler, die spontan und liebevoll die Kassetten transkribiert und teilweise auch schon redigiert haben. Dann kam Traudel, die sämtliche Verbesserungen, auch ihre eigenen, in den Computer eingegeben hat. Danach Dunja, die nach meinem zweimaligen Redigieren einen dritten Durchgang machte.

Dann hat Traudel das ganze auf dem Computer gesetzt, während wir uns den Kopf über ein Titelbild zerbrachen. Viele Vorschläge, hoffentlich gefällt Euch das Endresultat. Viele Menschen haben ihr Bestes getan, um das Buch schön zu gestalten und dem Leser zugänglich zu machen.

Vielen, vielen Dank an meine Leser. Möge es Euch Freude bereiten.

Buddha-Haus im Allgäu
Januar 1997

Ayya Khema

I

Die erste Ebene des Glücks:

Die Welt der Sinne

Die vier Ebenen des Glücks, die der Buddha erläutert hat, sind für uns alle von größtem Interesse, denn wir sind alle auf der Suche nach Glück. Daher wird es uns behilflich sein, wenn wir erkennen und auch in uns erleben, welche Ebenen des Glücks es gibt und welche wir schon benutzt haben. Im Prinzip benutzt die ganze Menschheit die unterste, gröbste Ebene. Der Buddha hat sie zwar auch eine Ebene des Glücks genannt, so daß es nicht bedeuten soll, daß sie nicht existiert oder nicht existieren darf. Diese unterste Ebene des Glücks sind die Sinnesbefriedigungen. Wenn wir dies bei uns selbst noch nicht erkannt haben, so haben wir durch Meditation und Kontemplation Gelegenheit, Einsicht in sie zu erlangen. Sollte die Erfahrung durch Selbsterkenntnis nicht funktionieren, brauchen wir nur einmal zu beobachten, womit zum Beispiel Vögel beschäftigt sind. Als nächsten Schritt schauen wir, ob das nicht dem sehr ähnlich ist, was wir auch machen.

Was haben wir für Sinne? In der buddhistischen Lehre ist das Denken der sechste Sinn. Wir haben also Sehen, Hören, Schmecken, Riechen, Berühren und Denken. Die Menschheit hat, mit wenigen Ausnahmen, nichts anderes im Sinn, als diese sechs Berührungskontakte angenehm zu gestalten. Aber das bedeutet nicht, daß sie nicht angenehm sein sollen. Es bedeutet ganz einfach, daß die meisten Menschen auf dieser Ebene steckenbleiben. Es wird auch das erste Hindernis genannt. Wir haben fünf Hindernisse*. Das erste heißt die Begierde nach Sinnesbefriedigung. Es ist darum ein Hindernis, weil es keine endgültige Befriedigung auf dieser Ebene gibt. Das ist in dem folgenden Vers ganz wunderbar ausgedrückt:

„Wonach du sehnlich ausgeschaut,
Es wurde dir beschieden.

Du triumphierst und jubelst laut:
Jetzt hab ich endlich Frieden!

Ach, Freundchen, rede nicht so wild,
Bezähme deine Zunge!

Ein jeder Wunsch, wenn er erfüllt,
Kriegt augenblicklich Junge."

Wilhelm Busch

Absolute Wahrheiten dagegen bleiben immer dieselben.

---

* 1. Sinnesbefriedigung, 2. Übelwollen, 3. Lässigkeit und Trägheit, 4. Unruhe und Rastlosigkeit, 5. Zweifelsucht.

Das ist alles schön und gut, hilft uns aber nur, wenn wir es an uns selbst bemerken. Das heißt natürlich nicht, daß wir dann die Suche nach Sinnesbefriedigung auch sofort aufgeben können. Aber endlich wissen wir, was wir eigentlich tun und womit wir unsere Zeit verschwenden. Es ist eine Zeit- und Energievergeudung, nach den Annehmlichkeiten zu suchen, die natürlich überall, vor allen Dingen in einer Wohlstandsgesellschaft wie unserer, käuflich zu erwerben sind. Keiner glaubt, daß man sich das Glück kaufen kann, und dennoch wird es immer wieder probiert.

Was wir wissen und was wir können, liegt meilenweit auseinander. Wer glaubt schon, daß man Glück kaufen kann? Bestimmt nicht ein einziger. Und was machen wir? Womit verbringen wir unsere Tage? Wir glauben, uns fordern äußere Schwierigkeiten wie Beruf, Gesundheit, andere Menschen, das Wetter, und wir müßten es uns daher recht angenehm machen, wenn wir sogenannte »Freizeit« haben. Wie machen wir es uns angenehm?

Wir versuchen, irgendetwas zu bekommen, das leicht zu haben ist und angenehme Gefühle hervorruft. Und was passiert? Wir bekommen es. Das ist überhaupt kein Kunststück. Das, was der Mensch wirklich will, bekommt er. Hier ist ein wichtiges Kontemplationsobjekt: Was habe ich eigentlich bekommen? Dann muß ich es wohl auch gewollt haben. Denn keiner bekommt etwas, ohne es gewollt zu haben. Ob er nun merkt, daß er es will, ob er es jetzt gewollt hat, vor langer Zeit oder kürzlich, all das bedeutet nichts.

Er hat es gewollt und hat es bekommen. Woraus unser Leben besteht und wie unsere Lebensqualität aussieht, das haben wir uns selbst zuzuschreiben. Wir glauben häufig, daß irgendjemand anderes unser Leben bestimmt und arrangiert hat, weil uns so vieles daran nicht gefällt. Daß es uns nicht gefällt, liegt aber nur daran, daß jeder erfüllte Wunsch sofort einen neuen hinter sich herzieht. Denn die Wünsche, die durch die Sinne befriedigt werden sollen, können keine dauernde Erfüllung bringen. Das ist eine erlebbare Wahrheit, der wir uns durch Kontemplation nähern können.

Dazu müssen wir auf uns selbst genau aufpassen. Wenn wir Achtsamkeit walten lassen, wird es nicht schwierig sein festzustellen, daß erfüllte Wünsche keine Erfüllung bringen. Wir sind eine Unannehmlichkeit oder Schwierigkeit vielleicht losgeworden, aber es gibt zehntausend andere, die wir auch noch loswerden wollen. Und daher verzetteln sich die Menschen, indem sie Unannehmlichkeiten loswerden und Annehmlichkeiten bekommen wollen.

Im allgemeinen könnte man sagen, daß die ganze Menschheit in der Illusion lebt, daß das Angenehme, Bequeme und Komfortable ihnen zusteht. Wenn sie das nicht haben können, werden sie ärgerlich auf irgendjemanden, der angeblich den Komfort unterbunden hat, oder auf die Situation, die nicht angenehm ist. Sie werden ablehnend und negativ, und der Geist denkt sich irgendwelche Erklärungen aus, wie es dazu gekommen ist. Wir machen uns vor, daß es überhaupt nichts mit uns selbst zu tun hat, sondern nur mit den äußeren Umständen. Die äußeren Umstände, in denen wir leben, sind aber nur ein Spiegelbild von den inneren Zuständen, die wir geschaffen haben. Da gibt es keine Lücke dazwischen; das Innere und das Äußere passen genau zusammen. Irgendjemanden dafür verantwortlich zu machen, ist verantwortungslos. Wir machen oftmals andere Menschen für Situationen oder für Dinge verantwortlich, die vor vielen Jahren geschehen sind, oder für Reaktionen, die wir uns ausgedacht haben.

Wir sind sehr fähig zu phantasieren. Wir denken uns aus, wieso etwas geschieht und wie es dazu gekommen ist, und vergessen immer wieder Ursache und Wirkung, die ein wichtiger Einsichtsschritt sind. Da dieser Einsichtsschritt aber auch mit Vernunft und gesundem Menschenverstand zu tun hat, sollte er nicht so schwierig zu verwirklichen sein. Wir können uns fragen, ob wir die Ursachen erkennen können und wer für sie verantwortlich ist in unserem Leben. Die Wirkungen kennen wir ja zur Genüge.

Der Buddha hat gesagt, daß ein Menschenleben etwas sehr Wertvolles ist. Haben wir das überhaupt schon einmal als Gedankenstütze in uns aufgenommen? Nicht, daß wir persönlich so wertvoll sind, aber ein Menschenleben als solches, das wir ja alle erreicht haben, kann wundervolle Resultate erzielen. Das soll nicht die einzelne Person überbewerten. Andererseits darf es uns aber auch nicht zu Lässigkeit und Trägheit verleiten, so daß wir nichts anderes im Sinn haben, als unsere Wünsche erfüllt zu bekommen. Ein Menschenleben ist darum so wertvoll, weil wir den Samen der Erleuchtung in uns tragen.

Die meisten Menschen haben sich noch nicht damit beschäftigt, diese Tatsache in ihr Gedankengut aufzunehmen. Geschweige denn können sie spüren, daß dieser Samen der Erleuchtung in ihnen existiert. Meistens ist sogar dieser Ausdruck unbekannt. Bei den christlichen Mystikern nannte es zum Beispiel Meister Eckhart »das Fünkelein« oder »der Funken«. Es ist gleichgültig, wie wir es nennen. Eine tiefe innere Sehnsucht nach Vollkommenheit kennt fast jeder. Es gibt natürlich Menschen, die nur rein materiell denken. Aber dennoch spüren die meisten eine bedeutsame Sehnsucht nach innerem Glück und innerem Frieden. Dann begeben wir uns auf hunderte und tausende von Abwegen, um das zu finden. Wir können uns nicht nur ein Leben, sondern viele Hunderte von Leben damit beschäftigen, von außen durch die Sinne Glück zu finden.

Durch unsere Sinneskontakte kommen wir mit der Außenwelt in Berührung. Wenn also jemand etwas sagt, was uns paßt und unser Ego unterstützt, ist uns das angenehm. Für uns ist dieser Mensch ein netter Mensch. Wenn dagegen jemand etwas sagt, was uns nicht paßt und unser Ego nicht unterstützt, ist er für uns ein Scheusal. So teilen wir die Menschheit im allgemeinen in drei Teile: die netten Menschen, mit denen wir zusammen sein wollen, die Scheusale, die wir loswerden wollen, und diejenigen, die uns gar nicht interessieren. Diese Einteilung kann keine Früchte bringen. Jeder wird ab und zu auf Menschen treffen, die ihm nicht passen, weil sein Ego nicht genügend unterstützt wird.

Da das Ego sowieso eine Illusion ist, braucht es ständig Bestätigung. Die bekommen wir aber oft nicht. Es existieren sechs Milliarden Menschen auf diesem kleinen Erdball. Und alle möchten gerne ihr Ego bestätigt haben. Wer unterstützt wen? Jeder ist damit beschäftigt, seine eigene Unterstützung zu finden. Wir müssen nicht einmal an alle sechs Milliarden Menschen denken, es reicht schon, sich mit unserer eigenen Familie zu beschäftigen. Auch dort möchte jeder sein Ego unterstützt haben. Wer ist zuerst dran? Wann ist genügend unterstützt worden? Macht der andere mit oder hat er inzwischen vielleicht vergessen, uns zu bestätigen? Im letzteren Fall kommen Aggressionen, Argumentationen und Feindseligkeiten in uns hoch.

Wir wollen natürlich Angenehmes durch unser Denken erhalten. Anstatt zu meditieren oder kontemplieren, denken wir uns Geschichten aus. Das kann aber in Dösen ausarten, was eine recht angenehme Beschäftigung ist. Das bringt natürlich überhaupt nichts. Oder aber es artet in Phantasieren aus. Der Geist dreht sich dann im Kreis, sogar manchmal über Dinge, die wir als spirituelle Lehre gehört haben. Aber auch das bringt nichts, da der Geist nicht in einer einspitzigen Richtung gefördert wird.

Im täglichen Leben sind wir auch damit beschäftigt, uns gewisse Utopien auszudenken, werden aber andauernd aus diesen Phantasien aufgeweckt. Jemand anderes möchte nicht in derselben Utopie leben, sondern hat sich etwas Neues ausgedacht. Solch einen Menschen empfinden wir als unangenehm. Er stört uns oder wir bezeichnen ihn als unwissend. Es ist für uns unmöglich, mit diesem Menschen zu verkehren, weil er ganz andere Phantasien hat als wir. Aber wir merken und spüren nicht, daß wir beim Ausdenken und Phantasieren sind. Wir schauen den Dingen nicht ins Gesicht, wie sie wirklich sind. »Die Dinge so zu sehen, wie sie wirklich sind«, ist ein fortgeschrittener Einsichtsschritt, der nur durch starke Achtsamkeit möglich ist.

Der erste Schritt, um überhaupt der Wirklichkeit näher zu kommen, ist, unsere Sinnesbefriedigungen anzusehen. Das wollen wir in der hier folgenden Kontemplation untersuchen. Wie oft am Tag suche ich Befriedigung durch meine Sinneskontakte? Es gibt vom Buddha eine detaillierte Einteilung der verschiedenen menschlichen Charaktere, aber auch eine ganz einfache, nämlich die Unterscheidung von Giertypen und Haßtypen. Die Giertypen sind mehr darauf aus, die Sinne zu befriedigen und die Haßtypen verhalten sich mehr ablehnend. Das bedeutet nun nicht, daß wir ständig entweder Gier oder Haß hätten, sondern das sind lediglich Rubriken. Aber wenn wir sehr viel Ablehnung und Negativität in uns haben, so geschieht es, daß wir ständig Befriedigung durch die Sinne suchen. Das ist bis dahin wahrscheinlich das einzige, wo wir momentanen Trost oder Erleichterung von der Ablehnung und Negativität gefunden haben.

Wir müssen uns einmal unsere Sinneskontakte genau anschauen. Und das sollten wir in Ruhe und Abgeschiedenheit unbedingt tun. Was geschieht bei einem Sinneskontakt? Er ist äußerst flüchtig. Wir können ihn überhaupt nicht festhalten. Und sollten wir ihn festhalten, wird es *Dukkha*. *Dukkha* bedeutet Kummer und Leid, Jammer und Tragödie. Aber im Prinzip ist es alles, was nicht hundertprozentig zufriedenstellend ist. Nach des Buddhas Aussage ist es die erste Edle Wahrheit: Alles, was existiert, ist nicht hundertprozentig zufriedenstellend.

Das ist etwas, was wir einmal untersuchen sollten. Sind unsere Sinneskontakte vollständig befriedigend? Oder ist dann noch etwas übrig, was in uns sozusagen gärt und sagt: „Das kann doch nicht alles sein?“ Was sind unsere Sinneskontakte? Wir sehen einen wunderschönen Sonnenaufgang oder ein herrliches Panorama. Davon sind wir momentan erfüllt und erleben ein Glücksgefühl. Es braucht aber nur anfangen zu gießen und der Nebel sich über das Panorama senken und was dann? Dann müssen wir uns wieder etwas anderes ausdenken. Also beschließen wir, ein Gemälde oder einen Film anzuschauen. Bin ich nun total erfüllt? Kann alles Äußere geschehen, ohne mich in irgendeiner Weise zu berühren, weil ich dieses Gemälde gesehen habe? Das stimmt doch nicht. Aber wir müssen es selbst ausprobieren und nicht glauben oder bezweifeln. Zweifel ist unser fünftes

Hindernis. Nur zu glauben nutzt uns nichts, aber es ausprobieren hilft uns sehr viel.

Als nächstes wollen wir etwas hören und sind davon erbaut. Wie lange können wir das Gleiche hören? Dann ist es zu Ende, und dieselbe innere Leere gähnt uns an. Oder wir müssen uns selbst das Gleiche wieder vorsagen oder vorspielen. Wie lange kann der Geist bei einer Sache bleiben? Kann er sich immer wieder das Angenehme vorsagen?

Dann erzählt der Geist etwas Neues. Wenn er genügend phantasiert, merkt er das *Dukkha* nicht so stark. Wieso phantasieren und dösen wir und denken uns etwas aus? Wir denken an alle möglichen Dinge, damit wir nicht erkennen müssen, daß unsere Sinneskontakte absolut nicht befriedigend sind, sondern kurzfristig sein müssen. Nehmen wir zum Beispiel das Essen. Es schmeckt großartig. Wie lange? Allerhöchstens zwanzig Minuten. Vielleicht denken wir, es hat doch wunderbar geschmeckt, beschließen also, weiter zu essen. Eine Stunde, eineinhalb Stunden, wodurch nichts als *Dukkha* entsteht. Dasselbe gilt für alle anderen Sinneskontakte. Sollte man sie länger festhalten als ihre natürliche Lebensdauer, die bei manchen nur Sekunden hat und bei anderen etwas länger dauert, dann wird daraus *Dukkha*. Außerdem sind unsere Reaktionen auch veränderlich, und was einmal Glück war, kann leicht Leid werden.

Dennoch dreht sich alles um das Angenehme. Immer wieder denken wir, wenn wir etwas Unangenehmes erleben – es braucht sogar nur das Wetter zu sein

–, daß das Leben nicht richtig abläuft. Wie abhängig dürfen wir uns von äußeren Dingen machen? Wozu das alles? Wieso bringen wir nicht eine ganz andere Richtung in unser Leben? Die Abhängigkeit von den Sinneskontakten ist der Fehler. Die Sinneskontakte selbst sind kein Fehler; sie sind unser Überlebensprogramm. Es ist viel einfacher zu überleben, wenn wir sehen, hören, riechen, schmecken, antasten und denken können als wenn einer der Sinne nicht funktioniert. Als blinder oder tauber Mensch haben wir es viel schwieriger. Wir sehen das aber überhaupt nicht auf diese Weise. Im allgemeinen glauben wir, daß unsere Sinne unser Vergnügungslokal sind. Dafür sind sie jedoch nicht gedacht, sondern sie helfen uns zu überleben.

Betrachten wir zum Beispiel die Vögel. Gerade im Winter ist dies einfach, wenn wir Futter gestreut haben. Was machen sie? Sie futtern und sind voller Futterneid. Manchmal, wenn größere Vögel kommen, entsteht Aggression und Krieg, manchmal nur großes Geschrei. Können wir das auf uns selbst beziehen oder sind es immer die anderen? Nur was wir auf uns selbst beziehen, können wir ändern. Kein anderer spielt mit. Wir reagieren nur auf die anderen und vor allen Dingen auf diejenigen, die uns am nächsten stehen. Leider reagieren wir nicht immer positiv. Wir könnten einmal, statt zu reagieren, zuerst untersuchen, auf welchen Sinneskontakt wir eigentlich reagieren: auf das Gehörte, das Gesehene, das Gedachte? Reagiere ich jetzt darauf mit Ärger, Ablehnung und Feindseligkeit, mit Leiden oder Depression? Wozu denn? Vielleicht kommen wir dadurch darauf, uns erst einmal sagen zu können: „Wozu mache ich mich selbst eigentlich unglücklich? Warum muß ich denn reagieren? Ich höre und sehe es. Darauf zu reagieren, ist doch ganz unnötig."

Was wir hören, ist im Prinzip nur Geräusch, und was wir sehen, ist nur Farbe und Form. Alles andere fabriziert der Geist. Wenn wir zum Beispiel einen Spaziergang in den Wald machen, ist es möglich, dies zu erleben. Was sehe ich? Vielleicht sagt der Geist: „Die Bäume gefallen mir sehr gut. Ich möchte auch im Wald leben." Das ist eine Reaktion. Ich möchte schon wieder etwas bekommen, was ich wahrscheinlich nicht habe. Schon entsteht Unzufriedenheit. Wir können einmal versuchen, was wir sehen, nur zu sehen. Das ist nicht ganz einfach, aber mit etwas Übung sollte es möglich sein.

Auf unser Sehen folgt sofort ein Gefühl, das mit einem Etikett versehen wird, woran sich die Reaktion anschließt. Das sind die vier Teile des Geistes. Diese einmal kennen zu lernen, ist unumgänglich nötig, wenn man den spirituellen Werdegang ernst nimmt. Ohne das Erkennen des eigenen Geistes wird auch aus der Meditation nichts, geschweige denn aus der Achtsamkeit oder aus erhöhter Lebensqualität, die sich jeder wünscht und haben könnte, wenn er seinen eigenen Geist einmal verstehen würde.

Was hier passiert, sind vier Schritte. Der erste ist der Sinneskontakt. Es kann Sehen, Hören, Riechen,

Schmecken, Berühren oder Denken sein. Jeder Sinneskontakt bringt unweigerlich ein Gefühl mit sich. Daran ist nichts zu ändern. Das Gefühl kann angenehm, unangenehm oder neutral sein. Die neutralen Gefühle beachten wir nicht, weil wir nicht genügend Achtsamkeit haben, um sie überhaupt wahrzunehmen. Sie reizen uns auch nicht zum Ablehnen oder zum Begehren. Sie sind auch nicht so häufig wie die angenehmen oder unangenehmen Gefühle. Wenn wir also das Gefühl gar nicht bemerkt haben, sondern sofort ein Etikett auf unser Erleben kleben, so reagieren wir neutral. Aber das passiert selten.

Im allgemeinen haben wir entweder ein angenehmes oder ein unangenehmes Gefühl. Sollten wir zum Beispiel Essen zu uns nehmen, das zu scharf oder versalzen ist, kommt ein unangenehmes Gefühl hoch. Das Etikett: „Es schmeckt scheußlich." Die Reaktion: „Was haben die hier für eine fürchterliche Küche? Es ist ein Jammer, hergekommen zu sein. Für das Geld könnten sie auch vernünftig kochen. Man müßte mit dem Koch sprechen. Die verlangen sowieso zu viel Geld. Ich habe meine Rechnung ja noch nicht bezahlt. Alles ist zu teuer heutzutage. Ob die Bank mein Darlehen wohl bewilligt hat?" Das geht dann weiter und weiter. Nur weil das Essen etwas salzig war, sind wir beim Bankdarlehen gelandet.

Dasselbe geschieht bei der Sitzstellung. Wir sitzen ganz ruhig in der Meditation. Mit der Zeit kommen Rücken- oder Knieschmerzen oder beides. Wir können feststellen: „Berührungskontakt in der Sitzstellung. Unangenehmes Gefühl als Folge.“ Dann kommt das Etikett »Schmerz« und die Reaktion: „Das ist ja schrecklich. Ich hätte mir doch meinen Stuhl von Zuhause mitbringen sollen. Wozu überhaupt so sitzen? Das kann doch keinen Sinn machen. Ich habe immer gewußt, ich eigne mich nicht für die Meditation.“ Und dann hören wir schnell wieder auf mit der Meditation und versuchen etwas Neues, weil das Knie weh getan hat, weil wir Berührungskontakt hatten, weil wir darauf geeicht sind, daß alles angenehm sein soll. Es darf uns nichts weh tun. Wieso eigentlich nicht? Wer hat denn das erfunden? Vielleicht die Ärztekammer?

Solange wir einen Körper haben, wird immer irgendetwas nicht in Ordnung sein. Es geht einfach nicht anders. Am Schluß stirbt er noch weg, wahrscheinlich am falschen Tag. Daß wir den Körper ganz in Ordnung halten können, ist eine Phantasie, eine Utopie. Wenn wir ihn schmerzfrei und funktionsfähig haben, können wir uns glücklich preisen. Das vergessen wir meistens, obwohl es ein wichtiger Punkt ist, dankbar zu sein, wenn der Körper einen halben Tag keine Beschwerden hat. Weder war ihm zu heiß, noch zu kalt, noch hat ihm der Rücken oder irgendetwas weh getan, er war weder hungrig noch übersättigt. Alles ging einen halben Tag lang wunderbar. Statt dankbar zu sein, wenn es uns gut geht, sind wir ärgerlich, wenn es nicht so läuft und müssen sofort etwas unternehmen, damit der Körper sich wieder angenehm anfühlt. Bei der Sitzstellung können wir das genauestens kennenlernen. Obwohl wir im Prinzip genau wissen, daß Meditation sehr gut für uns wäre, lassen wir uns durch unangenehme Gefühle davon abhalten. Das ist wieder ein Beispiel dafür, daß wir wissen, was richtig ist, es aber nicht verwirklichen können, weil wir uns auf das Angenehme fixiert haben.

Natürlich gibt es eine Schmerzgrenze. Bei manchen Menschen ist diese sehr eng, bei anderen etwas weiter. Der Buddha hat gesagt, daß die Gesundheit ein großes Hilfsmittel für den spirituellen Pfad ist. Aber er hat auch erwähnt, daß wir ausdauernd sein sollten und ertragen können müssen. Letzteres bedeutet bei der Sitzstellung nicht, die Zähne zusammenzubeißen und negativ zu denken: „Ich werde es noch schaffen. Es ist zwar fürchterlich, aber ich werde schon zeigen, daß ich es kann." Im Prinzip will kein Mensch etwas davon wissen. Also es sich selbst beweisen? Das ist darum falsch, weil es negativ strukturiert ist. Ertragen bedeutet akzeptieren. So wie es ist, ist es. Gerade in der Sitzstellung können wir lernen, die vier Teile des Geistes, den Sinneskontakt, das Gefühl, das Etikett und dann die Reaktion des Geistes wahrzunehmen. Die Reaktion: „Jetzt muß ich mich aber umsetzen", wird im allgemeinen überhaupt gar nicht erkannt, sondern wir setzen uns schon um, bevor wir überhaupt die vier Teile des Geistes erlebt haben.

Das ist etwas, was wir lernen können, um unsere Geisteshaltung einmal genauestens zu erkennen.

Dann wird es uns möglich sein, nicht impulsiv und instinktiv zu reagieren und, wenn unsere Impulse hochkommen, sie nicht sofort in die Tat umzusetzen, sondern den Weg des Geistes zurückzuverfolgen: Berührungskontakt, unangenehmes Gefühl, Etikett, Reaktion. Wenn wir das tun, sind wir ein objektiver Beobachter. Dann stellen wir ein zweites Mal Berührungskontakt und unangenehmes Gefühl fest, ohne es zu etikettieren, ohne zu reagieren und gehen stattdessen zurück zum Atem. Das können wir alle zwei- oder dreimal tun, auch wenn die Konzentration vielleicht nur eine Minute anhält. Wir haben aber unseren Geist kennengelernt und nicht instinktiv gehandelt, so wie wir das im allgemeinen tun. Wenn wir die Vögel beobachten, so sehen wir sie instinktiv und impulsiv handeln. Wir sind schließlich eine Stufe weiter als die Vögel im Wald. So niedlich sie auch aussehen mögen, vielleicht niedlicher als wir, haben wir jedoch die Möglichkeit, unseren Geist zu beobachten.

Wenn wir jetzt erkannt haben, was die vier Schritte des Geistes beinhalten, uns noch einmal Berührungskontakt und unangenehmes Gefühl verdeutlicht haben und dann zurück zum Atem gegangen sind, sagt der Geist vielleicht: „Sehr interessant, aber so kann ich nicht sitzen." Dann können wir uns umsetzen. Leise, so daß wir uns selbst und keinen anderen stören. Aber auf jeden Fall haben wir nicht impulsiv und instinktiv reagiert. Aus zwei Gründen ist dies ein wichtiger Vorgang. Zum einen, weil es gut zu wissen ist, was unser Geist hervorbringt. Und zum anderen, weil diese Art des impulsiven Handelns uns von morgens bis abends begleitet. Weg von der Unannehmlichkeit, hin zu den Annehmlichkeiten.

Wenn wir anfangen zu meditieren, handelt es sich nicht nur darum, daß wir erkennen, was wir tun, sondern es handelt sich auch darum, es einmal anders zu machen; außer wir wären so glücklich und zufrieden mit unserem Leben, daß wir nichts ändern möchten. Es ist kaum anzunehmen, daß dies bei vielen Menschen der Fall ist. Wenn wir aber selbstzufrieden sind und glauben, alles sei in Ordnung in uns selbst, wir wollten nur noch etwas schöner meditieren, dann wollen wir nichts ändern. Der Buddha hat jedoch gesagt, man solle nur zum Meditieren kommen, ganz gleich aus welchem Grund.

Wenn wir uns aber darüber klar sind, daß unsere innere Sehnsucht nicht befriedigt ist, dann müssen wir etwas anderes probieren. Dies bedeutet, daß wir uns nicht instinktiv vom *Dukkha* wegbewegen, sondern es erst einmal erkennen und auch wissen, daß Wegbewegen das Verschleiern des *Dukkha* ist. Wenn wir aber unser *Dukkha* verschleiern, dann wissen wir überhaupt nicht, wozu wir diesen Weg gehen sollen. Entfernen wir uns immer wieder von unserem *Dukkha*, bauen wir durch diese Bewegung Barrikaden auf. Das, was unangenehm ist, soll irgendwo begraben werden. Wir wollen nur das Angenehme wissen. Es ist ein unmöglicher Wunsch, ein Wunschtraum, der nicht erfüllbar ist. Daher ist jeder Mensch unzufrieden und unerfüllt, weil es keine Möglichkeit gibt, dem *Dukkha* zu entkommen.

Es gibt aber die Möglichkeit, *Dukkha* zu erkennen und zu akzeptieren. In dem Moment, in dem wir das tun, leiden wir nicht darunter. Das ist der Weg in die Freiheit. Erkennen, akzeptieren und nicht darunter leiden. Vor allen Dingen hat das oft und viel mit dem Körper zu tun, der sehr häufig bei uns an erster Stelle steht. Wer auf dem Meditationskissen sitzt, heißt doch »Ich« und hat all diese Schwierigkeiten. Dieses »Ich« ist in der Länge vom Fuß bis zur Kopfspitze und in der Breite von Arm zu Arm begrenzt. Eine nicht besonders zufriedenstellende Situation, weil man sich ja auf diese Art sehr allein in diesem Universum vorkommt. Aber so denken die meisten Menschen. Dem *Dukkha* zu entkommen, ist der unerfüllbare Wunschtraum der Menschheit. Viele Menschen reden sich noch mehr *Dukkha* ein als sie eigentlich schon haben, und manche glauben, weniger zu haben als andere. Die meisten Menschen erkennen nicht, daß *Dukkha* einfach eine Begleiterscheinung von Existenz ist und weiter nichts.

Diese Erscheinung kann nur dann gemeistert werden, wenn wir objektiv sehen, daß Existenz einfach nicht zufriedenstellend ist. Nun haben wir schon ganz herrliches Wetter, eine erstklassige Küche, sehr guten Komfort, das *Dhamma* des Buddha und die Meditation. Und nun? Totaler innerer Frieden, nichts stört? Im Gegenteil, die Sonne scheint einem ins Gesicht und wirkt unangenehm. Man fängt an zu husten, auch das ist unangenehm. Der Nachbar ruckelt herum, und es stört uns. So ist es nun einmal. Dieses „so ist es nun einmal“ ist der Weg. Leben, Vergänglichkeit und Tod, die ganze Existenz sind einfach nicht zufriedenstellend, ganz egal, wie schön alles gerade erscheint.

Wenn wir es bei uns selbst nicht merken, möchte ich noch einmal vorschlagen, die Vögelchen anzuschauen, die bestimmt draußen zu finden sind. Weniger wichtig ist, daß sie niedliche Federchen haben, die haben wir auch. Wir haben auch ein hübsches Kleid an. Aber wir sollten beobachten, wie sie sich benehmen, was sie machen. Dann einmal schauen, was wir machen. Natürlich machen wir alles auf eine andere Art und Weise, aber mit derselben Motivation der Wunscherfüllung.

Es gibt kaum einen Menschen, der nicht am eigenen Geist interessiert ist. Die Meditation ist die Wissenschaft des Geistes und besteht nicht nur daraus, sich hinzusetzen und konzentriert zu werden. Immer wieder können wir unsere geistigen Reaktionen erkennen und dabei auch feststellen, daß sie immer auf persönlichen Komfort ausgerichtet sind. Oft ist es uns dann ganz egal, ob es für unseren Nachbarn auch angenehm ist, denn vor allen Dingen soll es uns angenehm sein. Wir können diese Einstellung nicht sofort ändern, aber wir können sofort erkennen, wie wir das handhaben und auch, daß die ganze Menschheit so handelt, daß wir immer so gehandelt haben und nie befriedigt waren.

Dann können wir dieses »nicht befriedigt sein« dazu

benutzen, um die Dringlichkeit der Praxis zu erkennen und weitere, höhere Ebenen des Glücks kennen zu lernen. Der Buddha hat nicht gesagt, daß die Sinnesbefriedigungen nicht existieren sollen oder dürfen. Das ist eine Frage, die immer wieder gestellt wird. Von »sollen« oder »dürfen« wird nicht gesprochen. Je mehr gutes *Karma* wir gemacht haben, um so mehr angenehme Sinneskontakte werden wir haben. Je mehr schlechtes *Karma* wir gemacht haben, um so mehr unangenehme Sinneskontakte erleben wir. Sind wir sehr großzügig gewesen, so werden wir viele schöne Dinge bekommen. Sind wir sehr kleinlich gewesen und haben immer nur an uns selbst gedacht oder höchstens noch an die eigene Familie, wird uns nicht so viel Angenehmes zuteil werden. Es hat kein Mensch, keine Situation und nichts Äußeres daran schuld. Schuld und Sühne gibt es in der Buddha-Lehre nicht, sondern nur Ursache und Wirkung. Wie du säst, sollst du ernten, und wir ernten nur unsere eigene Saat. Wir können nicht in Nachbars Garten ernten, dort erntet er selbst.

Wenn wir angenehme Sinneskontakte haben, so sollten wir das nicht für eine Selbstverständlichkeit halten. Das ist auch ein allgemeiner Fehler, den wir alle machen. Wir glauben, sie stehen uns zu. Keiner hat an unserer Wiege prophezeit, daß wir nur Annehmlichkeiten erleben werden. Im Gegenteil, wenn einer etwas prophezeien könnte, hätte er sicherlich gesagt, daß wir beides, Angenehmes und Unangenehmes erleben werden. Wir sollten dankbar sein für schönes Wetter, gutes Essen, angenehmes Sitzen, liebe Freunde, gute Lehren, dankbar sein für alles, was uns geboten wird. Was tun wir aber wirklich? Wir sind erbost über das, was uns nicht gefällt. Wir sollten es einmal genau umdrehen und tief dankbar sein für alles, was wir bekommen und haben. Was wir nicht haben, das haben wir uns eben nicht erarbeitet. Das ist doch ganz einfach. Was nicht bei uns existiert, das haben wir einfach nicht gesät. Wir machen aus vielen Dingen große Affären, die nur in unserem Geist existieren.

Die Dankbarkeit für die Annehmlichkeiten bringt auch Erkennen, wieso der Buddha die Sinnesbefriedigung die unterste Ebene des Glücks genannt hat. Wir bekommen Freude, Vergnügen und Glück durch die Sinneskontakte, vor allen Dingen durch die verfeinerten. Manche Menschen sind auf der Suche nach Glück durch grobe Sinneskontakte. Das bringt natürlich nur *Dukkha*. Das kann Alkohol sein oder Drogen, Sex (in verstärktem Maße) oder auch Essen. Es gibt aber auch verfeinerte Sinneskontakte, die fraglos Glück bringen. Wenn wir zum Beispiel Dinge sehen oder hören, die auf einer uns erhebenden geistigen Ebene liegen: wie ein schönes Gedicht oder wunderbare Musik. Das sind Sinneskontakte, die einen Wert für uns haben. Auch wenn wir selbst malen, so ist das eine Sinnesbefriedigung, die auf einer höheren Ebene liegt und daher Glück bringt, wenn auch nur befristet. Diese Sinneskontakte werden vom Buddha nicht abgelehnt.

Aber um es ganz deutlich zu machen: Wir müssen wissen, daß das nicht eine unabhängige Glücks- und Friedenssituation ist, auf die wir uns verlassen können: Wir können nicht darauf bauen, daß unsere Sinneskontakte angenehm sind und daß sie so bleiben. Wie Wilhelm Busch richtig sagt: „Ist ein Wunsch erfüllt, so kriegt er gleich wieder Junge." Wir müssen erkennen, daß wir auf dieser Ebene unsere Sehnsucht nicht erfüllen können. Und dennoch tut es die Menschheit, weil sie nichts anderes kennt. Wir haben ganz andere Möglichkeiten, ein ganz anderes Potential.

Es ist also unumgänglich nötig, die vier Schritte des Geistes zu kennen, die mit dem Sinneskontakt anfangen (Sinneskontakt, Gefühl, Etikett und Reaktion). Die meisten Menschen merken nichts anderes als die Reaktion. Dann greifen sie auf den Sinneskontakt zurück und beschuldigen denjenigen, der den Sinneskontakt ausgelöst hat. Die beiden Schritte in der Mitte, das Gefühl und das Etikett, merken die meisten überhaupt nicht. Merken, bemerken, dabeisein, nicht phantasieren, die Dinge einmal so sehen, wie sie wirklich sind, sind des Buddhas Wegweiser.

Wir, als Menschen, haben ein Potential der vollkommenen Freiheit, des vollkommenen Erkennens, des Durchblickens durch alle Ideen und Absurditäten und Unvollkommenheiten. Diese Fähigkeiten ermöglichen auch, nicht nur zu erkennen, sondern auch zu verzeihen und Mitgefühl zu haben. Je weniger wir uns selbst erkennen, um so weniger wissen wir, was in der Welt passiert. Da können wir jede Tageszeitung lesen und jede Nachrichtensendung im Fernsehen anschauen. Wir wissen doch nicht, was in der Welt geschieht, sondern bleiben nur an der Oberfläche. Um zu wissen, wieso etwas geschieht, müssen wir erkennen, warum es bei uns selbst geschieht. Dann wissen wir, warum es anderswo auch geschieht. Dazu brauchen wir Achtsamkeit, Willenskraft, Wachsein und einen Geist, der untersuchen will, und nicht einen, der sich einlullen lassen will. Letzteres bringt auch nur *Dukkha*, denn immer wieder gibt es ein grobes Wachgerütteltwerden.

Erklärung der Kontemplation

Um uns mit der Kontemplation zu beschäftigen, müssen wir den Unterschied zwischen Ruhe und Einsicht kennen. Wenn wir Atembetrachtung oder Gehmeditation üben, so sind wir dabei, den Geist zur Ruhe zu bringen, damit er einmal aufhört, sich Dinge auszudenken, die im Prinzip im Moment keinerlei aktuellen Wert für uns haben, so daß wir eines Tages in der Lage sind, den Geist dorthin zu dirigieren, wo wir ihn haben wollen. Der Mensch, der das kann, braucht nie mehr unglücklich zu sein. Nur ein Narr würde freiwillig unglücklich werden. Solange wir den Geist nicht dort hinwenden können, wo wir ihn haben wollen, macht er mit uns, was er will. Die Ruhemeditation stärkt die Kraft des Geistes, die es uns ermöglicht, einmal ohne den Wellenschlag der Emotionen zu sein, so daß wir tiefe Einsichten haben können. Kontemplation ist ein Mittel, um Einsicht zu erlangen. Sie ist nicht auf Ruhe ausgerichtet, sondern einzig und allein auf Einsicht.

Die Kontemplation ist daher eine Art Fragestellung, die wir natürlich auf jede beliebige Art und Weise machen können. Wenn wir sie für uns allein machen, so können wir die Fragestellung, die wir für uns für wichtig halten, benutzen. Wir müssen uns nicht an die Worte halten, die wir jetzt hier finden werden. Aber die Fragestellung soll kein diskursives Denken hervorrufen, wie zum Beispiel: „Das ist aber interessant. Das habe ich doch schon irgendwo gelesen. Wer hat das Buch geschrieben? Die Physiker wissen sehr viel, aber eigentlich interessieren mich die Wissenschaften gar nicht." Das ist keine Kontemplation, sondern diskursives Denken. Die Kontemplation bleibt bei dem Thema, das angeschnitten wurde, und versucht, im Gefühl, im eigenen Spürsinn, im inneren Erkennen die Antwort zu finden und nicht irgendwelche Antworten zu akzeptieren, die der Geist gerade geneigt ist zu geben.

Die Antwort, die wir finden, könnte vielleicht »*Dukkha*« heißen. *Dukkha* ist aber nur vorhanden, wenn wir die Dinge nicht akzeptieren wollen, so wie sie sind, sondern sie anders haben wollen. Sobald wir hinnehmen, was ist, und erkennen, daß das nicht zufriedenstellend ist, brauchen wir nicht darunter zu leiden. Die ständige Flucht vor dem *Dukkha* ist eine ewige Sackgasse. Es ist niemals möglich zu entkommen. Kontemplation bedeutet Fragestellung, und dazu gehört auch die Infragestellung von sich selbst. Weiß ich wirklich, was ich glaube zu wissen? Bin ich wirklich derjenige, der ich denke zu sein? Was sind meine Fundamente, an denen nicht gerüttelt werden darf?

Das sind alles Möglichkeiten, die in der Kontemplation benutzt werden können. Vielleicht können wir sogar erkennen, woran unser Falschdenken liegt. Wenn wir das erkannt haben, haben wir einen Grund zu unendlicher Freude, denn dann können wir vielleicht bald so denken, daß wir Glück und Frieden erleben. Falsch denken und richtig denken bedeutet hier nicht, daß wir nicht studiert haben. Es hat damit zu tun, daß wir unser Innenleben noch nicht studiert haben. Für die Kontemplation müssen wir uns nicht spezifische Worte merken, sondern wir können die Worte, die wir für bedeutsam halten, verwenden.

Kontemplation über die Sinneskontakte

Um anzufangen, bitte die Achtsamkeit für ein paar Momente auf den Atem lenken.

Wir wollen uns an einen Tagesablauf erinnern, vielleicht den heutigen oder den von gestern, und einmal feststellen, wie oft wir an einem Tag versuchen, den Unannehmlichkeiten, die wir durch die Sinne aufnehmen, zu entkommen. Wie oft wir uns abwenden, wie oft wir negativ werden, welche Sinneskontakte uns nicht erfreuen.

Können wir uns an spezifische Momente erinnern, in denen wir uns von Unannehmlichkeiten abgewendet haben oder auch über sie ärgerlich geworden sind, Widerwillen gespürt haben?

Jetzt wollen wir versuchen, uns zu erinnern, wie oft am Tag wir angenehme Sinneskontakte suchen, um unser *Dukkha* zu übertünchen. Angenehme Sinneskontakte können Kaffee, Tee, Süßigkeiten, Fernsehen, Telefonate, Ausruhen sein. Ist es uns klar, was wir da machen? Das bedeutet nicht, daß man das nicht machen darf, sondern nur, daß wir einmal erkennen, wieso wir diese Dinge tun.

Haben wir schon gemerkt, daß wir auf unsere Körperempfindungen besonders stark reagieren? Im Positiven wie auch im Negativen. Oder nehmen wir es immer noch als selbstverständlich an, daß unser Körper uns nur Annehmlichkeiten verschaffen sollte?

Wir wollen untersuchen, ob und wie oft wir die Unannehmlichkeiten des Körpers schon als Entschuldigung benutzt haben, daß wir das, was wirklich wichtig ist, nicht tun können.

Jetzt wollen wir einmal untersuchen, wie oft wir schon daran gedacht haben, dankbar für das Schöne zu sein, das uns durch unsere Sinne widerfährt.

Wir untersuchen, ob wir die Vergänglichkeit aller Sinneskontakte erkennen können. Ob wir uns schon im täglichen Leben daran erinnert haben. Ob wir sie immer noch als das akzeptieren, was uns zusteht. Können wir in diesem Moment die Vergänglichkeit von allem, was unsere Sinne uns bieten, erkennen und daher wissen, daß sie nicht total befriedigend sein können?

Jetzt wollen wir untersuchen, welchen von den sechs Sinneskontakten, die wir haben können, wir am meisten suchen und am meisten begehren. Sehen, Hören, Riechen, Schmecken, Berühren, Denken. Welches ist uns der wichtigste Sinneskontakt?

Wieviel Zeit verwenden wir darauf? Sind wir total befriedigt durch diesen wichtigen Sinneskontakt?

Oder spüren wir immer noch eine Sehnsucht in uns nach einer Vollkommenheit, die wir noch nicht kennen? Ist uns klar, wenn wir diese Sehnsucht spüren, daß sie selbst durch den wichtigsten Sinneskontakt nicht zu befriedigen ist? Können wir das schon erkennen?

Jetzt untersuchen wir, ob wir immer noch andere Menschen oder Situationen für unangenehme Sinneskontakte verantwortlich machen, oder ob uns schon klar ist, daß jeder Mensch Angenehmes und Unangenehmes erlebt.

Wir untersuchen, ob uns klar ist, daß nur unsere Reaktion die Unannehmlichkeit hervorruft, daß der Sinneskontakt im Prinzip nichts anderes ist als das, was er ist, und nur unsere Wertschätzung uns zum Leid führt. Können wir das aus eigener Erfahrung erkennen?

Können wir erkennen, daß die Suche nach den Annehmlichkeiten Zeit und Energie verschwendet, weil wir dennoch nur das bekommen, was wir gesät haben und daher auch nur das ernten können?

Wir wollen uns einmal vorstellen, wie es ist, auf einen unangenehmen Sinneskontakt nicht zu reagieren. Wenn wir es uns vorher vorstellen, so wird es uns leichter fallen, es auch auszuführen, genauso, als ob wir uns eine Zeichnung gemacht haben, nach der wir uns dann richten können.

Können wir aus eigener Erfahrung erkennen, daß unser *Dukkha* nur davon kommt, daß wir die Dinge nicht so akzeptieren, wie sie sind, sondern sie anders haben wollen?

Und daher wollen wir, wenn uns jetzt im Moment irgendetwas bedrückt, und sei es nur eine Kleinigkeit, den Wunsch, daß es anders sein sollte, fallenlassen. Können wir die Erleichterung spüren? *Dukkha* existiert, aber wir brauchen nicht darunter zu leiden.

Mögen alle Menschen glücklich sein.

II

Die zweite Ebene des Glücks:

Reinheit des Herzens

Wir haben bis jetzt die erste Ebene des Glücks untersucht, die die unterste und auch die gröbste ist und die wir alle ganz genau kennen. Sie macht uns zwar Schwierigkeiten, da unsere Sinneskontakte natürlich nicht immer glückbringend sind, aber wir kennen all das, was mit ihnen zusammenhängt – was wir suchen und was wir ablehnen. Es ist von großer Wichtigkeit und Dringlichkeit, in uns selbst zu erkennen, wie oft und in welcher Art wir versuchen, durch die Sinne glücklich zu werden.

Wenn wir achtsam und aufmerksam sind und uns selbst gut beobachten, dann werden wir sehr schnell merken, daß wir das tagtäglich von morgens bis abends mit wenigen Unterbrechungen tun. Ein ungeübter, untrainierter Geist beschäftigt sich nur damit. Es ist auch hilfreich, einmal die Dinge zu untersuchen, die nicht ganz so offensichtlich mit den Sinneskontakten zu tun haben. Wir merken dann wahrscheinlich doch, daß auch sie auf nichts anderes ausgerichtet waren. Grobe Sinneskontakte sind leicht erkennbar, aber die verfeinerten gehören auch zu der gleichen Ebene. Die Kontemplationen sind ein wichtiger Bestandteil der Meditationspraxis. Das heißt nicht, daß sie gleichzeitig geübt werden können oder sollten, sondern daß wir uns mit beidem beschäftigen. Die Kontemplation hilft uns, uns selbst besser kennen zu lernen.

Wir kommen jetzt zur zweiten Ebene des Glücks, die wir auch alle kennen und von der wir schon oft in anderen Zusammenhängen gehört haben. Es ist die Ebene der Läuterung der Emotionen. Wir haben bereits vom Etikettieren gesprochen und daß wir den Denkprozeß im täglichen Leben auch soweit erkennen müssen, daß wir das Unheilsame mit dem Heilsamen ersetzen können. Jetzt kommen wir zu den Emotionen. Die Emotionen sind im Prinzip unser Innenleben. Die Gedanken, die wir denken und aussprechen, sind größtenteils auf Emotionen aufgebaut. Es kann auch umgekehrt sein; wenn wir sehr kopflastig sind, denken wir erst und haben dann Emotionen. Aber bei den meisten Menschen sind die Gefühle der Anlasser. Der Meditationsprozeß ist einzig und allein auf Gefühlen aufgebaut. Die Meditation zu erdenken, ist vollkommen unmöglich, sie muß gefühlt werden. Daher ist die jetzt vorliegende zweite Ebene unerläßlich für den spirituellen Pfad, während die erste Ebene für das Überleben unerläßlich ist. Alle Ebenen werden gebraucht und sind in uns zu finden, aber wir müssen sie erkennen können, so daß wir dann mit ihnen in einer wirklich vernünftigen Art umgehen können.

Die zweite Ebene heißt »die vier *Brahmavihāras*« (*Brahma* = Götter, *Vihāra* = Verweilungsstätte), »die Göttlichen Verweilungsstätten«, was keine besonders deutliche Übersetzung für uns ist. Es sind die vier höchsten Emotionen und die einzigen, die der Buddha als wertvoll und heilsam bezeichnet hat. Wir könnten sagen, daß wir das innere Paradies erleben können, wenn wir diese vier Emotionen in uns zur Vollendung bringen. Daher werden sie »Göttliche Verweilungsstätten« genannt. Diese vier heißen: bedingungslose Liebe (*Mettā*), Mitgefühl (*Karuṇā*), Mitfreude (*Muditā*), Gleichmut (*Upekkhā*). Die erste davon wird meistens mit »liebender Güte« übersetzt; wenn wir einfach »Liebe« dazu sagen, so hat das eine tiefergehende Bedeutung für uns. Es ist ein Wort, das für jeden Assoziationen hat und sein Innenleben berührt.

Wir haben hier die gleiche Möglichkeit wie beim Denken, nämlich das Unheilsame mit dem Heilsamen zu ersetzen. Es ist aber vor allen Dingen wichtig, daß wir einmal erkennen, wieviel Glück wir in uns tragen und auch erleben können, wenn wir jeweils eine dieser vier Emotionen in den Vordergrund unseres Bewußtseins bringen.

Das Interessante daran ist: Liebe ist erlernbar. Und das ist eigentlich ein besonders wichtiger Punkt, denn im allgemeinen wird geglaubt, erzählt und in Filmen gezeigt, daß Liebe ein Glückszufall ist, vor allem auch darum, weil wir ja Liebe mit gegenseitiger Zuneigung gleichsetzen. Die meisten Menschen suchen diesen

Glückszufall, bis sie vielleicht eines Tages merken, daß diese Art der Bemühung gar nicht uneingeschränktes Glück bringt. Der ferne und absolute Feind von Liebe ist natürlich Haß. Das ist ganz einfach zu verstehen, aber der nahe Feind von Liebe ist Anhänglichkeit, und das ist bereits viel schwieriger zu erkennen. Im allgemeinen kennen wir nichts anderes als Anhänglichkeit, was aber gleichbedeutend mit Anhaften ist. Anhaften woran? An irgendeiner Person, wodurch Angst entsteht. Angst wiederum bedeutet Haß. Wir können sofort untersuchen, ob wir etwas, wovor wir Angst haben, lieben könnten. Es handelt sich aber nicht darum, daß wir die spezielle Person hassen, sondern nur, daß wir die Möglichkeit des Verlustes ablehnen.

Wir haben dies wahrscheinlich schon alle erlebt. Manchmal wiegen wir uns in Sicherheit. Es ging schon so viele Jahre gut, es wird auch weiter gut gehen. Aber plötzlich ändert sich die menschliche Beziehung auf dramatische Art und Weise. Wieso geschieht das? Weil das Gesetz der Vergänglichkeit uns nie in Ruhe läßt. Wenn wir nichts anderes kennen als anhaftende Liebe, dann stehen wir plötzlich eventuell ohne Liebe da und auch, als wären wir nicht mehr liebenswert. Unser Selbstwertgefühl ist geschädigt und vor allem unsere Liebesfähigkeit. Das stimmt überhaupt nicht, denn die Liebesfähigkeit ist immer vorhanden und sollte nicht von einer einzigen Person in diesem Weltall abhängig sein. Wenn das der Fall ist, dann machen wir uns nicht nur äußerst abhängig, sondern begrenzen unser Herz in einer Art und Weise, die total unnötig ist und nichts anderes als Schwierigkeiten bringen kann.

Nichts bleibt so, wie es ist. Es gibt wenig Menschen, die daran zweifeln, daß sich alles ständig verändert. Allein jeder Atemzug, jeder Gedanke, jedes Gefühl, jede Bewegung, unser Körper – alles ist in ständiger Bewegung, man könnte sogar sagen in ständigem Aufruhr. Weil uns das eigentlich gar nicht paßt, sind wir schon allein darum niemals völlig zufrieden. Im Prinzip wollen wir das Universum und die Naturgesetze unseren Wünschen anpassen, aber genau das Gegenteil ist nötig. Wir lernen, uns den Naturgesetzen anzupassen.

Das Angstgefühl, die geliebten Personen zu verlieren, schließt das Kennenlernen der wahren Liebe aus. Das wirkliche Problem, das wir mit Liebe haben, ist, daß Liebe ein Reinheitsgefühl in unserem Herzen ist und nicht eine Bestätigung unseres Wertes. Unser ganzer spiritueller Weg hängt davon ab, daß wir die vier »heilenden«, »heilsamen«, »heiligen« Emotionen in uns entwickeln. Wenn wir die Liebesfähigkeit des Herzens nicht erwecken und sie so entwickeln, daß wir unabhängig lieben, dann ist unser Pfad blockiert, weil die Reinheit des Herzens und die Unabhängigkeit von Zuwendung notwendig sind, um das Anhaften zu mindern und eines Tages loszulassen.

Die Freiheit, die der Buddha uns versprochen hat, das absolute Ende jeglichen *Dukkhas*, bedeutet: nicht anhaften. Das Wort »*Nibbāna*« bedeutet wörtlich übersetzt »nicht brennen«, aber hängt von nicht anhaften ab. Wir lernen, uns nicht mehr mit gewissen Emotionen, Menschen und Situationen zu identifizieren. Solange wir eine Liebesbeziehung zu einer Person haben und der Rest der Welt uns nicht zu sehr stört, merken wir nicht, daß wir die wahre Liebe noch nie kennengelernt haben. Diese eine Person mag uns sehr wichtig sein, wir mögen sie sehr liebenswert finden, wir sind sehr froh, daß sie da ist, aber die wahre Liebe haben wir noch nicht kennengelernt.

Wahre Liebe bedeutet, die Fähigkeit des Herzens, die jeder besitzt, entwickelt zu haben. Es ist nicht so, daß wir etwas entwickeln müßten, was noch nicht vorhanden wäre. Das wäre sehr kompliziert und schwierig und kaum denkbar. Aber Liebesfähigkeit hat jeder und kennt sie. Wir haben sie auch alle schon ein oder mehrere Male erlebt. Eine Liebesbeziehung kann daher als ein Samenbeet angesehen werden, als ein Auslöser und ein Erkennen, wie es sich anfühlen würde, wenn wir die Liebe im Herzen so entwickeln, daß wir sie immer fühlen.

Vielleicht können wir uns erinnern, wie wir uns das erste Mal verliebt haben. Das war doch grandios! Alles sah viel schöner aus. Das einzige Hindernis war die Angst, daß es nicht funktionieren würde, und wir haben uns dadurch sehr unsicher gefühlt. Was sollte eigentlich funktionieren? Vor allem wohl die Gegenliebe, das war die Hauptsache. Aber trotz der Angst war das Gefühl der ersten Liebe absolut glückbringend. Wir hatten das Gefühl, als wären wir zwanzig

Pfund leichter geworden und könnten springen statt gehen, fühlten uns also leicht beschwingt. Das könnten wir immer fühlen, ohne die Angst, daß wir nicht wiedergeliebt werden.

Wieso wollen wir uns nicht einmal auf diesen Pfad begeben? Es ist doch reine Unvernunft, darauf zu warten, daß ein anderer uns wiederliebt. Was bedeutet es denn überhaupt, von jemandem geliebt zu werden? Doch nichts anderes, als daß wir in den Augen dieses Menschen liebenswert erscheinen. Dann ändert dieser Mensch seine Ansicht, und wir sind nicht mehr liebenswert. Wieso eigentlich? Hundertprozentig liebenswert ist nur ein Erleuchteter, alle anderen Menschen kämpfen mit den fünf Hindernissen, die uns allen das Leben erschweren. Dennoch machen wir uns davon abhängig, ob ein anderer Mensch zustimmt, daß wir trotz unserer Fehler liebenswert sind. Es ist keine Frage, daß wir trotzdem liebenswert sind. Wir brauchen niemanden, der uns das bestätigt. Das können wir selbst empfinden. Und wie geschieht das? Ganz einfach: Indem wir lieben, und nicht danach suchen, geliebt zu werden. Die ganze Menschheit macht diesen Fehler, und dann entstehen Kummer und Trübsal, wenn Freundin oder Freund uns verlassen und wir uns einsam und zurückgesetzt fühlen. Wozu das alles! Das wird bestimmt nicht unsere Liebesfähigkeit vergrößern.

Wenn wir das Gefühl der bedingungslosen Liebe in uns wirklich zur Blüte bringen und in uns verankern, dann braucht uns niemand zurückzulieben. Im

Gegenteil, wenn wir selbst lieben, dann brauchen wir keine Bestätigung dafür.

Man könnte das vielleicht mit einem intelligenten Geist vergleichen. Suchen wir ständig jemanden, der uns sagt: „Du bist aber sehr intelligent!“ oder: „Das ist ja fabelhaft, wie du kopfrechnen kannst!“? Wir können es und tun es, soweit es uns möglich ist. Wir benutzen unsere Intelligenz für alles Notwendige, egal, ob uns jemand bestätigt, es sei fabelhaft oder nicht, eben nur, weil es unserer Fähigkeit entspricht. Mit der Liebe ist es genauso, weil wir die Fähigkeit haben zu lieben.

Der Buddha hätte dies nie als die zweite Ebene des Glücks bezeichnet, wenn wir nicht das Potential dazu in uns hätten. Er hat Menschen, genau wie wir es sind, gelehrt, die all diese Fähigkeiten in sich trugen und auch verwirklichen konnten, wenn sie in Hingabe, Respekt und Ehrerbietung den Anweisungen gefolgt sind. Wir können auch bei uns heute erleben, daß diejenigen, die den Anweisungen folgen, eine deutlich gefestigtere Ebene des Glücks finden, weil sie sich mit einem höheren Ideal identifizieren können, das weit hinausgeht über die Marktplatzebene, in der wir leben. Solange wir genauso viel zurückbekommen wollen, wie wir geben, ist auch die Liebe noch auf der Marktplatzebene. Sehr häufig ist es auch bei Beziehungen so, daß keiner mehr Liebe geben will als der andere, weil er sich sonst übervorteilt oder geschädigt fühlt. Kann man wirklich Liebe auf eine Waagschale legen?

Wir müssen auch mit unseren Beurteilungen und Verurteilungen vorsichtig sein, denn wir können nur das erkennen, was wir selbst in uns tragen. Alles andere ist uns verschlossen. Wenn wir also über jemanden in irgendeiner negativen Weise urteilen, dann können wir sicher sein, daß wir die gleiche Schwierigkeit in uns haben, sonst würden wir sie gar nicht erkennen. Ein Mensch, der lieben kann, spürt die Liebesfähigkeit in anderen Menschen. Sie muß nicht auf ihn persönlich ausgerichtet sein. Das ist die Hauptsache bei dem Erlernen der Liebe. Wenn wir uns auf Persönlichkeiten fixieren, so begrenzen wir unsere Liebesfähigkeit so stark, daß das spirituelle Wachstum unterbrochen und unterbunden wird. Jede Begrenzung, die wir uns auferlegen, egal welcher Art, behindert unsere Entwicklung.

Im allgemeinen ist es so, daß wir die Menschen, von denen wir glauben, daß sie »mein« sind (meine Kinder, meine Frau, mein Mann, meine Eltern, mein Freund, meine Freundin), in eine Spezialkategorie einteilen und auch fähig sind, zu ihnen wirklich liebevoll zu sein. Je liebevoller wir die Menschen dieser Kategorie behandeln, desto leichter sollte es uns fallen, diese Spezialkategorie aufzulösen. Unsere Liebe in einer Schublade für besondere Menschen aufzuheben, ist nicht sehr vernünftig. Diese Einteilung nutzt uns nichts auf dem spirituellen Pfad. Sie ist zwar allgemein auf der Marktplatzebene anerkannt und je größer die Anhänglichkeit, desto mehr »lieben« wir angeblich. Das stimmt aber leider überhaupt nicht.

Wenn wir unser Herz begrenzen und einteilen in die, die wir lieben, und die anderen, die uns im Prinzip ganz gleichgültig sind, dann haben wir eine ganz deutliche Unterscheidung. Diese Unterscheidung besteht dann in allen Bereichen unseres Lebens. Gleichgültigkeit ist ein großes Hindernis und wird der nahe Feind von Gleichmut genannt, wogegen Gleichmut einer der Erleuchtungsfaktoren ist. Wenn uns also klar geworden ist, daß wir an sich lieben könnten, dann ist die Zeit gekommen, um das zu üben. Es gibt überhaupt nichts anderes als üben.

Natürlich können wir erst einmal lieben üben mit den Menschen, die uns etwas liebenswert erscheinen, die uns näher stehen und bei denen es einfacher ist. Dann üben wir mit denen, die uns schwieriger erscheinen, und am Ende mit denen, die wir ablehnen. Menschen zu lieben, die wir aus irgendeinem Grund ablehnen, ist dann der Schwerpunkt, der Beweis, ob wir lieben gelernt haben oder nicht. Wir haben alle tagtäglich Konfrontationen, und lieben bedeutet nicht, sich alles gefallen zu lassen. Es bedeutet vielmehr, daß wir lieben können, obwohl wir ganz deutlich sehen, daß vieles nicht in Ordnung ist. Wir brauchen das Verbrechen nicht anzuerkennen, im Gegenteil, wir können sehen und verstehen, daß es ein Verbrechen ist. Aber den Verbrecher, der dahinter steckt, können wir trotzdem lieben. Das stellt das erreichbare Ideal dar.

Wie wissen wir, ob wir lieben? Wir können immer wieder auf unsere Liebesbeziehungen zurückgreifen und den Unterschied zwischen dem Gefühl diesem einen und allen anderen Menschen gegenüber erkennen. Das ist eine einfache Art und Weise, uns zu verdeutlichen, ob wir überhaupt lieben. Wenn wir zum Beispiel eigene Kinder haben, ist es leicht, dies zu überprüfen. Wenn unser eigenes Kind ein gutes Zeugnis nach Hause bringt, sind wir beglückt. Ist es uns genauso wichtig, wenn das Nachbarkind ein gutes Zeugnis nach Hause bringt? Das ist materielles Denken. Wenn wir das spirituelle Leben nicht in unseren Alltag integrieren können, dann haben wir es noch nicht verinnerlicht. Wir müssen lernen, Verluste zu akzeptieren, weil wir wissen, daß uns am Ende unseres Lebens sowieso nichts übrig bleibt. Wir müssen üben, uns mit anderen Menschen genauso zu verbinden wie mit denen, die uns besonders wichtig sind. Wieso sind uns einige denn wichtig und andere vollkommen gleichgültig? Weil die wichtigen Menschen uns helfen und unterstützen, also unsere Ichbezogenheit verstärken. Diejenigen, die uns gleichgültig sind, beschäftigen sich mit ihren eigenen Interessen und gehen uns nichts an. Aber wenn es uns nicht möglich ist, unser Herz einmal so zu erweitern, daß wir viele Menschen mit einbeziehen können, dann ist unser Weg blockiert. Wir kennen das Glücksgefühl der Liebe. Wieso kümmern wir uns nicht darum? Wieso benutzen wir so oft und so unnötigerweise das Haß- oder Ablehnungsgefühl? Das beglückt niemanden, weder uns selbst, noch diejenigen, die wir ablehnen, noch die Welt um uns herum.

Es ist erlebbar, daß es ein universelles, kosmisches Bewußtsein gibt. Alles, was wir denken und empfinden, breitet sich um uns herum aus. Es gibt ein altes Lied: „Gedanken sind zollfrei." Das stimmt überhaupt nicht, wir müssen überall Zoll bezahlen. Jeder Gedanke, jedes Gefühl fließt aus uns heraus, und wir bekommen den Widerhall. Das sind die Ausstrahlungen, die ein Mensch hat, von denen wir ja oft reden und hören. Aber wissen wir auch, daß wir sie selbst haben und kümmern wir uns darum? Wir spüren vielleicht unsere eigenen nicht, aber wir spüren sie bei jedem anderen. Was sind diese Ausstrahlungen? Haß oder Liebe, Hilfsbereitschaft oder Gleichgültigkeit erwecken Herzenswärme oder Kälte, was leicht zu merken ist, genau wie Sonnenschein oder Schneestürme uns berühren. Wenn wir die Idee haben, anderen helfen zu wollen und dazu beitragen wollen, daß die Welt in Frieden lebt, dann haben wir keine andere Wahl, als erst einmal uns selbst zu helfen, inneren Frieden zu schaffen und das Glücksgefühl der Liebe in uns zu fördern. Wenn wir das getan haben, können wir es auch ausstrahlen, und die Umwelt um uns herum, die Menschen, die nahe sind, werden von dieser Ausstrahlung beeinflußt. Wir selbst sind mit Liebe angefüllt.

Wenn uns jemand liebt, dann erleben wir nichts anderes als Selbstbestätigung und spüren noch lange keine Liebe in uns und strahlen sie auch nicht aus. Vielleicht sind wir in der Lage zu lieben, wenn ein spezieller Mensch vorhanden ist, was häufig der Fall ist. Das Glück unseres Herzens kann uns jedoch nur anfüllen, wenn es unabhängig ist. Abhängigkeit ist gleichbedeutend mit Unfreiheit. Der spirituelle Weg führt zur Freiheit, zur Freiheit von jedem Druck, jedem Streß, führt zum Loslassen von allem, was wir glauben, haben zu müssen, um unser Ich zu bestätigen.

Nun begegnen wir hier auch wieder einer Schwierigkeit, die für intelligente Menschen immer hochkommt; es ist einfach kaum zu vermeiden. Wir können das alles hundertprozentig verstehen und dem auch zustimmen. Aber können wir es tun? Können wir in unser Herz hineinschauen und erkennen, was wir empfinden? Wenn wir negativ oder ablehnend reagieren, in irgendeiner Weise nicht liebend, so ist die Freude des Erkennens und die Möglichkeit des Ersetzens gegeben. Wir merken auch ganz deutlich, daß wir nicht glücklich sind, wenn wir lieblos empfinden.

Am Abend jedes Tages können wir Bilanz ziehen: Wie oft am Tage habe ich geliebt? Wie oft war ich ablehnend oder gleichgültig? Wie oft war ich glücklich? Wie oft schien mir alles neutral, und wie oft fühlte sich die Stimmung grau an und wurde immer grauer, trotz der herrlichen Landschaft, trotz des brillanten Sonnenscheins? Die Gemüter der Menschen sind im allgemeinen grau. Ab und zu fällt ein Sonnenstrahl hinein und dieser Sonnenstrahl heißt Liebe. Und weil wir glauben, daß dieser Sonnenstrahl von der Sonne abhängig ist, das heißt von irgendeinem Menschen, bringen wir uns in ein Abhängigkeitsverhältnis. Von den Emotionen anderer Menschen abhängig zu sein, ist eine Katastrophe, denn wir schwanken ja schon durch unsere eigenen Emotionen. Abhängigkeit erzeugt ein Gefühl, als ob wir ein Blatt wären, das vom Wind hin und her gerissen wird. So können wir nie zur Ruhe kommen. Lieben möchte im Prinzip jeder, aber verwechselt das mit Geliebtwerden. Es ist eine ganz wichtige Unterscheidung, die man nur im eigenen Gefühlsleben erkennen kann.

Wenn wir jetzt lernen wollen, unabhängig, bedingungslos und unpersönlich zu lieben, so bedeutet das nicht, daß wir dann die einzelnen Personen, die angeblich »mein« sind, nicht mehr lieben können. Im Gegenteil, wir können sie so lieben, daß sie total frei von jedem Druck sind und von jeglicher Erwartungshaltung unsererseits. Dann können wir einmal spüren, was es bedeutet, das Gefühl der Liebe im Herzen wirklich entwickelt zu haben. Es bedeutet Herzenswärme, die umarmend und beschützend ist. Der Buddha hat sie mit Mutterliebe verglichen, ein Wort, das bei uns leider auf Ablehnung stoßen kann. Liebe ist ein Gefühl der Zusammengehörigkeit, der Annäherung, des Akzeptierens, des Wirklich-Da-Seins. Es muß nicht unbedingt körperliche Anwesenheit mit einschließen, wir können auch auf weite Entfernungen hin lieben. Wir müssen nicht nur mit denen üben, die vor uns stehen. Aber am Anfang sind unsere Übungsobjekte diejenigen, die uns am nächsten sind, bei uns im Haus wohnen, in unserer Familie oder Gemeinschaft. Es ist ein wunderbares Projekt, diese Menschen bedingungslos zu lieben, vor allen Dingen dann, wenn sie etwas sagen, was uns nicht paßt. Das ist eine ganz herrliche Aufgabe und Lernsituation! Es kann jeder, nur macht es fast keiner.

Wir können lernen, alle Menschen zu lieben, ganz gleich, was sie sagen. Sie sagen nämlich fünf Minuten später wieder etwas ganz anderes. Wir brauchen nur ein bißchen Geduld, und schon ist das ganze Ärgernis vorbei. Das heißt, auch uns selbst zu verlangsamen. Wir machen langsame Gehmeditation, wir haben keine Eile, irgendwo hinzukommen. Wir können ruhig langsam sein und schaffen dennoch alles. Was haben wir denn eigentlich zu schaffen? Wir sind alle auf dem Weg zum Friedhof, wozu die Eile? Wir kommen garantiert hin, ob wir uns beeilen oder nicht. Wir haben also zuerst einmal die Übungsobjekte, die bei uns im Hause wohnen. Und wenn der Geist sagt: „Aber das ist ja nun eine Nummer zu groß, da ist einer, den man unmöglich lieben kann!“ Nicht glauben! Der Geist erzählt alles mögliche. Und sehr häufig erzählt er Unsinn. Die Liebesfähigkeit ist nicht davon abhängig, was Menschen sagen, wie sie aussehen, ob wir sie schön oder häßlich finden, ob sie uns lieben, ob sie von uns geliebt werden wollen, nichts davon! Die Liebesfähigkeit im Herzen ist vergleichbar mit der Intelligenz im Geist. Sie ist entwickelbar.

Wir können immer wieder unsere Umwelt als Spiegel benutzen und erkunden, wieso etwas geschehen ist, und was wir damit zu tun haben. Was immer auch geschieht, wenn wir lieblos sind – und das sind wir alle häufig genug – empfinden wir die anderen Menschen auch als lieblos. Wir haben einfach nicht die Aufnahmefähigkeit und können gar nicht spüren, daß da Liebe herrscht. Genau, wie wir nicht einen Erleuchteten empfinden können, weil wir selbst nicht erleuchtet sind. So machen wir sehr oft Riesenfehler mit unserer Beurteilung und Verurteilung, und es wäre viel besser, wenn wir davon Abstand nehmen und einfach die Liebesfähigkeit immer mehr und mehr in uns entwickeln würden.

Jeder Mensch, den wir treffen, bietet uns die Möglichkeit dazu. Vielleicht sollten wir erst mit denen, die nicht so schwierig sind, von denen wir glauben, daß sie ganz vernünftig sind, anfangen. Sie haben keine enge Verbindung zu uns, sind weder Freunde noch Verwandte, sondern einfach Menschen, die wir sehen oder sprechen. Zum Beispiel der Kassierer oder die Kassiererin im Supermarkt. Wir können versuchen, diesen Menschen wirklich zu lieben und dasselbe Gefühl für ihn zu entwickeln, das wir für den einen speziellen Menschen in unserem Leben haben. Wir merken dabei sofort, was da für ein Unterschied besteht und wieviel Mühe es uns kostet, liebende Gefühle hervorzubringen. Und dann sagt der Geist natürlich: „Diesen Menschen kenne ich doch gar nicht, wie kann ich da lieben!"

Es handelt sich um unpersönliche Liebe, bedingungslose Liebe, die Fähigkeit des Herzens, von Selbstbezogenheit und Anhaften loszulassen und in die Weite zu gehen. Es handelt sich nicht darum, ob wir die Kassiererin kennen oder nicht oder vielleicht den Postboten. Er bringt die Post, legt sie hin, und wir sagen höflich, je nachdem, wo wir leben, „Guten Tag“ oder „Grüß Gott“ und bezeugen mit Ton und Körpersprache unsere Gleichgültigkeit. Mit diesen beiden Beispielen ist es vielleicht gar nicht so schwierig zu üben, weil diese beiden Menschen im allgemeinen gar nichts Unangenehmes an sich haben. Daß wir im Supermarkt bezahlen müssen, haben wir vorher gewußt, und daß der Postbote kommt, haben wir auch gewußt, also ist nichts Unerwartetes oder Bedrückendes geschehen.

Aber es kann geschehen, daß wir mit jemandem zusammenkommen, der uns total unerwartet Vorwürfe macht. Wir sind überrascht, daß dieser Mensch überhaupt kommt und noch dazu Vorwürfe im Kopf hat. Nun sind wir aufgefordert, ihn trotzdem zu lieben. Das ist schon ein größeres Lernobjekt. Was machen wir damit? Wenn es uns nicht gelingt, dieses Examen zu bestehen, müssen wir das nächste Mal wieder probieren, das schadet nichts. Aber vor allen Dingen müssen wir wissen, daß unpersönliche Liebe für jeden erlernbar ist.

Die Liebende-Güte-Meditation ist ein Mittel zum Zweck, nicht der Zweck an sich. Wenn wir bei der Liebenden-Güte-Meditation etwas empfinden, so ist das hilfreich und förderlich. Sollten wir nichts empfinden, so schadet das am Anfang auch nichts! Je öfter wir den Geist in eine bestimmte Richtung lenken, desto leichter kommen die Empfindungen. Daher soll der

Denkprozeß auch in die Richtung der unpersönlichen Liebe gehen. Wenn wir uns vorstellen, wie viele Menschen auf diesem Erdball leben, die wir alle gar nicht kennen und die wir lieben sollen, so ist das nicht so schwierig, weil sie noch nie etwas zu uns gesagt oder getan haben, was unsere Ichbehauptung irgendwie in Frage gestellt hat.

So ist es verhältnismäßig einfach, Menschen im fernen Afrika oder China zu lieben. Aber lieben wir sie wirklich oder ist das nur ein Wort? Das Wort muß Gefühl werden. Bei der Liebenden-Güte-Meditation können es am Anfang nur Worte sein, aber sie verwandeln sich eines Tages in ein Gefühl. So müssen wir immer wieder üben, bis das stattfindet. Das Liebesgefühl ist ausfüllend und daher auch in gewisser Weise erfüllend. Menschen, die einen tiefen Glauben haben, der mit Liebe verbunden ist, haben häufig das Gefühl der Erfüllung. Sie brauchen nicht weiter zu suchen, denn die Liebe zu ihrem Glauben erhebt sie schon aus der Alltagsebene. Der Buddha hat gesagt, daß wir durch die unpersönliche, bedingungslose Liebe, wenn sie immer vorhanden ist, erleuchtet werden können, aber ohne sie den Weg nicht finden.

Es ist meistens nicht der Fall, daß wir ausschließlich diesen Übungsweg einschlagen. Im Westen würden wir wahrscheinlich nicht nur den Weg der geläuterten Emotionen gehen, sondern würden das mit dem Weg der Einsicht, des Klarblicks verbinden. Aber die Möglichkeit besteht, nur den Weg der Emotionen als spirituelle Läuterung zu benutzen. Wenn wir uns eingeredet haben, daß wir im Prinzip niemanden hassen, so kann das sehr leicht stimmen. Wieso sollten wir auch? Keiner hat uns etwas angetan. Aber das ist ja gar nicht die Frage, sondern stattdessen: Wieviele Menschen lieben wir? Das ist der Kernpunkt der Praxis. Oft ist dieses Gefühl, keinen zu hassen, nichts anderes als Gleichgültigkeit, da die meisten Menschen uns nichts angehen. Also wieso sollten wir sie hassen? Das Gefühl der Zusammengehörigkeit wird durch die Meditation gestärkt und auch erlebt. Aber wir können nicht darauf warten, die Meditation so weit zu bringen, daß das Zusammengehörigkeitsgefühl ein Erlebnis wird. Wir müssen jetzt schon anfangen, es zu praktizieren.

Da hilft uns vielleicht auch wieder einmal die Vernunft. Wir kommen uns doch so vor, als wären wir alle separat. Jeder sitzt auf seinem eigenen Kissen, jeder hat einen begrenzten Körper und natürlich auch einen abgegrenzten, eigenen Geist, was alles »Ich« oder »mein« heißt. Alle anderen heißen »Du«, sind also separiert von »Ich«. Es geht schließlich um mein eigenes Glück. Aber in der Abgrenzung und dem Sich-Separieren ist auch das Glück der bedingungslosen Liebe nicht zu finden. Dieser Dualismus bringt nicht die Erweiterung und Ausdehnung des Herzens mit sich und auch nicht dieses Gefühl der Zusammengehörigkeit, daß es endgültig keinen anderen gibt, sondern einfach nur eine Fähigkeit des Liebens.

Die Vernunft sagt uns: Unsere Wissenschaftler haben schon vor Jahrzehnten entdeckt, daß es keinen einzigen soliden Bauklotz im ganzen Universum gibt, inklusive uns selbst, denn wir gehören mit dazu. Das steht allerdings nicht in ihren Büchern, da es vielleicht etwas schwer zu verinnerlichen ist. Alle Materie besteht aus Energieteilchen, die zusammenkommen und wieder auseinanderfallen. Diese vereinigen sich auch nicht in der gleichen Form wieder, wie sie vorher waren, sondern nur ähnlich. Da das ständig passiert, bekommen wir den Eindruck, als wären wir separate Einheiten.

Wir wollen zum Beispiel einmal an die Luft denken, die hier im Raum ist. Keiner von uns kann sagen: „Bis hierher ist meine Luft, die darf kein anderer atmen, die bekomme nur ich." Können wir sie separieren? Die Luft existiert, wir atmen sie ein. Wenn wir jetzt an einem anderen Platz sitzen, atmen wir woanders die Luft ein. Ist es andere Luft? Wenn jemand die Luft begrenzt hätte – wenn er das könnte – und wir sie nicht bekommen würden, würden wir sterben. Dieses Beispiel ermöglicht es vielleicht, uns mit der Einheit aller Schöpfung vertrauter zu machen. Außerdem hängt auch unser körperliches Überleben von vielen Menschen ab. Wir vergessen diese Wahrheiten ständig, weil wir alles andere, was wir tun, für wichtiger halten.

Wir sollten uns täglich daran erinnern, daß wir alle dem Tod entgegengehen. Geburt ist eine Garantie für den Tod, denn alles, was entsteht, muß auch vergehen. Wir können uns auch überlegen, was noch wichtig ist, wenn wir auf unserem Totenbett liegen. Ist es wichtig, wie oft wir Recht gehabt haben oder wie oft wir jemanden verurteilt haben oder wieviele Menschen uns gleichgültig waren? Oder kommt es darauf an, wie oft und wieviel wir geliebt haben und wie voll das Herz immer noch von Liebe ist? Wir können uns überlegen, um was es wirklich geht. Keiner weiß, wann sein Tod kommt. Wir glauben, er kommt im Alter, aber auch das ist ein *karmisches* Resultat, das nicht jeder hat. Wenn wir uns einen Friedhof beschauen und die Grabsteine lesen, so ist jedes Alter vertreten, von einer Stunde bis über hundert Jahre.

Unser Erinnern an die eigene Sterblichkeit bedeutet auf keinen Fall, daß wir unseren Verpflichtungen und Verantwortungen nicht mehr nachkommen, im Gegenteil: Was wir mit Liebe tun, ist wohlgetan. In Wirklichkeit: Was wir mit Liebe tun, ist spirituell getan. Was wir ohne Liebe tun, kann noch so spirituell aussehen, hat aber keinen spirituellen Inhalt. Wenn wir uns ohne Liebe auf das Kissen setzen, ist kein spiritueller Werdegang möglich. Wenn wir liebevoll Toiletten putzen, sind wir dabei, uns spirituell zu entwickeln. Teresa von Avila hat gesagt: „Ich brauche nicht noch eine ›heilige‹ Nonne, ich brauche eine, die Toiletten putzt."

Heiligkeit ist heil sein und nichts anderes. Seligsein ist Glückseligkeit. Wir alle haben die Fähigkeiten dazu, aber wir müssen darauf hinarbeiten und erkennen, daß es möglich ist. Glückseligkeit und Heilsein beinhalten Loslassen. Am Ende können wir nichts behalten. Freiheit des Herzens schließt Gutes und

Schlechtes mit ein. Das bedeutet nicht, daß wir keinen Unterschied zwischen Gutem und Schlechtem erkennen, dann könnten wir ja die Tugendregeln nicht einhalten. Aber es bedeutet, daß wir niemanden ablehnen müssen, sondern, daß wir lieben können, wodurch wir nicht mehr so oft impulsiv, instinktiv und negativ reagieren. Allein das ist schon eine Ebene des Glücks, die die meisten Menschen nie kennenlernen. Wenn wir nicht mehr auf Dinge, die uns nicht passen, reagieren, weil wir genügend Liebe in uns tragen, dann haben wir endlich einmal Ruhe. Dann sind wir auch in der Lage zu meditieren, weil der Geist sowieso ruhig ist.

Die Meditation muß geliebt werden, dann hat sie eine Chance zu funktionieren. Was immer wir für Schwierigkeiten bei der Meditation haben, auch diese können wir lieben. Wir wissen schon, daß es schwierig ist, Mensch zu sein, und noch schwieriger, ein guter, liebender Mensch. Wenn uns das klar ist, dann werden wir uns vielleicht einmal unseren Schwierigkeiten hingeben und versuchen, sie zu überwinden, was eine der Anweisungen des Buddha ist. Dazu hat er folgendes gesagt: „Derjenige, der tausendmal tausend Armeen besiegt, ist nichts im Vergleich zu demjenigen, der sich selbst besiegt.“ Die Selbstbehauptung, die Selbstbezogenheit können wir besiegen.

Lieben ist Schenken, Von-Sich-Selbst-Geben. Je mehr wir uns selbst verschenken können, desto leichter fällt uns das Lieben. Wir brauchen keine Bestätigung. Wenn wir das Herz voll Liebe haben, sind wir bestätigt. Wir brauchen niemanden, der uns sagt, daß wir liebenswert sind. Und wenn uns jemand sagt, daß wir nicht liebenswert sind? Auch das ist kein Grund zur Trauer, sondern nur Worte, mit denen wir nichts weiter zu machen brauchen. Der Ärger, den wir um uns verbreiten, die Ablehnung, die Feindseligkeiten, alles existiert im Weltall, im kosmischen Bewußtsein. Wollen wir wirklich die Negativitäten noch vergrößern? Oder wollen wir die Liebe, das Glück, die Freude vergrößern? Wenn wir das letztere wollen, dann haben wir eine hochinteressante Lebensaufgabe; aber nicht nur das, wir haben einen Lebenssinn gefunden, der den meisten Menschen heutzutage abhanden gekommen ist. Daß unser Lebenssinn nicht materiell ist, weiß wohl jeder. Aber worin besteht er stattdessen? Nicht bekommen wollen, sondern schenken und diese Welt um eine Kleinigkeit schöner und reiner verlassen, als wir sie vorgefunden haben.

Liebende-Güte-Kontemplation

Um anzufangen, bitte die Achtsamkeit auf den Atem lenken für ein paar Momente.

Wir wollen in unser Herz hineinschauen und einmal feststellen, ob dort ein Liebesgefühl zu finden ist. Vielleicht für einen spezifischen Menschen. Dieses Gefühl nun erkennen, erleben, sich darin vertiefen.

Jetzt wollen wir diesen besonderen Menschen fallenlassen. Bleibt dieses Gefühl im Herzen? Und können wir es anderweitig verschenken?

Jetzt wollen wir uns einmal an einen ganz gewöhnlichen Tagesablauf im Alltag erinnern. Wie oft am Tage fühle ich ablehnende oder negative Empfindungen gegenüber anderen Menschen, weil ich etwas höre oder sehe, was ich negativ interpretiere? Kann ich mich wirklich auf meine Interpretationen verlassen? Stimmen sie oder könnte ich sie auch fallenlassen?

Wie oft am Tage habe ich spontan ein Gefühl der Liebe einem anderen Menschen gegenüber empfunden, und war dafür immer ein Grund nötig oder konnte ich es auch empfinden ohne einen spezifischen Anlaß?

Habe ich schon versucht ein Liebesgefühl zu empfinden, selbst wenn keine Bestätigung für mich vorhanden war?

Ist mir klar, daß ein Liebesgefühl in meinem Herzen Glück für mich und die Umwelt bringt?

Und ist mir klar, daß ein Liebesgefühl in meinem Herzen für mich und die Umwelt heilend wirkt?

Wie oft an irgendeinem beliebigen Tag habe ich das Glück des Liebesgefühls verspürt?

Ist mir klar, daß Haß, Ärger und Ablehnung Unheil für mich und die Umwelt bringen?

Habe ich dieses Unheil in mir gespürt? Wie oft war es mir an irgendeinem Tag bewußt?

Ist mir klar, daß, wenn ich glücklich sein und Glück um mich verbreiten möchte, das Liebesgefühl im Herzen dazu unumgänglich nötig ist?

Wievielen Menschen stehe ich gleichgültig gegenüber? Kann ich erkennen, wieso ich gleichgültig bin?

Kann ich mir jetzt gleich einen dieser Menschen, dem ich gleichgültig gegenüberstehe, vornehmen und versuchen, ihn in Liebe zu umarmen?

Wieviel Abwehr habe ich dabei, oder kann mein Herz sich öffnen?

Jetzt können wir uns einen Menschen vornehmen, den wir aus irgendeinem Grund abgelehnt haben. Können wir erkennen, warum wir diesen Menschen ablehnen?

Können wir die Ursache, die wir erkannt haben, fallenlassen und diesen Menschen nur als einen Mitmenschen, einen Teil der Familie der Menschheit sehen und ihn daher liebevoll umarmen?

Wir nehmen uns wieder irgendeinen beliebigen Tag vor. Wie oft am Tage rechtfertigen wir unsere Ablehnungen, unsere negativen Beurteilungen?

Und wie oft am Tage haben wir schon versucht, das zu lieben, was uns nicht paßt?

Können wir erkennen, daß wir glücklich sind, wenn wir lieben, und unglücklich, wenn uns etwas nicht paßt?

Ist uns klar, daß wir wählen können, und daß es einzig und allein an unserer Wahl liegt, ob wir glücklich oder unglücklich sind? Wollen wir diese Wahl treffen?

Können wir erkennen, daß wir eine Verantwortung

der Menschheit gegenüber haben? Wenn wir liebend und glücklich sind, strahlen wir das aus, und diese Ausstrahlung verbreitet sich. Wollen wir Verantwortung dafür übernehmen?

Wir können untersuchen, ob wir die Angst, nicht geliebt zu werden, ersetzen wollen, indem wir selbst lieben.

Können wir uns erinnern, wie oft am Tage wir mit Ablehnung reagieren, weil wir nicht bestätigt worden sind? Und daß uns das unglücklich macht und wir dadurch Unglück um uns herum verbreiten?

Wollen wir üben, stattdessen mit Liebe zu reagieren, egal ob wir bestätigt werden oder nicht, und dadurch Glück und Liebe in uns haben und um uns verbreiten?

Wenn es uns schwer fällt, ein Liebesgefühl für Menschen zu erwecken, die uns gleichgültig sind, können wir uns einmal vorstellen, wie das sein könnte?

Die Vorstellungskraft ist eine schöpferische Kraft. Wir wollen uns diese schöpferische Kraft, die wir alle haben, zunutze machen.

Können wir uns vorstellen, wie es sein könnte, wenn wir das Paradies der bedingungslosen Liebe in unserem Herzen tragen?

Wir wollen diese Vorstellung in uns verankern, so daß wir unsere schöpferische Kraft dafür verwenden können.

Mögen alle Menschen lieben lernen.

Liebende-Güte-Meditation

Blumengarten

Um anzufangen, wollen wir die Achtsamkeit für ein paar Momente auf den Atem lenken.

Wir wollen uns vorstellen, daß wir einen ganz herrlichen Blumengarten in unserem Herzen haben, auf dem Nährboden der Liebe gewachsen und mit Fürsorge gepflegt. In diesem wunderschönen Blumengarten, der in allen Farben blüht und herrlich duftet, fühlen wir uns wohl und geborgen, von Liebe und Schönheit umgeben.

Jetzt machen wir ein wunderschönes Bouquet zurecht, das schönste, das wir in unserem Herzen finden können, und schenken es demjenigen, der uns am nächsten sitzt. Wir überreichen es in Liebe und freuen uns, daß dieser Mensch uns auf unserem spirituellen Werdegang begleitet.

Wir machen nun ein wunderschönes Bouquet für unsere Eltern zurecht. Wir sehen, wie erfreut sie sind, daß wir ihnen diese herrlichen Blumen aus unserem Herzen schenken, und freuen uns mit ihnen.

Jetzt machen wir einen wunderschönen Blumenstrauß zurecht, den schönsten, den wir in unserem Herzen finden können, und schenken ihn den Menschen, die uns am nächsten stehen, mit denen wir vielleicht zusammenleben. Jeder von ihnen bekommt einen Blumenstrauß aus unserem Herzen, und wir sehen, wie die Schönheit dieser Blumen sie erfreut, und unser Herz ist auch voll Freude darüber.

Jetzt denken wir an Freunde, Verwandte, Bekannte. Für jeden von ihnen machen wir das schönste Bouquet zurecht, das wir in unserem Herzen finden können, und überreichen es in Liebe. Wir zeigen ihnen dadurch auch unsere Zusammengehörigkeit. Wir sehen die Freude auf den Gesichtern und können uns mitfreuen.

Wir spüren ganz deutlich: Je mehr von diesen Blumen wir verschenken, desto mehr von ihnen wachsen in unserem Herzen. So können wir Bouquets zurechtmachen für all die Menschen, denen wir im Alltag begegnen. Für jeden von ihnen machen wir einen herrlichen Blumenstrauß zurecht, auf dem Nährboden der Liebe in unserem Herzen gewachsen, mit Fürsorge gepflegt, und verschenken ihn, sobald wir einen dieser Menschen treffen, die unseren Alltag bevölkern, wer immer sie sein mögen. Und jeder freut sich über dieses schöne Geschenk, und wir freuen uns mit.

Jetzt denken wir an einen schwierigen Menschen oder jemanden, der uns ganz gleichgültig ist. Auch für diesen Menschen machen wir ein wunderschönes Bouquet zurecht aus dem Blumengarten in unserem Herzen. In allen Farben und mit herrlichem Duft, schöner als alle Blumen, die wir je gesehen haben, denn sie wachsen an einer ganz besonderen Stelle. Wir verschenken diesen Blumenstrauß, überreichen ihn in Liebe und sehen, wie dieser schwierige oder uns gleichgültige Mensch unser Freund oder unsere Freundin wird. Wir sind uns nahe durch das Verschenken unseres Herzens und wir sind froh darüber, einen Freund statt einen schwierigen oder uns gleichgültigen Menschen zu kennen.

Jetzt öffnen wir unser Herz ganz weit und lassen so viele Menschen wie möglich in den Blumengarten hinein, und ein jeder darf sich eine Blüte dort pflücken als ein Zeichen unserer Zusammengehörigkeit und unserer Liebe.

Wir lassen alle die hinein, die hier versammelt sind. Je mehr Blumen wir verschenken, desto mehr von ihnen wachsen in unserem Herzen.

Dann lassen wir all diejenigen Menschen hinein, die wir täglich sehen, und wir freuen uns daran, daß sie sich eine Blüte mitnehmen, die sie beglückt.

Dann lassen wir all die Menschen hinein, die wir kennen. Es ist unendlich viel Platz in unserem Herzen, und es wachsen dort unendlich viele schöne Blüten, die wir verschenken können. Alle Menschen, die wir kennen, kommen und nehmen sich eine Blüte aus unserem Herzen. Wir sehen die Freude auf ihren Gesichtern und freuen uns mit.

Dann lassen wir all die Menschen hinein, die wir nur einmal oder selten gesehen haben. Wer immer uns da in den Sinn kommt. Vielleicht haben wir sie auf Bildern gesehen oder irgendwo auf der Straße. Alle können sich an diesen wunderschönen Blumen in unserem Herzen erfreuen und sich eine Blüte mitnehmen als ein Zeichen unserer Zusammengehörigkeit.

Dann lassen wir all diejenigen Menschen hinein, von denen wir nur wissen, daß sie existieren, und wir spüren, wie groß und weit unser Herz sein kann, wieviel Menschen darin Platz haben. Nicht nur ein oder zwei, sondern hunderte, tausende. Alle freuen sich an den wunderschönen Blüten. Sobald eine gepflückt wird, wächst eine neue. Wir lassen so viele Menschen hinein, wie unsere Vorstellungskraft es erlaubt. Wir sind beglückt und freuen uns mit ihnen.

Wir richten jetzt die Achtsamkeit auf uns selbst. Wir sehen diesen wunderschönen Blumengarten unversehrt in unserem Herzen. Die Blüten sind noch größer, noch farbenprächtiger und beglücken uns. Sie füllen und umhüllen uns mit Wohlbefinden. Wir haben ein Gefühl der Liebe, der Freude. Dann verankern wir diesen Blumengarten in unserem Herzen, damit er eins damit wird und wir immer Zugang zu ihm haben. Wir können dann jederzeit die Blüten verschenken, woran andere und wir uns selbst erfreuen können.

Mögen alle Menschen die Blüten in ihrem Herzen zum Wachstum bringen.

III

Die zweite Ebene des Glücks:

Mit anderen fühlen

Wir wollen die zweite Ebene des Glücks noch näher kennenlernen. Vielleicht ist uns allen durch eigenes Erleben klar, daß die erste Ebene des Glücks, obwohl sie existiert, nicht zufriedenstellend, nicht erfüllend ist. Sollten wir damit noch nicht einverstanden sein, können wir weiterhin untersuchen, ob wir durch Sehen, Hören, Riechen, Schmecken, Berühren und Denken voll befriedigt sind. Das letztere ist das Schwierigste, weil viele Menschen, die gern und viel denken, dadurch eine gewisse Befriedigung bekommen. Da müssen wir uns die Vergänglichkeit unserer Gedanken anschauen und dann müssen wir genau erkennen und wissen, ob wir wirklich glücklich sind, unabhängig von äußeren Umständen. Alle Sinneskontakte sind äußere Umstände.

Unpersönliche, bedingungslose Liebe ist auch etwas, was wir uns erst erarbeiten müssen und was natürlich auch vergänglich ist. Aber sie ist nicht abhängig von äußeren Umständen, obwohl wir bis jetzt immer geglaubt haben, daß es bei Liebe auf eine zweite Person ankommt. Wenn uns klar wird, daß das nicht stimmt, haben wir einen großen Einsichtsschritt getan. Auch die Mitfreude ist unabhängig, denn die Freude in unserem Herzen können wir eines Tages dort so verankern, daß sie jederzeit verschenkbar ist. Wir brauchen uns zum Beispiel nur darüber zu freuen, daß jemand als Mensch geboren wurde. Der Buddha hat die menschliche Geburt als einen großen Schatz beschrieben. Daher haben wir sechs Milliarden Möglichkeiten, uns mitzufreuen und brauchen niemanden zu suchen, um uns mitzufreuen. Aber viele Menschen sind ja in unserer Nähe. Also ist Mitfreude jederzeit möglich. Die Unabhängigkeit unserer Freude ist der springende Punkt. Solange wir von Sinneseindrücken abhängig sind, sind wir ständig unter Druck, den wir sehr oft Streß nennen und von dem wir glauben, er komme von außen. Nur wenn wir das zulassen, kommt Streß von außen.

Wir selbst üben Druck auf uns aus, was die erste und zweite Edle Wahrheit beschreibt, die zu dem Erleuchtungserleben des Buddha gehören. Die vier Edlen Wahrheiten* sind überhaupt das Grundelement der ganzen Lehre und stellen ihr Fundament dar. Die erste Edle Wahrheit sagt aus, daß *Dukkha* überall existiert, und die zweite erklärt, daß es nur einen einzigen Grund dafür gibt, und das ist Begierde. Wieso üben wir Druck auf uns aus? Weil wir et-

---

* Die vier Edlen Wahrheiten: 1. Existenz ist *Dukkha*. 2. Der Grund dafür ist Begierde. 3. Es gibt ein Ende von *Dukkha*, das *Nibbāna* heißt. 4. Der Weg, der dorthin führt, ist der Edle achtfache Pfad.

was haben wollen, was uns fehlt, oder auch etwas loswerden wollen, was uns stört. Druck ist *Dukkha*, Habenwollen ist Begierde. Wir leben mit der ersten und zweiten Edlen Wahrheit. Und wenn wir sie erkennen, dann haben wir erkanntes Erleben, was Weisheit bedeutet.

An und für sich ist das ganz einfach, nicht wahr? Aber ohne die Anweisungen des Buddha kommt fast niemand dahinter. Wenn wir zum Beispiel unbedingt eine »gute« Meditation haben wollen und Druck auf uns selbst ausüben, dann haben wir *Dukkha*. Wieso? Weil wir etwas haben wollen. Wozu machen wir uns selbst *Dukkha*? Weil der Geist sagt: „Ich muß das haben, deswegen sitze ich doch hier, jetzt muß es schon einmal kommen." Aber so funktioniert es auf keinen Fall. Wünschen und Habenwollen müssen wir fallenlassen, loslassen. »Loslassen« ist das Schlüsselwort des spirituellen Pfades. Loslassen von Hoffnungen, Erwartungen, Reaktionen, Begierden, nur da sein; das funktioniert.

Jeder Mensch kann meditieren. Wir müssen es nur richtig anpacken und müssen wissen, wie und wozu wir es machen. Meditation ist die Wissenschaft des Geistes. Für jeden läuft sie in denselben Bahnen ab. Genau wie jede andere Wissenschaft auch nur dann so genannt werden kann, wenn jeder Zugang zu ihr hat, sie erklärbar, nachvollziehbar und wiederholbar ist. Meditation ist genau das. Nichts Außergewöhnliches, nichts Spezielles, sondern etwas, was der Geist braucht, um Klarheit zu erlangen. Dieser Druck, den wir auf uns selbst ausüben, ist schädlich, nicht einmal nur für uns selbst, sondern durch unsere Ausstrahlung für jeden, mit dem wir zusammenkommen. Wenn wir nicht »sein« können, sondern »werden« wollen, können wir den Moment nicht erleben. Wo bleibt dann unser Glück, denn das kann ja nur in diesem Moment sein.

Es wäre hilfreich, wenn wir uns einmal damit auseinandersetzen würden, welchen Lebenssinn wir gefunden haben und uns fragen: „Bin ich an diesem Platz, zu dieser Zeit, um das zu bekommen, was ich mir wünsche?“ Es kann leicht sein, daß die Antwort darauf bejahend ist. Wenn das der Fall ist, sollten wir merken, daß wir die erste und zweite Edle Wahrheit damit manifestieren. *Dukkha* hat als Ursache Habenwollen (Begierde). „Oder bin ich hier, um die alten Gedankenmuster und Schwierigkeiten, die ich habe, loszulassen, und nicht Resultate zu erwarten, sondern zu meinem wirklichen ›Sein‹ zu finden?“ Vielleicht stimmt das. Wir brauchen uns nicht an diese Worte zu halten, sondern das aufschreiben, was wir wirklich denken und empfinden. Das obige sind nur Vorschläge und Möglichkeiten des Erkennens.

Wenn wir die erste Ebene des Glücks einmal durchschaut haben, sehen wir auch die damit verbundene Vergänglichkeit und unsere Abhängigkeit. Dann können wir uns der zweiten Ebene des Glücks zuwenden, was aber nicht bedeutet, daß das Glück der Sinneskontakte verschwindet, im Gegenteil. Wenn wir es nicht suchen und nicht unbedingt behalten wollen, sondern dankbar sind für jede Kleinigkeit, machen unsere Sinneskontakte einen viel stärkeren Eindruck auf unser Gefühl und sind viel reiner, weil Habenwollen, Loswerdenwollen und Wiederholenwollen losgelassen worden sind.

Wir müssen uns darüber klar sein, daß alle Anweisungen des Buddha einen Idealzustand erklären, der möglich, zwar jetzt im Moment noch nicht in uns vorhanden, aber durch Übung realisierbar ist. Wenn wir jetzt im Moment keine liebende Güte für uns selbst empfinden, dann bleibt nichts anderes übrig als zu üben. Es ist möglich, daß der Geist, der keine liebende Güte für sich selbst empfindet, Geschichten erzählt, und zwar: „Ich kann keine liebende Güte für mich selbst empfinden, weil..." Dann gibt es so eine Liste von immer wiederkehrenden Gründen: „Meine Mutter, mein Vater, meine Geschwister, mein Leben, mein Partner, meine Gesundheit." Alles hat irgendetwas damit zu tun. Negative Erfahrungen erschweren es, sich selbst zu überwinden, aber sie machen es auf keinen Fall unmöglich. Wenn Änderung unmöglich wäre, dann wäre es sinnlos zu praktizieren, dann hätte der Buddha nicht 45 Jahre seines Lebens gelehrt, und diese Tradition wäre nicht 2500 Jahre am Leben geblieben. Immer wieder ist die Möglichkeit der Veränderung erlebt worden.

Wenn wir Schwierigkeiten haben, für uns selbst Liebe zu empfinden, so ist das nichts Ungewöhnliches; nirgends wird so etwas gelehrt. Im Gegenteil, es wird häufig behauptet, daß es selbstsüchtig sei, sich zu lieben. Aber Selbstsucht, wie das Wort ganz deutlich sagt, ist eine Sucht, das Selbst zu behaupten, als Wichtigstes zu sehen und ist nicht das gleiche wie Liebe. Selbstsucht und Liebe sind kaum verwechselbar, aber da wir ja in der Beziehung überhaupt kein Training haben, so ist es verständlich, daß wir das durcheinanderbringen.

Wenn wir uns nicht selbst lieben können, dann können wir auch andere nicht lieben, obwohl wir es uns sicherlich einreden. Wir können eventuell solche Menschen lieben, von denen wir Liebe verspüren, aber unpersönlich, bedingungslos können wir nicht lieben. Wenn wir uns nicht selbst lieben können, ist es sogar schwierig, diejenigen zu lieben, von denen wir Liebe bekommen. Wieso ist das so? Weil Liebe ein Gesamtgefühl ist, eine Fähigkeit des Herzens, das wir nicht in Kategorien aufteilen können, wie zum Beispiel: Mich selbst liebe ich nicht, den, der bei mir wohnt, schon, den, der nebenan wohnt, nicht, den, der mir die Wahrheit sagt, nicht, den, der mich bestätigt, schon. Das geht einfach nicht. Das ist nicht Liebe. Das ist einem angenehmen Gefühl nachjagen. Spiritueller Materialismus! Ein wunderbares Wort, geprägt von Chögyam Trungpa, dessen Wahrheit sich immer wieder zeigt. Wir dürfen angenehme Gefühle nicht mit dem Liebesgefühl im Herzen verwechseln. Ein geläutertes Herz ist nicht abhängig von anderen Menschen.

Wenn es uns in der Liebenden-Güte-Meditation schwerfällt, für uns selbst etwas zu empfinden, sollten wir das länger üben und nicht gleich die Flucht ergreifen. Das tun wir, wenn wir uns gleich jemand anderes vornehmen, möglichst weit weg, der noch nie etwas Unangenehmes gesagt hat oder von dem wir überhaupt nicht wissen, welche Fehler er hat. Wir können einen Weg, einen Anlasser finden, uns selbst liebend zu umarmen.

Es hat keinen Sinn, die eigenen Fehler zu betrachten, die kennen wir schon, das ist nichts Neues. Wir müssen etwas Neues erfinden, um wärmende Liebe, umarmendes Zugehörigkeitsgefühl für diese Person zu empfinden, die wir »Ich« nennen. Da gibt es die Möglichkeit, uns an alles Gute, was wir je im Leben getan haben, zu erinnern. Es ist ein Fehlgedanke zu glauben, daß wir nicht genügend Gutes getan haben. Wenn das der Fall wäre, hätten wir nicht genügend heilsames *Karma*, um die Lehre des Buddha in uns aufzunehmen. Da stecken viele gute Taten dahinter.

Wir können auch uns selbst als einen Teil der ganzen Menschheit betrachten, der den Samen der Erleuchtung in sich trägt, so wie jeder andere Mensch auch. Wir können eine ganz unpersönliche Liebe für den Träger der Erleuchtung entwickeln. Wenn wir den Samen nicht hätten, gäbe es keine Erleuchtung. Anderenfalls können wir uns an einen Menschen erinnern, den wir sehr liebenswert finden, und das gleiche Gefühl dann auf uns selbst transferieren. Wenn wir nicht lernen, uns selbst zu lieben, funktioniert die Läuterung des Herzens nicht.

Am Anfang jeder Meditation wollen wir für uns

selbst liebende Güte hochbringen, auch wenn es nur durch den Kopf geht. Daran leiden eine ganze Menge Menschen, aber selbst das ist besser als gar nichts. Eines Tages folgt dem Gedanken das Gefühl. Was uns wichtig erscheint und was unumgänglich nötig ist für die spirituelle Praxis, sollten wir uns aufschreiben und auch überlegen: Was will ich mit dem Rest meines Lebens anfangen, der heute beginnt? Will ich es weiterhin nur erdenken oder will ich es gefühlsmäßig erleben? Der Geist als Zauberkünstler kann sich mit allen Dingen argumentativ auseinandersetzen, Geschichten erzählen, phantasieren, glauben, daß wirklich stimmt, was er denkt.

Nur in diesem Fall gibt es keine Argumente. Und was sagt der Geist dazu? „Ach, das ist ja noch so lange hin", oder „Das schadet nichts, bis dahin mache ich eben das, was ich gerne tue", oder „Ich glaube an Wiedergeburt, ich komme ja wieder." Es gibt jede Menge Ausflüchte. »Ich« komme nie wieder. Die Wiedergeburt gibt es schon, aber da »Ich« sowieso eine Illusion ist, gibt es auch kein »Ich«, das wiedergeboren wird.

Als Kontemplation wäre es sehr nutzbringend, folgendes zu untersuchen: „Wäre es mir recht, wenn ich heute sterben würde?" Der Geist reagiert meistens mit: „Heute nun ganz bestimmt nicht, wozu soll denn das gut sein? Ich wollte doch alle meditativen Vertiefungen lernen und außerdem habe ich noch sehr viel zu erledigen, also das kommt überhaupt nicht in Frage." Da können wir erfahren, was eigentlich in uns vorgeht, unser Anhaften, Vorwärtsplanen, die Zukunftsmusik. Das soll nicht heißen, wenn wir bereit sind, heute zu sterben, daß das ein Todeswunsch sein soll. Das ist auf der gleichen Illusion aufgebaut wie „ich will gar nicht sterben". Es geht darum, die Dinge so zu akzeptieren, wie sie wirklich sind.

Wenn wir unseren Gefühlen näher kommen, dann werden wir ganz sicher auch zugeben, daß wir im Prinzip nur unser Glück suchen. Das hat der Buddha auch als richtig anerkannt, nur hat er verschiedene Ebenen aufgezeigt. Zu der zweiten Ebene gehört auch das Mitgefühl. Der ferne Feind davon ist Grausamkeit, das ist klar und deutlich zu erkennen; der nahe Feind jedoch ist Mitleid. Wie schon das Wort andeutet, leiden wir mit, wenn wir Mitleid haben, und anstatt einem Menschen mit *Dukkha* haben wir dann zwei. Wir glauben vielleicht sogar, daß mitleiden wertvoll ist und zeigt, wie sensibel wir sind. In Wirklichkeit aber wissen wir keinen Ausweg aus dem Leid, sondern leiden mit. Wir können also demjenigen, der leidet, gar nicht behilflich sein. Außerdem vergrößern wir durch unser Mitleiden das *Dukkha* in der Welt.

Wir sprachen schon davon, wie wichtig es ist, die Freude in der Welt zu vergrößern. Und genauso falsch ist es, das *Dukkha* in der Welt zu verbreiten. Jeder Übende merkt bald, daß das Mitgefühl bei uns selbst im Herzen anfängt. Und sollte dieses Mitgefühl Mitleid sein, dann ist es Selbstmitleid. Das kennt auch fast jeder. Es bringt Gefühle der Hilflosigkeit mit sich, ist nutzlos, vergrößert das Leiden und kann leicht zu

Depressionen führen. Wenn wir die Sprache genauestens untersuchen, so zeigt sich, daß wir nur noch ein Wort anzuhängen brauchen, und statt: „Wir tun uns selbst leid“ könnten wir ebensogut sagen: „Wir tun uns Leid an.“ Mitgefühl muß, genau wie die Liebe, bei uns im Herzen, für uns selbst anfangen.

Dazu kommt, daß wir uns selbst verzeihen sollten für die Fehler, die wir machen. Das ist ein Teil des Menschseins. Es gibt keine fehlerlosen Menschen. Wozu sollten wir üben, wenn das nicht so wäre. Wenn wir bei uns selbst immer unsere Schwächen und Unzulänglichkeiten verurteilen, tun wir natürlich das gleiche bei anderen auch. Wir können unsere Herzensfähigkeiten nicht zerteilen. Entweder haben wir Mitgefühl für unsere eigenen Schwierigkeiten und können das dann auf andere übertragen oder aber wir verurteilen uns selbst. Letzteres bedeutet, daß wir uns selbst nicht lieben können, weil wir nur die Fehler sehen und all das Gute vergessen. Auch das übertragen wir natürlich auf andere, indem wir nur ihre Fehler sehen und alles Gute übersehen.

Wir dürfen das aber nicht falsch in dem Sinne verstehen, daß wir keinen Unterschied mehr zwischen gut und böse machen sollen. Natürlich müssen wir den Unterschied klar erkennen, aber wir können jeder Schlechtigkeit mit Mitgefühl begegnen aus folgenden Überlegungen heraus. Der erste Grund ist, daß derjenige, der etwas Schlechtes sagt, denkt oder tut, ganz sicherlich schlechtes *Karma* macht, was unser Mitgefühl aktivieren sollte. Wenn wir Täter und Opfer kennen, lernen wir, mit beiden Mitgefühl zu haben. Denn der Täter wird wohl später das Opfer sein, und genauso wird umgekehrt das Opfer oft der Täter. Bei beiden ist Mitgefühl angebracht.

Wir werden die *karmischen* Resultate anderer wohl nicht miterleben, aber das spielt keine Rolle. Wir wissen, daß gutes *Karma* gute Resultate bringt und schlechtes *Karma* schlechte. Das genügt vollkommen. Wenn wir also mit unseren eigenen Fehlern und schlechten Taten Mitgefühl haben, uns selbst verzeihen können und daraus etwas lernen, so können wir auch das gleiche für andere tun. Als erstes haben wir Einsicht in uns selbst und als zweites brauchen wir einen Wegweiser, der uns den Weg aus dem *Dukkha* zeigt. Wenn wir also eine unangenehme Situation erlebt und deutlich gemerkt haben, daß unser *Dukkha* nichts anderes ist als unsere eigene Reaktion, und dann in der Lage waren, diese Reaktion zu ändern, dann können wir auch einem anderen helfen.

Wir können nur soweit helfen, wie wir uns schon selbst geholfen haben. Sonst wäre es, als wenn wir einem Bettler Geld geben möchten, aber keines haben. Das ist zwar eine gute Absicht, aber wir können sie nicht durchführen, alle Taschen sind leer. Wenn unser Herz leer von Mitgefühl ist, was wollen wir dann verschenken? Erst müssen wir einmal selbst wissen, wie wir Situationen meistern können, ohne daß wir darauf angewiesen sind, daß die Situation geändert wird, sondern nur, indem wir uns selbst ändern. Wenn wir das bereits geübt haben, dann können wir anderen dabei behilflich sein, auch so zu handeln, und dann ist Mitgefühl eine aktive und positive Haltung, die dem anderen sehr nützlich sein kann.

Mitgefühl soll natürlich auch bedingungslos und unpersönlich sein. Das geschieht aber erst, wenn wir erkennen, daß jeder Mensch *Dukkha* hat. Manche erzählen von ihrem *Dukkha* und kennen es aus einer bestimmten Sicht, manche wollen es gar nicht wissen, und andere wollen es nicht loswerden. Sie haben sich darin so festgefahren und sich so damit identifiziert, daß es ihre Ich-Bestätigung ist. Das ist natürlich schwierig. Im allgemeinen wollen Menschen ihr *Dukkha* loswerden. Wir haben schon davon gesprochen, daß wir Fluchtwege benutzen, die alle mit Sinneskontakten zu tun haben und alle Sackgassen sind. Es ist ganz wichtig, die eigenen Fluchtwege kennen zu lernen und sie als unzulänglich zu erkennen.

Wenn uns aber klar ist, daß alles, was existiert, *Dukkha* hat und ist, dann ist Mitgefühl die einzig mögliche Haltung. Es muß gar nicht persönlich geprägt sein. Keiner, der weint, jammert oder klagt, ist dazu nötig. Jeder hat *Dukkha*. Wenn wir schon erkannt haben, daß es keinen anderen Ausweg gibt, als die innere Haltung zu ändern, dann können wir noch mehr Mitgefühl haben mit all den Menschen, die das noch nie erfahren haben. Wir können Mitgefühl weiterhin mit all denen haben, die zwar über die innere Änderung wissen, sie aber nicht nachvollziehen können. Mitgefühl ist eine immer bestehende Herzensqualität, weil es im Prinzip nichts anderes auf der

Welt gibt als *Dukkha*, auch wenn wir Sinnesfreuden bekommen.

Wieso sind Sinnesfreuden auch *Dukkha*? Der Buddha hat es ganz deutlich erklärt: Weil sie nicht bleiben, müssen wir uns ewig auf die Suche nach neuen machen, und das Bekommen-Wollen allein ist schon *Dukkha*. Das müssen wir in uns erleben; es zu glauben oder nicht zu glauben, nützt uns nichts. Wenn wir es aus eigener Erfahrung wissen, kommt Mitgefühl mit uns selbst hoch. Die ganze Zeit bemühen wir uns und eigentlich drehen wir uns ständig im Kreis auf der ersten Ebene des Glücks. Das Mitgefühl für uns selbst, gepaart mit dem Verständnis für unsere nutzlosen Bemühungen, breitet sich dann auf alle Wesen aus. Es ist ein Verschenken des Herzens, genau wie die unpersönliche Liebe. Manchmal ist das Mitgefühl persönlich, auf einzelne Menschen ausgerichtet, manchmal auf die ganze Menschheit. Es unterscheidet jedenfalls nicht zwischen denen, die gerade etwas Gutes getan haben und lächelnd einherwandern, und denen, die etwas Schlechtes getan haben und unglücklich aussehen, oder denjenigen, denen etwas Schlechtes widerfahren ist und die sich daher benachteiligt vorkommen.

Letzteres ist wieder mit Selbstmitleid verbunden. Keiner wird benachteiligt, jeder erntet, was er gesät hat. Es ist eine interessante Tatsache, daß alle Lebenssituationen mit der Lehre vom *Karma* verbunden sind. Das ist keine fremdländische, östliche Weisheit, sondern wir wissen alle: Wie du säst, sollst du ernten. Keinem von uns ist das fremd. Die meisten Menschen kommen leider nicht auf die Idee, danach zu leben, dennoch ist nur das von Wichtigkeit. Unser Mitgefühl erstreckt sich auf alle, was immer ihnen geschieht, ob sie wissen, daß es *Karma*-Resultate sind oder nicht. Es handelt sich ja einzig und allein um die Läuterung des eigenen Herzens und nicht darum, anderen Menschen durch unser Mitgefühl etwas zu bezeugen, von ihnen anerkannt zu werden oder Dankbarkeit zu erlangen.

Der Buddha hat an einer Stelle von drei Raritäten gesprochen. Eine Rarität ist, daß ein Buddha auf der Welt ist, die zweite Rarität ist, daß jemand etwas Gutes tut, und die dritte, daß ein anderer dafür dankbar ist. Sollten wir also Dankbarkeit suchen, haben wir keine großen Chancen. Dankbarkeit entwickeln wir im eigenen Herzen. Dankbarkeit von anderen ist Resultatdenken. Wenn wir mit Dankbarkeit rechnen, negieren wir das Gute, was wir tun, weil materielles Denken des Bekommens sich eingeschlichen hat. Das gleiche gilt für Mitgefühl. Wir verschenken es, aber erwarten nicht, etwas dafür zu bekommen. Um es jedoch zu verschenken, müssen wir es erst haben und daher in uns entwickeln. Die beste Haltung dafür ist: „Es ist schwierig, Mensch zu sein, und noch schwieriger, ein guter Mensch zu sein; ich stelle mich den Schwierigkeiten und Anforderungen."

Wir haben natürlich nicht immer Erfolg mit unseren Bemühungen, aber übernehmen Verantwortung für unsere Gedanken, Worte und Taten. Folgendes ist dabei auch noch zu bedenken: Der Buddha hat *Karma* und *karmische* Resultate mit einem Löffel Salz verglichen. Wenn wir einen Löffel Salz in eine Tasse Wasser tun, wird das Wasser untrinkbar, wenn wir einen Löffel Salz in den Ganges-Fluß schütten, ändert das Wasser des Flusses sich in keiner Weise. Haben wir also einen ganzen Fluß von gutem *Karma* hinter uns, so ist etwas schlechtes *Karma* kaum oder gar nicht zu bemerken. Haben wir aber nur eine Tasse voll gutem *Karma* hinter uns und machen dann schlechtes *Karma*, so ist das sehr bedeutsam.

Das Unheilsame mit dem Heilsamen zu ersetzen, bezieht sich erstens auf unsere Gedankeninhalte. Sind unsere Gedankeninhalte aggressiv, argumentativ, ablehnend, widerwillig, trotzig, zornig oder neidisch, sollten wir das erkennen können und mit dem Gegenteil ersetzen. Es ist nicht so einfach, wie es sich vielleicht anhört. Dasselbe gilt natürlich für unsere Emotionen, die wir genauso erkennen können wie unsere Gedanken. Wenn wir deutlich merken, daß wir uns selbst unglücklich machen mit unserem Ärger, werden wir uns sicherlich bemühen, den Ärger zu ersetzen. Es ist schwierig, Ärger spontan in Liebe umzuwandeln. Es ist einfacher, Mitgefühl zu empfinden, denn das basiert auf Einsicht in unsere eigenen Schwierigkeiten. Daher können wir das auch auf denjenigen transferieren, über den wir uns ärgern. Auch er hat Schwierigkeiten. Selbst wenn wir diese nicht kennen, so sind sie selbstverständlich vorhanden. Es gibt niemanden, der keine hat, außer einem Erleuchteten. Daher sind Ärger, Ablehnung und Widerwillen leichter mit Mitgefühl zu ersetzen als mit Liebe.

Wenn uns das einige Male gelingt, bekommen wir viel Selbstvertrauen, weil wir wissen, daß wir nicht mehr ein Spielball unserer eigenen Emotionen sein müssen. Selbstvertrauen ist eine notwendige Voraussetzung für die spirituelle Praxis. Selbstvertrauen ist nicht mit Überheblichkeit zu verwechseln. Menschen, die wenig oder kein Selbstvertrauen haben, glauben öfter, daß Menschen, die es besitzen, überheblich sind, weil sie Selbstvertrauen nicht erkennen. Wir können immer nur uns selbst im Spiegel unserer Umwelt sehen. Selbstvertrauen ist ein festes Fundament, auf das wir uns stützen können. Wenn wir Ärger oder Ablehnung ein-, zwei- oder dreimal mit Mitgefühl ersetzt haben, dann wissen wir, daß wir dazu fähig sind und es auch wiederholen können. Wir fühlen uns in unseren zwischenmenschlichen Beziehungen viel sicherer und weniger verwundbar.

Das Gefühl der Verwundbarkeit entsteht aus der Angst, daß unser Ego vielleicht verkleinert werden wird. Angst bringt immer Aggression mit sich. Sie muß nicht in Worten und Taten zur Schau kommen, aber sie äußert sich in Emotionen der Ablehnung oder des Widerwillens. Wenn wir aber merken, daß diese Bedrohung überhaupt nicht existiert, weil wir mit ihr anders umgehen können, dann haben wir ein Gefühl der Sicherheit in allen menschlichen Situationen. Natürlich können wir es nur beibehalten, wenn wir immer wieder das Gute denken, sagen und tun. Durch das ständige Üben des Mitgefühls bekommen wir auch ein Zusammengehörigkeitsgefühl. Wenn etwas zusammengehört, kann es keine Bedrohung enthalten; das ist nur möglich, wenn wir separat voneinander sind.

Es gibt noch eine andere Möglichkeit des Ersetzens, die nicht ganz so effektiv und so hilfreich ist, aber auf die wir manchmal zurückgreifen müssen, weil es einfach anders nicht geht. Unsere Emotionen können sich oft nicht so schnell ändern, wie wir es gerne möchten. Dann können wir uns auf etwas konzentrieren, was unser Herz beglückt, wie zum Beispiel die Schönheit der Natur oder einen Menschen, den wir lieben, so daß sich Geist und Herz beruhigen können. Ist dann Ruhe eingekehrt, können wir noch einmal zu den Personen, über die wir uns geärgert haben, zurückkommen und dann vielleicht in der Lage sein, den Ärger mit Mitgefühl zu ersetzen. Das kann seine Zeit dauern, das braucht nicht einmal am selben Tag geschehen. Das ist nicht wichtig. Hauptsache ist, wir ersetzen eines Tages alles Negative in uns, um in uns das Fundament der Reinheit zu schaffen.

All das sind Läuterungsprozesse, was auf den ganzen spirituellen Pfad zutrifft, der sich immer um unser Gefühlsleben dreht. Wenn wir noch so viel nachdenken – wir leben dennoch im Einklang mit unseren Emotionen. Überlegungen in der Kontemplation sind hilfreich, aber unsere Lebensqualität, unser Innenleben hängt von unseren Emotionen ab. Daher hat der Buddha nur die vier Emotionen (Liebe, Mitgefühl, Mitfreude, Gleichmut) als wertvoll bezeichnet, als die höchsten Emotionen, die wir entwickeln und verinnerlichen sollen. Alle anderen sollen wir erkennen, nicht tadeln, ändern.

Wenn wir uns nicht ändern könnten, dann wäre Erleuchtung unmöglich. Wie oft haben wir schon gesagt oder gedacht: „Jetzt habe ich meine Meinung geändert." Der Buddha hat auch darauf hingewiesen, daß es nicht Glücksache ist, Herz und Geist zu läutern, das Gute zu denken und zu empfinden, sondern daß wir Geist und Herz absichtlich immer wieder dorthin lenken können. Das bedeutet praktizieren. Meditieren ist das Mittel zum Zweck, welches wir unbedingt benötigen, weil der Geist sonst nicht zur Ruhe kommen kann. Aber spirituelle Praxis ist von morgens bis abends; es wäre ja auch seltsam, wenn dem nicht so wäre.

Daher ist es wichtig, einmal festzustellen, ob unsere Reaktionen und Emotionen sich durch die Meditation und durch das Ersetzen schon etwas geändert haben. Natürlich brauchen wir nicht jeden Tag nachzuschauen, sondern erst nach einiger Zeit des Übens. Wir fragen uns, ob wir mehr Mitgefühl, mehr Liebe, mehr Verständnis für andere haben als früher. Vielleicht trauern wir Verlusten nicht mehr nach oder sind nicht betrübt, wenn wir etwas Wünschenswertes nicht bekommen können, sondern erkennen, daß wir alles, was wir wirklich wollen, schon in uns tragen. Wir brauchen nichts anderes. Dann wissen wir, daß unsere Praxis Früchte trägt. Wir fühlen uns leichter und beschwingter und können daher auch leichter meditieren. Wenn es uns schwerfällt, uns selbst zu lieben, brauchen wir uns nur zu erinnern: „Irgendwo, irgendwann muß ich sehr gutes *Karma* gemacht haben, sonst würde ich nicht so viele materielle und auch spirituelle Möglichkeiten haben."

Es gibt eine Prophezeiung, in der gesagt wird, daß die Lehre des Buddha nach seinem Tod 5000 Jahre anhält, und daß es nach 2500 Jahren 100 Jahre gibt, in denen die Lehre einen großen Aufschwung nimmt und wir uns ihr besser nähern können. Wir sind im vierzigsten Jahr dieser 100 Jahre. Könnten wir uns eine noch bessere Situation vorstellen? Das sind keine Selbstverständlichkeiten, sondern *karmische* Resultate.

Genau wie im Garten das Gemüse immer wieder neu gesät werden muß, müssen wir das auch tun. Wir müssen immer wieder neues, gutes *Karma* säen. Wenn wir erkennen, wie gut es uns geht, und dankbar dafür sind, dann wird uns das vielleicht helfen, ein Gefühl der Akzeptanz für uns selbst zu empfinden und Mitgefühl für die eigenen Schwierigkeiten in uns zu verankern. Das heißt nicht, daß wir nun die eigenen Schwierigkeiten so belassen, wie sie sind, und denken: „Ich habe ja Mitgefühl" und damit ist es schon getan. Wir müssen geduldig mit uns selbst sein, denn auch Geduld bedeutet Liebe. Eine Mutter muß mit ihren Kindern viel Geduld haben. Wenn sie diese verliert, haben wir Chaos in der Familie, was ja auch öfter geschieht. Wir dürfen natürlich nicht so weit gehen, daß wir nichts mehr unternehmen, sondern müssen immer wieder von allem Unheilsamen loslassen.

Wir identifizieren uns mit so vielen Dingen, die wir erst einmal alle kennenlernen können. Da gibt es Dutzende von Identifikationen, wer wir sind und was wir können, wer wir werden wollen und wer wir gewesen sind, was wir haben wollen und was wir loswerden wollen. All diese Identifikationen sind nichts anderes als Ego-Bestätigungen. Wirkliche bedingungslose Liebe, wirkliches Mitgefühl, wirkliche Mitfreude basieren auf dem Loslassen der stärksten Ich-Behauptung. Je mehr wir die Ich-Behauptung loslassen, desto leichter können wir unser Herz verschenken. Aber es funktioniert auch anders herum. Je mehr wir unser Herz verschenken, desto besser können wir loslassen.

Wenn wir Dinge, die wir besitzen, verschenken, dann haben wir von ihnen und unserer Besitzergreifung losgelassen. Je mehr wir also loslassen, desto mehr können wir verschenken, je mehr wir verschenken, desto mehr können wir loslassen. Im allgemeinen können wir uns auf das letztere konzentrieren und immer wieder unser Herz mit den höchsten Emotionen verschenken. Wir können sie aber nur soweit verschenken, wie wir sie in uns empfinden. Daher müssen wir sie immer wieder neu zur Blüte bringen.

Bei der zweiten Ebene des Glücks der bedingungslosen Liebe und des Mitgefühls wäre noch etwas zu erwähnen. Wenn wir in der Lage sind, irgendwelche alten Ablehnungen und Ärgernisse loszulassen, ist es von großer Bedeutung, dies auch den Menschen, die wir abgelehnt haben, mitzuteilen und zwar so schnell wie möglich. Man sollte seinen inneren, emotionalen Haushalt aufräumen, bevor es zu spät ist, und aufgeräumt, ohne Chaos, hinterlassen. Es kann jeden Moment soweit sein, daß wir dieses irdische Haus, diesen Körper verlassen müssen, und daher ist es wichtig, vorher Ordnung zu schaffen.

Der Buddha sagte auch, daß jede Unordnung, die wir hinterlassen, so wie Ablehnung, Widerwillen und Ärgernisse, im nächsten Leben gleich wieder konfrontiert werden muß. Wir können vielleicht daraus entnehmen, daß diejenigen Menschen, die wir dieses Mal getroffen haben, größtenteils solche sind, mit denen wir letztes Mal nicht so gut fertig geworden sind. Daher ist es wichtig, jetzt einmal vollkommen aufzuräumen. Das geht nur, wenn wir den betreffenden Menschen auch mitteilen, daß unsere Auflehnung, unser Ärger, unsere Ablehnung uns leid tun, und wir sie um Verzeihung bitten. Aber wir sollten dies erst dann mitteilen, wenn es auch stimmt, denn sonst ist es Heuchelei, was lügen bedeutet.

Ob wir daran glauben, daß wir Bekannte wieder treffen oder nicht, hat nichts zu sagen. Es ist das Jetzt, was wichtig ist, und worauf es ankommt, ist, ganz reinen Tisch bei uns selbst zu machen. Wie ein anderer darauf reagiert, ist dessen *Karma* und hat nichts mit uns zu tun. Die Hauptsache ist, wir waren in der Lage, unser Herz in Ordnung zu bringen.

Liebe und Mitgefühl brauchen als Bedingung nichts anderes als die Arbeit an unserem Herzen und benötigen keinerlei äußere Umstände. Wir haben also auf der zweiten Ebene des Glücks bereits eine viel unabhängigere Situation gefunden als auf der ersten Ebene. Wir brauchen nicht die Welt um uns herum, um das Glück der höchsten Emotionen zu erleben. Jeder kleinste Schritt in die Richtung der Liebe und des Mitgefühls beglückt uns und unsere Umwelt.

Kontemplation über Mitgefühl

Um mit der Kontemplation anzufangen, wollen wir die Achtsamkeit auf den Atem lenken für ein paar Momente.

Als erstes wollen wir untersuchen, ob wir den Unterschied zwischen Mitleid und Mitgefühl erkennen können, ob wir diese beiden Gefühle auseinanderhalten können.

Jetzt wollen wir einmal nachfragen, ob wir unser eigenes *Dukkha* schon so weit verstanden haben, daß wir es nicht mehr auf äußere Umstände zurückführen, sondern als einen inneren Zustand erkennen, der zum Leben gehört.

Wir wollen schauen, ob wir durch das Erkennen von *Dukkha* als einen Bestandteil der Existenz Mitgefühl für uns selbst bekommen oder ob wir Mitleid mit uns selbst haben und ob wir den Unterschied erkennen können.

Können wir sehen, daß Mitleid passiv ist und leidet und Mitgefühl positiv und aktiv ist?

Können wir feststellen, daß unsere Willenskraft gestärkt wird, wenn wir Mitgefühl mit unseren eigenen Schwierigkeiten haben?

Wir wollen uns an irgendeinen beliebigen Tag erinnern und einmal untersuchen, wie oft an einem Tag wir Mitgefühl mit anderen hatten, mitfühlend mit deren Schwierigkeiten waren. Wie oft wir Verständnis aufgebracht haben, weil wir von unseren eigenen Schwierigkeiten auf die von anderen geschlossen haben.

Wir wollen untersuchen, wie oft wir im allgemeinen mit Mitleid reagieren und ob wir den Unterschied bereits wissen und mehr Mitgefühl aufbringen können.

Können wir uns an eine spezifische Situation erinnern und feststellen, wie und ob Mitgefühl gewirkt hat?

Können wir uns erinnern, ob wir schon Ärger mit Mitgefühl ersetzt haben?

Ist uns das schwer gefallen oder leicht; hat es Zeit gebraucht oder war es spontan? Hat es funktioniert?

Wenn das Ersetzen nicht funktioniert hat, können wir sehen, wieso nicht? Wieso konnten wir Ärger nicht mit Mitgefühl ersetzen?

Hat es aber funktioniert, und konnten wir ersetzen, was für ein Gefühl hatten wir danach?

Haben wir schon mit den Menschen, die uns am nächsten stehen, Mitgefühl walten lassen, weil wir die Schwierigkeiten, die sie haben, mit unseren eigenen gleichgesetzt haben und Mitgefühl für uns selbst haben?

Haben wir schon versucht, Mitgefühl mit den Tätern zu haben und nicht nur Mitleid mit den Opfern, sondern Mitgefühl mit beiden?

Können wir erkennen, daß das auf Einsicht in universelles *Dukkha* basiert?

Haben wir schon versucht, Mitgefühl mit den Menschen zu haben, die uns Schwierigkeiten bereiten, auf die wir oft negativ reagieren? Wie oft haben wir das schon probiert?

Haben wir schon einmal die ganze Menschheit als ein Feld des Mitgefühls für uns empfunden?

Und wenn nicht die ganze Menschheit, jedenfalls die Menschen, die wir kennen, mit denen wir schon zu tun hatten?

Ist uns schon in den Sinn gekommen, mit allen Lebewesen Mitgefühl zu haben, weil wir unsere eigenen

Schwierigkeiten kennen und daher genau wissen, wie schwierig es ist, Mensch zu sein und noch dazu ein guter Mensch?

Wir wollen untersuchen, wie nahe Mitgefühl unserem Herzen ist oder wie fremd. Wie leicht haben wir Zugang? Oder wie schwer?

Können wir erkennen, daß es glückbringend für uns und andere ist, wenn wir Ärger, Ablehnung, Widerwillen und Gleichgültigkeit mit Mitgefühl ersetzen?

Können wir sehen, daß die zweite Ebene des Glücks, die unpersönliche, bedingungslose Liebe und das Mitgefühl, in unserem Herzen schlummert und wir uns ihr nur zu nähern brauchen?

Mögen alle Menschen die zweite Ebene des Glücks in ihrem Herzen verankern.

Liebende-Güte-Meditation

Mitgefühl

Um anzufangen, wollen wir die Achtsamkeit für ein paar Momente auf den Atem lenken.

Wir wollen unser Herz mit Mitgefühl anfüllen. Mitgefühl für unsere eigenen Schwierigkeiten, unsere eigenen Mangelerscheinungen, Mitgefühl für alles, was wir in uns finden, was uns nicht zufriedenstellt. Wenn wir dieses Mitgefühl spüren können, dann merken wir, daß wir uns nicht tadeln, nicht verurteilen, sondern uns liebend umarmen können.

Jetzt wollen wir unser Mitgefühl demjenigen schenken, der uns räumlich am nächsten ist. Wir wissen, daß auch derjenige dieselben Schwierigkeiten hat wie wir, vielleicht mit einem anderen Namen benannt, und wir umarmen ihn liebevoll, mit unserem Herzen voll Mitgefühl.

Wir denken an unsere Eltern, ob sie noch am Leben sind oder nicht. Wir wissen, daß sie genauso viele Schwierigkeiten wie wir hatten oder haben. Wir schenken ihnen die Fürsorge und die Wärme des Mitgefühls. Wir fühlen mit ihnen, wir verstehen und akzeptieren sie so, wie sie sind, und umarmen sie.

Wir denken an die Menschen, die uns am nächsten stehen und mit denen wir vielleicht zusammenleben. Wir kennen deren Schwierigkeiten und schenken ihnen unser Herz voller Mitgefühl. Wir akzeptieren sie so, wie sie sind. Wir schenken ihnen unsere Liebe und umarmen sie. Keine Beurteilung, keine Verurteilung, nur Mitgefühl.

Wir können auch erkennen, daß dieses Geschenk des Mitgefühls die Menschen, denen wir es schenken, unterstützt, sie festigt, ihnen Vertrauen gibt, sie stärkt.

Wir denken an unsere Freunde, Verwandte und Bekannte, wer immer uns dabei in den Sinn kommt. Wir kennen vielleicht ihre Schwierigkeiten und können sie mit unseren Schwierigkeiten vergleichen. Unser Herz schenkt ihnen Mitgefühl und die Fürsorge der Zusammengehörigkeit. Wir umarmen sie und sehen ganz deutlich, daß dies eine große Hilfe auf ihrem Lebensweg ist.

Wir denken an die Menschen, die unseren Alltag bevölkern, ob wir sie gut kennen oder ihnen nicht so nahestehen. Wir wissen dennoch, daß wir die gleichen Schwierigkeiten haben wie sie. Mitgefühl ist der Weg der harmonischen, zwischenmenschlichen Beziehung. Wir verschenken es mit vollem Herzen und sind glücklich, daß wir es verschenken können, weil wir es im Herzen tragen. Wir sehen, wie jeder von den Menschen, denen wir im Alltag begegnen, gestärkt wird.

Jetzt denken wir an einen schwierigen Menschen oder jemanden, der uns gleichgültig ist. Wir wissen, daß auch der schwierige Mensch nur darum schwierig erscheint, weil er mit seinen eigenen Problemen nicht zurechtkommt. So gibt es nur eine einzige wertvolle Reaktion und die ist Mitgefühl. Wenn wir mitfühlend mit vollem Herzen diesen schwierigen Menschen umarmen, ist jede Schwierigkeit vorbei.

Jetzt denken wir an all die Menschen, deren Leben nicht so angenehm ist wie unseres: im Krankenhaus oder im Gefängnis, im Flüchtlingslager, in Kriegszonen, hungrig, ohne Freunde, ohne Heim. Unser Mitgefühl verschenken wir mit vollem Herzen und lassen es zu all diesen Menschen hinfließen, so daß sie spüren können, daß wir bei ihnen sind, für sie empfinden, Zusammengehörigkeit erkennen, nicht abseits stehen wollen, sondern ihnen unser Herz schenken wollen.

Wir denken jetzt an alle Menschen, die wir kennen oder nur gesehen haben, von denen wir gehört haben, die wir uns vorstellen können, und das liebende Mitgefühl der Fürsorge, der Hilfsbereitschaft, der Zusammengehörigkeit fließt aus unserem Herzen zu all diesen Menschen hin. Es umarmt sie, stärkt sie und unterstützt sie.

Wir richten die Achtsamkeit wieder auf uns selbst. Wir fühlen uns gestärkt und gefestigt von dem Mitgefühl in unserem Herzen, das wir für uns selbst haben und verschenkt haben, ein Fundament, auf dem wir bauen können.

Mögen alle Menschen Mitgefühl für sich selbst und andere im Herzen tragen.

IV

Die zweite Ebene des Glücks:

Freude verschenken

Eine andere der Emotionen, die ganz wichtig ist und die öfter einmal in den Erklärungen zu kurz kommt, ist »*Muditā*«, die Mitfreude. Mitfreude bedeutet auch ein Verschenken, genau wie es bei der bedingungslosen und unpersönlichen Liebe geschehen soll. Wir können lernen, Mitfreude zu haben, und dadurch uns und anderen das Leben erleichtern.

Die Menschheit hat die seltsame Angewohnheit, sich und anderen das Leben zu erschweren durch die Gedanken und Reaktionen, die wir ständig haben. Wir könnten genausogut das Gegenteil tun und mehr Freude um uns verbreiten. Das ist nur möglich, wenn wir unsere Reaktionen ändern, und dazu gehört, daß wir ein anderes Blickfeld bekommen. Gerade bei der Mitfreude ist das eine bedeutsame Eigenschaft. Unser Augenmerk ist dann nämlich nicht nur auf das Gute gerichtet, das uns selbst widerfährt, sondern wir sind fähig, uns über das Gute zu freuen, das anderen geschieht.

Jedoch trifft man häufig das Gegenteil an. Obwohl wir uns das gar nicht zugestehen wollen, ärgern wir uns darüber, daß ein anderer das bekommen hat, was wir gerne selbst gehabt hätten. Im allgemeinen möchten wir so tun, als freuten wir uns. Wenn wir aber unsere Emotionen einigermaßen kennengelernt haben, dann merken wir, ob wir uns wirklich freuen, wenn ein anderer seine Wünsche erfüllt bekommt. Wenn wir nicht die gleichen Wünsche hatten, dann ist es etwas einfacher, uns mitzufreuen.

Der ferne Feind von Mitfreude ist Neid – das ist einfach zu erkennen –, aber der nahe Feind ist Heuchelei, so zu tun, als ob wir uns mitfreuen, aber es nicht wirklich zu empfinden.

Wieso ist es wichtig, Mitfreude zu praktizieren, zu üben und zu erlernen? Erstens einmal, weil wir dann Möglichkeiten haben, uns zu freuen, die wir sonst nicht wahrgenommen hätten. Das heißt also, wir haben mehr Freude in unserem Leben. Uns selbst kann nicht andauernd etwas geschehen, worüber wir uns freuen, aber wir kennen genug andere Menschen, bei denen wir vielleicht etwas sehen, was ihnen Freude gebracht hat. Außerdem haben wir eine Verbindung zu einem anderen Menschen aufgenommen auf der Ebene der liebenden Güte, des Verschenkens. Wir schenken dem anderen unsere Freude. Da die Freude jetzt auch in uns ist, ist sie mindestens verdoppelt. Dazu kommt, daß sowieso nicht genügend Freude auf der Welt vorhanden ist.

Wir machen uns das Leben schwer durch Gedanken, Reaktionen und Emotionen. Schon nach kurzer Zeit der Praxis wird uns klar, daß dafür überhaupt kein vernünftiger Grund vorhanden ist. Am Anfang glauben wir, daß alles so ist, wie wir darauf reagieren. Andere haben uns Schwierigkeiten gemacht, und wir müßten auf diese Weise empfinden. Nach einiger Zeit merken wir, daß dem gar nicht so ist. Wir haben die Situation selbst gebastelt, und dann dauert es noch einige Zeit, bis wir unsere Reaktionen ändern können.

Aber wir haben ganz deutliche Anweisungen vom Buddha, welche Hilfsmittel wir gebrauchen können, und Mitfreude ist eines davon. Wenn wir uns mitfreuen mit jemandem und Freude für zwei entsteht dabei, so ist unsere Ausstrahlung von Freude geprägt. Diese Ausstrahlung kommt den Menschen zugute, mit denen wir in Berührung kommen, und teilt sich auch dem universellen Bewußtsein mit, so daß mehr Freude auf der Welt zu finden ist. Dies ist der dritte Vorteil von der Mitfreude. Der vierte Vorteil ist, daß es nur mit Freude möglich ist zu meditieren.

Wenn wir Probleme wälzen, uns ärgern, neidisch oder ablehnend sind, Widerwillen, Mißgunst, Zweifelsucht oder Mißtrauen haben, so verbarrikadieren wir unsere Meditationsfähigkeit. Freude öffnet unser Herz, unsere Hingabe und erleichtert uns die Konzentration.

Sollten wir vielleicht einen Meditierenden sehen, der ganz ruhig und gerade sitzt, überhaupt keine körperlichen Schwierigkeiten hat, immer pünktlich kommt und problemlos zu meditieren scheint, was kommt da hoch im Geist? „So hätten wir es auch gerne.“ Oder freuen wir uns mit ihm? Wir sollten einmal versuchen, uns wirklich über das Glück eines anderen zu freuen. Wir können damit anfangen, daß wir uns selbst gut zureden, Mitfreude zu empfinden, dann geht die eigene Meditation auch besser.

Je mehr wir verschenken, desto mehr bekommen wir zurück. Wenige Menschen glauben das und haben den Mut, das einmal auszuprobieren. Es funktioniert jedoch auf jeder Ebene; auf der materiellen genauso wie auf der spirituellen. Ein Beispiel dafür ist Schwester Teresa von Kalkutta, die ihr ganzes Leben, ihr ganzes Sein verschenkt und von allen Seiten Hilfe bekommen hat. Dann denken wir: „Das sind außergewöhnliche Menschen, so außergewöhnlich bin ich nicht.“ Wir sind alle gewöhnlich und außergewöhnlich. Es kommt ganz darauf an, welchen Weg wir wählen. Wenn wir nicht glauben, daß wir desto mehr bekommen, je mehr wir verschenken, dann können wir es einmal mit Liebe und Mitfreude versuchen und sehen, ob es funktioniert. Wenn es nicht funktioniert, dann können wir ja gleich wieder damit aufhören.

Mitfreude, als Freude im Herzen, bedeutet, daß wir uns nicht von anderen separieren, sondern verinnerlicht haben und auch danach leben wollen, daß wir alle zusammengehören. Es gab sogar einmal eine kleine Zeitschrift, die hieß „Wir sind alle eins“. Wenn wir das glauben, haben wir wenigstens schon einen Schritt getan. Aber in Wirklichkeit glauben es sehr wenige Menschen. Es ist so utopisch wie „Liebe deinen Nächsten wie dich selbst.“ Haben wir dabei ein Gefühl, daß dem gar nicht so sein kann? Wie können wir alle eins sein? Ist das möglich? Es sieht doch aus, als ob jeder separat sei. Wir sind jedoch eine einzige Schöpfung. Wir sind alle hier zur selben Zeit, alle auf der menschlichen Ebene mit dem gleichen Wunsch, glücklich zu sein, alle atmen wir dieselbe Luft und haben die gleichen Identifikationen, die uns das Leben erschweren.

Es ist effektiv eine einzige Schöpfung, und es ist wirklich so, daß wir unmöglich überleben könnten, wenn wir nicht andere hätten, die uns dabei unterstützen. Wir können uns einmal überlegen, wen wir alle tagtäglich brauchen, nur um zu überleben, obwohl wir glauben, autonom und selbständig zu sein. Was passiert, wenn die Elektrizität länger als eine halbe Stunde nicht funktioniert? Daran können wir schon unsere Abhängigkeit voneinander erkennen.

Das Gefühl der Zusammengehörigkeit und des Einsseins ist ein Ereignis in den Vertiefungen, wovon noch deutlicher zu sprechen sein wird. Wenn wir das erlebt haben, ist es natürlich viel leichter, danach zu leben. Ohne das eigene Erleben können wir uns dem aber vernunftgemäß und logisch nähern. Wenn wir uns wirklich von allen anderen abgrenzen und vielleicht nur in der eigenen Familie die Grenzen fallenlassen, wie begrenzt sind wir da? Unser Horizont reicht gefühlsmäßig genau von Kopf bis Fuß. Genügt das? Je weniger uns das befriedigt, desto mehr müssen wir die Möglichkeiten suchen, diese Begrenzung fallenzulassen.

Ein wichtiges Hilfsmittel dazu, die Absonderung

von uns selbst aufzugeben und andere genau wie uns selbst zu sehen, ist die Mitfreude. Wenn wir das gleiche in uns allen erkennen, fällt uns die Mitfreude leichter. Wir freuen uns über die Dinge, die uns selbst gut gefallen. Wenn der andere kein anderer mehr ist, können wir uns mit ihm genauso freuen und die Freude in der Welt vergrößern.

Die weltliche Freude ist nicht die gleiche wie die meditative Freude, von der wir noch sprechen werden. Ohne die weltliche Freude jedoch ist keine Meditation möglich. Ein freudiges Herz ist in der Lage sich fallenzulassen, sich selbst loszulassen und geschmeidig und hingabevoll eine Tiefenperspektive zu erleben.

Mitfreude ist Großzügigkeit und Gebefreudigkeit. Zehn Tugenden* nannte der Buddha, die wir brauchen, um den spirituellen Pfad erfolgreich und beglückt gehen zu können. An erster Stelle von diesen zehn steht die Freigebigkeit, die Großzügigkeit. Mitfreude zu schenken ist genauso Gebefreudigkeit wie alles andere, was wir verschenken können. Vielen Menschen fällt es leichter, Geld als Freude zu verschenken, weil wir nicht geübt haben, uns zu freuen, und gar nicht wissen, wo wir die Freude hernehmen sollen. Geld holen wir von der Bank, aber woher holen wir die Freude? Wenn wir sie nicht in uns spüren,

---

* Die zehn Tugenden: 1. Freigebigkeit, 2. Sittlichkeit, 3. Entsagung, 4. Weisheit, 5. Willenskraft, 6. Geduld, 7. Wahrhaftigkeit, 8. Entschlußkraft, 9. Liebende Güte, 10. Gleichmut.

wie können wir sie dann verschenken? Alles, was wir geben wollen, womit wir vielleicht helfen möchten, was wir ausstrahlen wollen, das müssen wir erst einmal in uns haben. Daher meditieren wir erst einmal für uns selbst, damit etwas anderes in uns geschieht als bis jetzt, damit Einsichten kommen, mit denen wir arbeiten können, und Ruhe, so daß die Wogen der Emotionen sich glätten und wir vielleicht einmal an die Freude herankönnen.

Die Freude, die der Buddha erwähnt hat, die außer der Mitfreude nötig ist, um die Meditation erfolgreich zu betreiben, ist die Freude darüber, ein Ideal gefunden zu haben. Das Ideal ist nicht ein anderer Mensch, das Ideal sind nicht Worte, sondern das Ideal ist die Vollkommenheit, die in der Erleuchtung verkörpert ist. Ob wir wissen, was Erleuchtung bedeutet oder nicht, hat nichts zu sagen. Die Sehnsucht nach Vollkommenheit ist in jedem Menschen vorhanden. Wir benutzen viele Wege und Abwege, um dieser Sehnsucht zu genügen. Aber allein die Freude darüber, einen Weg gefunden zu haben, der uns zur Vollkommenheit hinführen kann, ist ein bedeutsamer Schritt.

Wenn wir unser eigenes *Dukkha* erkannt und Vertrauen gefaßt haben, daß es möglich ist, jegliches *Dukkha* einmal hinter uns zu lassen, dann kommt Freude hoch. Diese Freude, die wir verspüren, können wir dann auch verschenken. Es gibt zwei Arten von Freude. Eine ist die weltliche und die andere ist die meditative; aber jegliche Freude im Herzen ist Freude, die wir verschenken können.

Wenn wir ein glückliches Herz haben und uns nicht mit Vergangenheit und Zukunft, Hoffnung und Erwartung, Beurteilungen oder Ansichten und Meinungen beschäftigen, sondern statt dessen mit der Freude im Herzen, dann würden wir sofort einen Riesenunterschied in unserer Lebensqualität bemerken. Wir sehen zwar genauso aus wie vorher, haben uns nicht äußerlich verändert, aber unser Innenleben sieht anders aus. Freude ist hell, golden, beschwingt, leicht, beglückend und erfüllend. Sie ist ganz leicht zu verschenken. Ob ein anderer sie haben oder akzeptieren will, hat nichts zu sagen. Wenn wir uns nicht über kleine Dinge freuen können, dann ist es schwer, die Freude im Herzen aufrechtzuerhalten, denn die großen Dinge passieren sehr selten.

Worüber können wir uns tagtäglich freuen? Wir können uns zum Beispiel darüber freuen, wenn wir jemanden sehen, der ein freudiges Gesicht macht. Interessiert uns das überhaupt? Oder interessiert uns höchstens, ob er dieses freudige Gesicht uns zuwenden wird? Wir können uns darüber freuen, wie die Grashalme sich im Wind biegen. Wir können uns darüber freuen, wie die Kieselsteine nebeneinander liegen, im allgemeinen schauen wir leider gar nicht hin. Wo Ruhe herrscht, haben wir die Gelegenheit, uns über die kleinsten Dinge zu freuen. Die Natur gibt uns viele Möglichkeiten, uns an ihr zu erfreuen. Wir können uns zum Beispiel daran erfreuen, wenn wir die Vergänglichkeit in der Natur erkennen, was nicht schwierig ist. Wir können den ständigen Wechsel auf uns selbst beziehen und beglückt sein, daß wir ein Teil der Schöpfung sind.

Ein Mensch, der die erste Ebene des Glücks als zu grob und nicht erfüllend erkannt hat, hat die Fähigkeit, sich an Dingen zu erfreuen, die die meisten Menschen für selbstverständlich annehmen. Durch die Freude kommt dann auch Dankbarkeit für die vielen Anlässe zur Freude hoch. Wenn wir diese Gefühle in uns stärken und stetiger machen, so können wir sie auch verschenken.

Es ist ein Übungsfeld, das wir suchen sollten. Wenn wir uns danach ausrichten, dann geht der Geist in diese Richtung. Wo immer wir den Geist hinwenden, da geht er hin. Wohin wenden wir unseren Geist im Alltagsleben? Meistens wenden wir ihn dahin, wo wir glauben, Vorteile zu bekommen. Dann bleiben wir bei denselben Begrenzungen, die wir immer hatten. Wenn wir uns mit der Freude in unserem Herzen beschäftigen, dann richtet der Geist sich danach aus, und wenn wir uns mit Mitfreude beschäftigen, dann ist der Geist dorthin gelenkt. Es ist nichts weiter als ein Übungsfeld, bei dem wir dem Geist nicht erlauben, daß er sich instinktiv und impulsiv um seine Ichbezogenheit kümmert, sondern ihn zu Höherem anspornen. Wir alle haben das höchste Potential, wenn wir uns darum bemühen wollen. Unser drittes Hindernis, Lässigkeit und Trägheit des Geistes, bietet immer Fluchtwege an. Stattdessen können wir aber die Dinge suchen, die Freude bereiten, und dieses Gefühl verschenken, wo immer wir die Möglichkeiten haben. So wird es eine Selbstverständlichkeit, sich mit anderen mitzufreuen, was unsere eigene Fähigkeit zur Freude verstärkt.

Wir sprechen davon, daß unsere Umwelt ein Spiegel für uns ist. Sie spiegelt genau das wider, was von uns ausgestrahlt wird. Ein Spiegel ist dazu da, um uns zu zeigen, wie wir aussehen. Im allgemeinen benutzen wir Spiegel, um unser körperliches Aussehen zu erkennen. Auf dem spirituellen Pfad benutzen wir die Umwelt um uns herum als unseren Spiegel für Herz und Geist. Wenn Freude aus uns herausstrahlt und wir uns auf einen spezifischen Menschen ausrichten, so können wir mit ziemlicher Sicherheit annehmen, daß er diese Freude in uns verspürt und auch Freude zurückstrahlt. Der andere ist nicht nur ein Spiegel, sondern auch ein Echo. Das Echo existiert auch im kosmischen, universellen Bewußtsein. Von dort bekommen wir auch nur das zurück, was wir selbst schon gegeben haben. Wenn wir Ärger und Ablehnung, Phantasien, Enttäuschungen oder Negativitäten ausstrahlen, bekommen wir genau das zurück.

Nur was wir empfinden, können wir in unserem Spiegelbild sehen. Sobald uns das klar ist, wird es uns viel wichtiger erscheinen, was in unserer Gefühlswelt vorgeht. Die meisten Menschen erlauben ihrer Gefühlswelt jede beliebige Regung und suchen die Ursache außerhalb von sich selbst. Die möglichen Ursachen sind in der Welt in solcher Fülle und Reichhaltigkeit vorhanden, daß wir mit unseren Reaktionen niemals zum Ende kommen würden. Innerhalb von uns sind aber die Ursachen auf eine reduzierbar, die wir natürlich nicht immer gleich erkennen können. Unsere Ichbezogenheit ist die Grundursache unserer Emotionen. Obwohl sich das einfach anhört, sind wir dennoch so darin verstrickt, daß wir uns nicht gleich auf diese eine Ursache einlassen können. Wir können uns jedoch darauf einlassen, die Ursachen für positive und negative Reaktionen in uns selbst zu finden und die Wahl zu treffen, Mitfreude mit dem Glück anderer als eine wichtige Lernsituation zu benutzen. Dazu kommt auch noch, daß, wenn jemand sich über etwas freut, was wir nicht als wünschenswert empfinden, das der Mitfreude keinen Abbruch tut. Ob wir eines anderen Ideen, Einkäufe und Prioritäten teilen, ist nicht der Anlaß zur Mitfreude, sondern dessen Freude.

Um Freude zu verschenken, müssen wir sie in uns gefunden haben und ihr nahe sein. Das fehlt uns häufig. Wir kommen schwer an die Freude in uns heran. Da sind so viele Reaktionen und Emotionen im Weg, daß wir sie nicht verspüren können. Es ist hilfreich, einmal ganz langsam in Ruhe im Wald zu gehen und auf die Emotionen in sich zu achten. Habe ich innere Freude? Oder muß ich mir erst etwas Hübsches anschauen, um Freude zu haben? Wenn das nötig ist, dann sollten wir unbedingt etwas Schönes anschauen. Oder muß ich mir erst eine nette Geschichte ausdenken, um mich zu freuen? Wenn das nötig ist, sollten wir uns etwas ausdenken. Die Freude im Herzen ist so wichtig für die Lebensqualität der Menschheit, daß wir sie auf jeden Fall auf irgendeine Art und Weise in uns hochbringen sollten. Je öfter wir das tun, wenn auch durch Sinneskontakte, desto leichter fällt es uns dann, sie ohne äußere Ursachen auch zu verspüren. Ein geläutertes Herz, das nicht so viele negative Emotionen und Reaktionen hat, kann eines Tages die innere Freude ohne jeglichen Anlaß verspüren. Sie ist einfach zur Grundlage der Gemütsstimmung geworden.

Die Grundlage der Gemütsstimmung ist abhängig von unserer inneren Läuterung, die jedoch ein langsamer Prozeß ist. Wir brauchen Geduld und müssen jedes mögliche Hilfsmittel benutzen. Wir können unsere Umwelt immer wieder als Spiegel nehmen und versuchen, unser Spiegelbild deutlich zu erkennen. Nichts könnte interessanter sein. Die meisten Menschen schauen frühmorgens in den Spiegel, ob sie gut angezogen, die Haare in Ordnung sind, und sie keinen Schmutz im Gesicht haben. Jetzt können wir den Spiegel dazu benutzen, um zu sehen, ob auch kein Schmutz im Herzen ist. Das ist vielleicht nicht ganz so deutlich zu sehen wie der Schmutz im Gesicht, aber genau so deutlich zu spüren. Daher geht die Läuterung, die innere Sauberkeit mit der Freude Hand in Hand. Freude ist ein unterschwelliges Gefühl, daß die Dinge so, wie sie sind, richtig sind, daß wir nichts abzulehnen brauchen, daß alles ganz einfach ist auf der Welt. Das bedeutet nicht, daß wir kein *Dukkha* erkennen, aber es bedeutet, daß wir nicht darunter leiden. Deshalb ist Mitfreude wichtig in der Entwicklung unserer Emotionen auf dem Läuterungsweg und in der Entwicklung des Gefühls der Zusammengehörigkeit. Alles, was dem anderen geschieht, geschieht auch uns. Wenn das einmal verinnerlicht ist, werden wir unserer Umwelt gegenüber viel rücksichtsvoller sein.

Rücksichtnehmen ist auch Gebefreudigkeit, das Geben von Liebe und Mitfreude. Wenn wir rücksichtsvoll sind, bedeutet es, daß wir Einfühlungsvermögen haben. Wir fühlen mit dem anderen mit und sehen ihn nicht als einen Fremden. Die vier Göttlichen Verweilungsstätten arbeiten gegen unsere Negativitäten. Je mehr wir den Geist in ihre Richtung lenken, desto weniger Möglichkeiten hat er, andere Wege einzuschlagen. Was wir denken, was wir empfinden, das sind wir.

Liebende-Güte-Meditation

Springbrunnen

Um anzufangen, wollen wir bitte die Achtsamkeit für ein paar Momente auf den Atem lenken.

Wir wollen uns einmal vorstellen, daß in unserem Herzen ein Springbrunnen ist, der in vielen Farben schillert, wenn die Sonne auf das Wasser scheint. Und jeder Tropfen, der von diesem Springbrunnen herunterfällt, ist mit Liebe angefüllt, und allmählich füllt sich unser ganzes Herz, unser ganzes Sein, mit Liebe. Wir sind davon angefüllt und umhüllt. Wir fühlen die Wärme, die aus unserem Herzen kommt, und die Fürsorge und sind beglückt von dem, was wir in unserem Herzen finden können.

Jetzt lassen wir die Tropfen dieses Springbrunnens aus unserem Herzen in das Herz von demjenigen fallen, der uns räumlich am nächsten ist, und jeder Tropfen ist voll Liebe. Und wir sehen, wie das diesen Menschen beglückt.

Wir lassen die Tropfen aus dem Springbrunnen in unserem Herzen in die Herzen unserer Eltern fallen, und sie verbreiten Liebe und Mitgefühl in deren Herzen. Sie sind beglückt davon. Sie fühlen die Reinheit dieser wunderbaren Quelle.

Wir denken an unsere liebsten und nächsten Menschen, mit denen wir vielleicht zusammenleben, und lassen diesen Springbrunnen, dessen Tropfen nur Liebe enthalten, zu deren Herzen sprudeln und sie mit unserer Liebe anfüllen. Wir erwarten kein Gegengeschenk, sondern benutzen nur die Liebesfähigkeit unseres Herzens.

Wir spüren noch einmal diesen wunderschönen, in vielen Farben schillernden Springbrunnen in unserem Herzen, dessen Tropfen nur Liebe enthalten, und lassen sie in die Herzen unserer Freunde, Verwandte und Bekannten fallen, so daß deren Herzen auch damit angefüllt sind. Wir sehen, wieviel Freude das bringt, wieviel Glück um uns herum das verbreitet.

Und wir denken an die Menschen, denen wir in unserem Alltag begegnen: unsere Nachbarn und Arbeitskollegen, Kunden, Verkäufer, Patienten, Schüler, Lehrer, alle, die uns in den Sinn kommen und einen wichtigen Teil unseres Alltags ausmachen. Der Springbrunnen in unserem Herzen sprudelt zu all deren Herzen und schenkt ihnen unsere Liebe. Wir fühlen ein ganz anderes Zusammengehörigkeitsgefühl mit diesen Menschen, eine ganz andere Verbindung als nur die der Nähe oder der Notwendigkeit: eine Herzensverbindung.

Jetzt denken wir an einen Menschen, den wir schwierig finden, der uns nicht paßt. Aber der Springbrunnen in unserem Herzen ist nicht aufzuhalten und sprudelt überall hin, so daß Tropfen voll Liebe auch in das Herz des schwierigen Menschen fallen und wir dadurch eine Verbindung herstellen, die diesen Menschen und uns selbst beglückt.

Jetzt öffnen wir unser Herz so weit es nur geht, und der Springbrunnen in unserem Herzen wird immer größer und größer. Wir sehen, wie er sich verbreitet, und so lassen wir so viele Menschen wie nur möglich in unser Herz hinein, damit sie diese Tropfen der Liebe spüren können, die aus unserem Herzen kommen. Erst lassen wir all diejenigen hinein, mit denen wir zusammen sind. Und wir sehen ganz deutlich, wie jeder sich an diesen Liebestropfen erfreut.

Dann lassen wir all diejenigen Menschen hinein, die in der Nähe zu finden sind. Und dann all die in der Umgebung, die wir vielleicht gesehen haben oder von denen wir nur ahnen, daß sie in den Häusern zu finden sind. Alle dürfen hinein.

Wir lassen all diejenigen Menschen hinein, die wir kennen, die wir je gesprochen haben, von denen wir gehört haben, von denen wir wissen oder auch nur ahnen, daß sie existieren. Unser Herz wird immer größer und größer, der Springbrunnen erweitert sich in alle Richtungen. Alle diese Menschen haben in unserem Herzen Platz und können sich an den Liebestropfen erfreuen.

Und wir vergrößern diesen Springbrunnen in unserem Herzen so weit, daß die Tropfen immer weiter und weiter fallen können, so daß auch die Menschen, von denen wir nicht wissen, daß sie existieren, sie zu spüren bekommen.

Wir sehen ganz deutlich, wie dieses reine Gefühl der Liebe sich in uns und um uns verbreitet.

Wir richten die Achtsamkeit wieder auf uns selbst und spüren Glück und Freude, die vom Lieben und Verschenken kommen. Wir füllen und umhüllen uns von Kopf bis Fuß mit dem Sprudeln der Liebestropfen in unserem Herzen. Wir sind davon gefüllt, umhüllt und beglückt und fühlen die Reinheit, die diesen herrlichen Wassertropfen entspringt.

Mögen alle Menschen die Reinheit der Liebe in ihrem Herzen zur Blüte bringen.

V

Die zweite Ebene des Glücks:

Wir gehören zusammen

Wir wollen die vierte der höchsten Emotionen ansprechen, damit wir ein komplettes Bild davon haben, was der Buddha für unser Gefühlsleben empfohlen hat.

Die vierte ist die bedeutsamste aller Gefühlsregungen. Nicht Liebe, Mitgefühl oder Mitfreude, sondern Gleichmut wird als die höchste der Emotionen bezeichnet und ist auch eines der sieben Glieder der Erleuchtung*. Gleichmut schließt die unpersönliche Liebe, das Mitgefühl und Mitfreude in sich ein, so daß wir auf dem Weg der Herzensläuterung dem Gleichmut immer näher kommen.

Der ferne Feind von Gleichmut ist Erregtheit, Aufgeregtheit; der nahe Feind ist Gleichgültigkeit. Der nahe Feind wird immer als »nahe« bezeichnet, weil er der echten Emotion sehr ähnlich und für einen Außenstehenden oft nicht unterscheidbar ist. So nimmt

---

* Die sieben Glieder der Erleuchtung: 1. Achtsamkeit, 2. Ergründung der drei Daseinsmerkmale, 3. Willenskraft, 4. Entzücken, 5. Innerer Frieden, 6. Tiefe Konzentration, 7. Gleichmut.

zum Beispiel Anhaften und Anhänglichkeit den Platz der bedingungslosen Liebe in unserer Gesellschaft ein und wird als echte Liebe bewundert.

Bei der Gleichgültigkeit ist es genauso schwierig, den Unterschied zu erkennen. Hier ist es sogar schwierig für denjenigen, der diese Emotion hat. Derjenige, der sich mit Gleichgültigkeit gewappnet hat, fühlt sich oft als Zuschauer von allem, was geschieht. Das entsteht nicht durch einsichtsvolles Verstehen, sondern aus Abwehr. Jemand, der Gleichgültigkeit geübt und praktiziert hat, tut das aus Angst davor, daß die eigenen Emotionen ihm wieder einen Streich spielen könnten oder die Emotionen anderer einem Unannehmlichkeiten bereiten könnten. Beides ist natürlich im Bereich des Möglichen. Die eigenen Emotionen haben uns schon öfter einen Streich gespielt und werden es auch noch öfter tun, und die Emotionen anderer sind sehr häufig nicht angenehm, solange wir von ihnen abhängig sind.

Wenn wir das nicht unbedingt erleben möchten, aber nicht wissen, wie wir dem anders als mit Gleichgültigkeit entgehen können, dann ist das eine häufige Art und Weise, sich durch einen Panzer Schutz zu suchen. Diesen Panzer spüren wir im allgemeinen bei der Meditation im Brustbereich: Härte oder Metall oder wie eine Ziegelsteinmauer. Wenn wir nicht meditieren, so ist ein Merkmal der Gleichgültigkeit, daß wir das Gefühl haben, neben dem Geschehen zu stehen und zuzuschauen. Wir lassen nichts an uns heran, aber gleichzeitig lassen wir auch keine Emotionen aus uns heraus, denn die Mauer oder der Panzer funktionieren ja in beiden Richtungen. Das heißt also liebende Güte und Mitgefühl sind eingeschlossen und wir können sie nicht verschenken.

Genauso ist es, wenn jemand uns Liebe schenken will. So lassen wir auch das nicht herein, weil wir sehr geübt darin sind, uns zu verschließen. Diese Art Menschen werden oft mit kopflastig bezeichnet, bei ihnen ist alles ein Denkprozeß. Nun ist nicht jeder kopflastige Mensch auch mit Gleichgültigkeit geschlagen. Aber jemand, der sich mit Gleichgültigkeit gewappnet hat, arbeitet fast ausschließlich mit dem Kopf. Er denkt über alles nach, und wenn er eine gute Intelligenz hat, denkt er sich Dinge aus, die anscheinend alle stimmen. Auf der Ebene des Denkens sind sie vielleicht sogar ganz korrekt, auf der Ebene der Emotionen können sie nicht richtig sein, denn seine Emotionen hat derjenige nicht konsultiert.

Es ist wohl klar, daß wir Herz und Geist haben. In Pali ist das ein Wort »*Citta*« und wird manchmal als Herz und manchmal als Geist übersetzt. Für uns ist es einfacher zu verstehen, wenn wir zwei Worte benutzen. Der Geist, der denkt, logische Schlußfolgerungen ziehen und analysieren kann, und das Herz, das empfinden kann.

Allein schon der Weg des Lebens verlangt, daß wir beide Ebenen benutzen: Herz und Geist. Sollten wir uns nur auf einer Ebene bewegen, so ist das gleichbedeutend, als hätten wir nur ein Bein und könnten uns daher nicht sehr gut fortbewegen. Auf der spirituellen Ebene ist es überhaupt gar keine Frage, daß der spirituelle Pfad nicht existiert, wenn das Herz nicht mitspricht, denn alle Meditationsstufen enthalten Gefühle. Wenn wir die Läuterung des Herzens nicht vornehmen, dann können wir das spirituelle Wachstum in uns nicht fördern. Beides, Herz und Geist, müssen mitarbeiten, sonst ist der Weg noch schwieriger als er sowieso schon ist. Der Geist muß verstehen, was und warum wir üben, und das Herz muß die Praxis lieben können.

Der Buddha hat sich jegliche Mühe gegeben, das »Warum« und das »Wie« zu erklären und uns genaue Anweisungen zu geben. Diese Anweisungen sind klar und deutlich, so daß der menschliche Geist sie alle verstehen kann. Aber wenn das Herz kein Vertrauen faßt, sich hingibt und liebt, was es tut, dann kann der Weg unmöglich erfolgreich sein. Der Geist hat die Fähigkeit, auf alles, was er hört oder liest, auch mit dem Gegenteil zu antworten. Aber für das, was wir fühlen und empfinden, gibt es kein Gegenteil. Ein Mensch, der Gleichgültigkeit benutzt, um sich angeblich zu beschützen, verschließt sich dem spirituellen Pfad.

Wir können natürlich Gleichgültigkeit genauso loslassen wie alles andere, was wir in uns tragen. Wir müssen aber erst einmal merken, daß wir sie haben. Da sie dem Gleichmut sehr ähnlich ist, ist sie nur daran zu erkennen, ob wir wirklich lieben können oder nicht. Das muß nicht gleich Liebe für die ganze Welt sein, sondern kann sich auch auf eine spezifische Person beziehen. Ein Mensch, der absolut gleichgültig ist, kann noch nicht einmal eine besondere Person lieben. Er steht sozusagen allein da, auch wenn er von vielen Menschen umgeben ist. Das ist eine erste Untersuchung, die wir vielleicht vornehmen könnten, wenn wir Bedenken haben, ob wir unter Gleichgültigkeit leiden.

Wenn wir unser Gefühlsleben zu stark betont haben, dann müssen wir die andere Seite von uns auch entwickeln und müssen mehr die logische, analytische Seite fördern. Es ist auf jeden Fall nötig, daß wir beides, Herz und Geist, zum Wachstum bringen. Gleichmut, als höchste Emotion, ist vor allen Dingen auf Einsicht aufgebaut. Wir können und sollten natürlich tagtäglich Gleichmut üben und praktizieren. Wir können uns bemühen, uns nicht über alle möglichen Dinge aufzuregen. Es wird uns auch sicher gelingen, uns weniger aufzuregen als früher, weil wir bereits wissen, daß wir mit Aufregung und Ablehnung schlechtes *Karma* machen. Das ist aber eine immer wiederkehrende Bemühung, wenn Einsicht nicht als Fundament vorhanden ist, die uns den Gleichmut ermöglicht ohne ständige Anstrengung. Gleichmut als Emotion oder Gleichmut als Reaktion ist erlernbar. Es ist natürlich viel einfacher, durch Einsicht gar nicht erst Unruhe, Ablehnung oder Aufregung in uns zu haben, als diese dann ersetzen zu müssen, um etwas mehr Ruhe und Akzeptanz zu erleben.

Die Einsicht, die hier eine große Rolle spielt, ist erstens einmal die Gesetzmäßigkeit von *Karma*. Das zweite, was hier noch eine viel größere Rolle spielt, ist die Vergänglichkeit. Wenn wir an der Vergänglichkeit vorbeischauen oder sie nur intellektuell akzeptieren und nicht danach leben, dann ist es schwer, Gleichmut zu bewahren. Ist sie intellektuell akzeptabel, dann müssen wir versuchen, sie in unseren Tagesablauf als einen selbstverständlichen Gedankengang miteinzubeziehen. Das wird uns bei unwichtigen Dingen auch sicher gelingen, und wir können sagen: „Auch das ist vergänglich." Es wird uns vielleicht sogar bei Dingen gelingen, die wir zwar gern hätten, aber nicht bekommen können. Aber bei direkten Unannehmlichkeiten wird es schon schwieriger. Obwohl wir genau wissen, daß alles vergänglich ist, stehen wir häufig einer Situation gegenüber, bei der es wichtig wäre, uns an Vergänglichkeit zu erinnern, und reagieren dennoch mit Widerwillen und Ablehnung. Das einzige, was uns dabei helfen kann, ist, immer wieder zu üben, und zwar mit den Kleinigkeiten, bei denen es uns nicht so darauf ankommt, ob sie verlorengehen oder nicht. Wir können auf diese Weise gleichmütige Reaktionen erleben, um dann, wenn größere Dinge auf uns zukommen, vielleicht dieselbe Haltung einnehmen zu können.

Die vierte meditative Vertiefung wird sehr häufig mit Gleichmut bezeichnet. Das kommt daher, daß wir in dieser Vertiefung ein Erlebnis haben, in welchem die Ichbezogenheit bedeutend verkleinert ist. In der Vertiefung ist das ein automatischer Prozeß. Wir müssen nichts dazu tun, außer uns genügend zu konzentrieren. Wenn die Ich-Illusion verkleinert ist, ist es bedeutend einfacher, gleichmütig zu sein. Was ist denn eigentlich das, was sich aufregt, ablehnt, ärgerlich, wütend, traurig, depressiv wird? Das sind unsere Emotionen, die darauf reagieren, weil »mir« etwas passiert. Im allgemeinen ist etwas von außen an »mich« herangetreten, das die Ich-Behauptung, die Ich-Illusion etwas ins Wanken bringt. Man hat »mich« nicht anerkannt, nicht geliebt, nicht bestätigt. »Ich« habe nicht bekommen, was »Ich« wollte, bin nicht losgeworden, was »Ich« nicht haben wollte. Irgendwie kam die Ich-Illusion ins Wanken, und da die Einsicht in diesem Moment vollkommen fehlte und auch noch nicht sehr gut verankert war, kann von Gleichmut nicht mehr die Rede sein.

Der Buddha hat acht Situationen genannt, die die acht weltlichen *dhammas* heißen. Das Wort *Dhamma* wird auf verschiedene Arten benutzt, und zwar als die Lehre des Buddha oder das Naturgesetz oder auch die absolute Wahrheit. Dann bedeutet es alle Phänomene, die es gibt. Diese acht bestehen aus vier Paaren, die wir alle erleben.

Diese acht weltlichen *dhammas* heißen: Gewinn und Verlust, Lob und Tadel, Ruhm und Verleumdung, Glück und Unglück. Wir können ohne weiteres sofort erkennen, daß wir gern vier davon hätten und den anderen vier nie begegnen möchten. Da das aber ein unerfüllbarer Wunsch ist, so sind wir natürlich nie zufrieden. Zum Beispiel Lob und Tadel: Gelobt werden möchte jeder. Es bestärkt unseren Selbstwert. Wir sind ja wohl doch etwas wert, obwohl wir zwar bis jetzt anscheinend selbst daran gezweifelt haben. Wenn jemand anderes uns lobt, dann müssen wir ja wohl doch in Ordnung sein. Nachdem dieses Lob aber ausgesprochen wurde, ist es schon zu Ende, und wir müssen ein neues suchen. Das ist furchtbar unbequem, nicht wahr?

Das ist die Sucht nach Anerkennung und häufig ist diese Sucht auch die Ursache, daß wir uns nicht trauen, die Wahrheit zu sagen, weil wir fürchten, dann nicht das Lob zu bekommen, das wir suchen. Obwohl wir gar nicht wissen, was der Gesprächspartner eigentlich als Wahrheit ansieht und was nicht. Wenn wir Angst haben, die Wahrheit zu sagen, weil wir eventuell getadelt werden könnten, dann fehlt uns die innere Ehrlichkeit, die Wahrhaftigkeit. Sie ist eine der zehn Tugenden, die nötig sind, um unser spirituelles Wachstum zu entwickeln. Wir brauchen Ehrlichkeit uns selbst gegenüber, so daß wir das aussprechen können, was uns bewegt. Es ist nicht damit gemeint, anderen Bescheid zu sagen. Wenn wir lobsüchtig sind, dann wollen wir uns sozusagen nach der Decke strekken. Dabei kommt Unsicherheit und Angst heraus, daß die Decke zu hoch sein könnte, und obwohl wir uns sehr anstrengen, werden wir immer noch nicht gelobt und könnten sogar eventuell getadelt werden. Dann passiert es, daß uns jemand tadelt. Unser Ego fühlt sich angegriffen und wir reagieren mit Ärger, Ablehnung und Angst. Durch Angst entsteht Aggression.

Lob und Tadel sind sehr günstig zum Praktizieren. Wenn wir zum Beispiel getadelt werden, dann können wir auf zweierlei Weise davon profitieren. Das erste ist, den Tadel anzuschauen und zu sehen, ob irgendein Fünkchen Wahrheit darin ist. Wenn wir etwas Wahres darin finden, dann können wir daraus lernen und uns danach richten. Wenn wir nichts Positives finden können, dann wissen wir, daß derjenige, der getadelt hat, nur sich selbst im Spiegelbild gesehen hat. Dann können wir mit Mitgefühl reagieren und nicht mit Ärger. Sich über Tadel ärgern, ist sinnlos, dann haben wir nämlich zwei Negativitäten, den Tadel und den Ärger, und von Gleichmut kann überhaupt nicht mehr die Rede sein.

Bei Tadel gleichmütig zu bleiben, ist lange nicht so schwierig wie bei Lob. Es ist eine Übung, die nach einiger Zeit garantiert erfolgreich wird. Aber wenn wir Gleichmut bei Tadel nicht üben, dann wird Lob wahrscheinlich immer zu einem Gefühl der Ich-Bestätigung führen.

Dasselbe gilt natürlich auch für Ruhm und Verleumdung, die ja im Prinzip auch nichts anderes als Lob und Tadel sind. Wenn wir das eine suchen und uns vor dem anderen scheuen, dann ist die innere Unruhe kaum wegzudenken. Alles, was wir begehren, bringt *Dukkha*. Wir empfinden eine Mangelerscheinung in uns und wollen die Leere irgendwie anfüllen. Da wir uns selbst nicht mit Liebe und Mitgefühl angefüllt haben, wollen wir von außen Ruhm und Lob bekommen und dadurch Zufriedenheit erleben. Aber wir wissen ganz genau, daß das ganz kurzlebig ist und nicht bleiben kann. Dann suchen wir den nächsten Ruhm oder das nächste Lob. Lob möchte jeder. Es ist hilfreich, andere zu loben, aber es ist fatal, Lob zu suchen und zu erwarten. Wenn wir andere loben wollen, sollte das aber auf keinen Fall Schmeichelei sein, die vom Buddha als lügen bezeichnet wird. Aber bei anderen Gutes zu erkennen, anzuerkennen und das auch auszusprechen, ist hilfreich für zwischenmenschliche Beziehungen, solange es auf Wahrheit beruht. Dann ist es auch nicht mehr ganz so wichtig für uns, ob wir selbst gelobt werden.

Dasselbe gilt für Lieben. Wenn wir unbedingt geliebt werden wollen, gibt es überhaupt keine andere Möglichkeit, das zu erreichen, als selbst zu lieben. Diese Lösung ist so einfach, daß die meisten Menschen nicht darauf kommen. Auf Lob mit Dankbarkeit zu reagieren ist richtig, aber mit einem Gefühl, etwas erreicht zu haben, zu reagieren, ist falsch. Denn wenn wir etwas erreichen wollen, verlieren wir ohnehin jeglichen Gleichmut. Gleichmut lebt in uns, wenn beide, Lob und Tadel, gleichmäßig akzeptabel sind, ohne daß unsere Emotionen Wellen schlagen. Der Buddha hat sie als Übungsweg erwähnt, weil jeder sie erlebt. Auch er bekam viel Lob und viel Tadel. Einmal sagte er: „Ich hadere nicht mit der Welt, die Welt hadert mit mir." Wenn wir schon länger praktiziert haben, so können wir das vielleicht nachempfinden. Es paßt der Welt häufig nicht, was wir machen.

Dann haben wir noch Gewinn und Verlust. Selbstverständlich möchte jeder auf der weltlichen Ebene etwas bekommen und nichts verlieren. Da gibt es eine ganz klare Übungsmöglichkeit, so daß Verlieren genau denselben Stellenwert hat wie Gewinnen. Alles bewegt sich, alles ändert sich. Mal kommt etwas dazu, mal geht etwas weg. Sehr häufig sind angebliche Verluste der Auftakt zu wirklicher Praxis, weil wir plötzlich sehen, daß wir an etwas festgehalten haben, was uns nur fesseln, aber nicht befreien kann. Daher sind Verluste an Menschen, an Unterstützung, an Gesundheit sehr häufig eine große Hilfe, um spirituelle Wahrheiten besser zu erkennen. Sie können natürlich auch in das Gegenteil umschlagen. Wenn wir Verluste nicht akzeptieren können, dann können sie der Auftakt für Trauer, Depression, Abwehr und Widerwillen sein. Um diese Negativitäten in uns zu vermindern und zu erkennen, was es bedeutet, die Freiheit des Gleichmuts zu erleben, können wir in jeder Situation untersuchen, wie wir reagieren. Nur das ist interessant.

Wenn wir so reagieren, daß wir überhaupt nicht berührt sind, müssen wir aufpassen. Sind wir gleichgültig, ist es uns ganz egal, was geschieht, oder wissen wir, wie vergänglich alles ist? Wissen wir, daß Gewinn und Verlust, Lob und Tadel alles nur weltliche *dhammas* sind? Die Gleichgültigkeit wird häufig nicht erkannt. Menschen, die niemanden in ihrem Leben haben, der besonders schwierig ist, sondern die genügend gutes *Karma* gemacht haben, daß sie mit den meisten Menschen gut auskommen, und außerdem noch diplomatische Fähigkeiten besitzen, können sich leicht einreden, daß sie gleichmütig sind. Aber Diplomatie und Liebenswürdigkeit sind nicht Gleichmut, sondern notwendige Mittel, um die Gleichgültigkeit auf der zwischenmenschlichen Ebene erträglich zu gestalten.

Gleichmut hat die Wärme des Herzens in sich, die Fürsorge des Mitgefühls, die Freude der Mitfreude, das Gefühl der Zusammengehörigkeit. Gleichmut enthält auch ein Erkennen und Akzeptieren *karmischer* Resultate, gewirkt durch Ursachen, von denen wir gar nichts wissen. Wenn uns Unannehmlichkeiten wie Tadel, Verleumdung oder Verlust treffen, so ist es hilfreich, wenn wir uns vorstellen, daß wir bereits auf dem Totenbett liegen. Zu der Zeit wäre es wohl nicht mehr bedeutsam, ob uns jemand tadelt, uns vielleicht verdeutlicht, daß wir nicht sterben sollten, oder wir unser ganzes Geld verloren haben sollten; wir selbst sind nicht mehr in Mitleidenschaft gezogen. Oder wir werden getadelt, weil wir Fehler gemacht haben. Kann das auf dem Totenbett noch eine Rolle spielen? Zu der Zeit gibt es nur noch die Akzeptanz der Dinge, wie sie wirklich sind. Wir können versuchen, uns in die Rolle eines Sterbenden so hineinzufühlen, daß es keinen Unterschied mehr zwischen uns jetzt Lebenden und einem Sterbenden gibt. Dann wissen wir, was noch wichtig ist.

Der Gleichmut, den wir im Leben geübt haben, ist dann eine Möglichkeit, diesen äußerst wichtigen Moment so zu erleben, daß er nicht nur akzeptabel, sondern sogar ein Spitzenerlebnis wird. Diese Möglichkeit ist für jeden vorhanden und bringt vieles mit sich, was wir jetzt im Leben noch nicht erleben können. Gleichmut muß jedoch jetzt geübt werden, denn beim Sterben damit anzufangen, ist zu spät. Da gibt es nur noch Widerstand. Die meisten Menschen wissen, wenn es soweit ist, daß sie sterben. Das vor ihnen irgendwie geheim halten zu wollen, ist nicht sinnvoll. Wenn wir aber im Leben praktiziert und geübt haben und vielleicht auch die dritte Ebene des Glücks, die Ebene der Meditation, erlernt haben, dann ist der Tod ein Erlebnis, das wir mit Gleichmut, sogar mit Wissensbegierde und Interesse bewußt durchmachen. Ohne vorherige Übung haben wir Abwehr und Widerwillen, die dieses unausbleibliche Erlebnis unangenehm und schwierig gestalten.

In Wirklichkeit sterben wir jede Sekunde. Wir merken es nur nicht, weil die Energieteilchen, die ständig auseinanderfallen, sich wieder so zusammensetzen, als ob nichts geschehen wäre. Es ist aber etwas geschehen. Die Energieteilchen, also auch unsere Zellen, sind ständig am Zerfallen, aber solange die Lebenskraft im Körper noch vorhanden ist, kommen sie scheinbar genauso wieder zusammen, wie sie vorher waren. Da müßten wir uns einmal unsere alten Fotoalben anschauen. Ist wirklich nichts geschehen? Ist alles so, wie es schon immer war? Sicherlich nicht, aber wir merken es nicht. Der ständige Tod und das sich wiederholende Neuerwachen zum Leben, die uns von Sekunde zu Sekunde begleiten, könnten uns, wenn wir uns darauf konzentrieren, auch helfen zu erkennen, wie unwichtig die weltlichen *dhammas* sind. Schauen wir uns einmal die Tageszeitungen an. Da ist von irgendwelchen berühmten Menschen die Rede. Wie lange sind sie berühmt? Vielleicht eine Woche und in der folgenden Woche bekommen sie üble Nachrede. Das ist äußerst aufregend, aber nur für denjenigen, dem es passiert.

Das sind jedoch alles weltliche Zustände, die überhaupt nichts mit dem Potential unserer Spiritualität zu tun haben. Wir sind in Wirklichkeit spirituelle, nicht materielle Wesen. Unser kompakter, solider Körper trägt zu der optischen Täuschung der Materialität bei. Selbst der Körper besteht aus beinahe 80 % Wasser, so daß sogar er nicht kompakt und solide ist. Wir glauben aber nur, was wir sehen, und oft zu unserem großen Nachteil, was gedruckt steht.

Die weltlichen *dhammas* sind nur auf der weltlichen Ebene von irgendeinem Interesse. Wenn sich jemand über den negativen Teil dieser vier Paare aufregt, so akzeptieren wir das als selbstverständlich. Wir denken, wir müssen uns aufregen, wenn Verleumdung oder Verlust stattfindet. Aber auf der spirituellen Ebene ist das ganz unnötig. Wenn wir wirklich einmal glücklich werden und den inneren Frieden finden wollen, ohne von äußeren Umständen abhängig zu sein, dann ist Gleichmut die Hauptsache. Das Wort sagt uns auch, daß wir Mut brauchen, um eine gleichmäßige Reaktion und Gefühlsebene zu entwickeln, die voll Liebe und Mitgefühl und ohne Ablehnungen und Ärgernisse ist. Wir brauchen Mut, anders als die Welt um uns herum zu sein. Jeder Mensch ist sehr beeinflußbar und läßt sich von den Gefühlen, Gedanken, Gewohnheiten seiner Umwelt leiten.

Daher ist es so wichtig, mit einem oder mehreren Menschen zusammenzukommen, die den gleichen spirituellen Weg erkannt haben und auch gehen wollen. Ansonsten leben wir größtenteils unter dem Einfluß einer anders gesinnten Welt, der nicht nur schädlich ist, sondern uns auch die Wichtigkeit der Spiritualität vergessen läßt. Wir wissen dann effektiv nicht mehr, was spirituelles Wachstum eigentlich bedeutet und glauben vielleicht wirklich, wenn wir uns auf das Kissen setzen, sei das schon spirituelle Entwicklung. Es ist aber nur ein Mittel zum Zweck.

Unseren eigenen Emotionen so nahe zu kommen, daß wir uns wirklich erkennen können, ist nicht einfach. Erst wenn wir gefordert sind, können wir uns erkennen. Wenn alles seinen gewohnten Gang geht, verfallen wir leicht in Lethargie und verwechseln Gleichgültigkeit mit Gleichmut. Echter Gleichmut ist immer mit tiefer Einsicht gepaart.

Kontemplation über das Erdelement

Um anzufangen, bitte die Achtsamkeit auf den Atem lenken.

Wir wollen einmal das Erdelement in uns selbst kennenlernen. Alles, was fest und kompakt in uns ist, heißt Erdelement. Wir spüren es, wir können unseren Körper von Kopf bis Fuß durchgehen und alles Feste und Kompakte an uns bemerken.

Die Haut, die Knochen, die Berührung der Hände auf den Knien, der Beine auf der Matte, des Gesäßes auf dem Kissen. Alles ist das Erdelement, kompakt und solide.

Dann wollen wir das Erdelement in unserem Kissen spüren und unser eigenes Erdelement, unsere Kompaktheit in die Kompaktheit des Kissens fließen lassen, so daß keine Separierung besteht.

Dann können wir das Erdelement in dem Fußboden unter uns verspüren und unseren ganzen Körper, alles, was daran Erdelement ist, mit dem Erdelement des Fußbodens vereinen.

Jetzt gehen wir Schritt für Schritt zur Tür. Wir spüren bei jedem Schritt das Erdelement des Fußbodens und das Erdelement des Fußes, der ihn berührt, und lassen die beiden ineinanderfließen.

An der Tür berühren wir das Erdelement der Tür und dann der Wand und lassen das Erdelement der Hand und das Erdelement der Wand zusammenfließen.

Wir gehen weiter hinaus und spüren bei jedem Schritt das Erdelement des Fußes und des Bodens, den wir berühren, und lassen diese beiden ineinanderfließen, bis wir draußen vor der Haustür angekommen sind.

Draußen spüren wir das Erdelement der Erde, kompakt und solide, und lassen den ganzen Körper hineinfließen; alles, was bei uns kompakt und solide ist, fließt zusammen mit der Kompaktheit der Erde.

Wir gehen auf dem Gras und spüren die Kompaktheit jedes Grashalmes und lassen uns da hineinfließen, so daß keine Separierung besteht. Erdelement berührt Erdelement.

Jetzt gehen wir zu einem nahen Baum und lehnen uns an diesen an. Wir spüren das Erdelement, die Kompaktheit des Baumes und die Kompaktheit unseres Körpers und lassen diese beiden ineinanderfließen.

Und je mehr wir das ineinanderfließen lassen, desto weniger fühlen wir uns separat von all dem, was existiert.

Wir gehen weiter und legen unsere Hand auf einen Busch und wieder lassen wir diese beiden zusammenfließen.

Und wir schauen auf die Berge in der Entfernung und sehen die Kompaktheit und Solidität ihres Erdelements und lassen unser Erdelement in den Berg hineinfließen. Wir sind nicht mehr der Beobachter, sondern der Teilnehmer.

Wir schauen zu den Wolken, und auch dort ist Kompaktheit zu sehen. Und wir lassen alles, was an uns selbst kompakt ist, in die Wolken hineinfließen. Die Wolke, die wir uns ausgesucht haben, und wir selbst verfließen ineinander.

Wir sehen einen kleinen Vogel, der sich auf einem Zweig wiegt, wir gehen so nah wie möglich an ihn heran und sehen dessen Federn, Füße, Schnabel, den ganzen kleinen Körper als Erdelement und lassen das Erdelement und unser Erdelement eins werden.

Jetzt gehen wir langsam zurück in das Haus hinein. Jeder Schritt ist die Berührung des Erdelements unseres Fußes mit dem Erdelement der Erde, die sich vereinigen.

Wir berühren die Tür, durch die wir hineinkommen, und das Erdelement der Tür und das Erdelement unserer Hand wird eins.

Und wir sitzen wieder auf unserem Kissen und lassen alles Kompakte in uns in das Kompakte des Kissens hineinfließen.

Jetzt richten wir unsere Achtsamkeit auf denjenigen, der uns am nächsten sitzt. Wir sind nur durch Luft getrennt. Wir können unser eigenes Erdelement mit dem Erdelement des Nachbarns zusammenfließen lassen. Es vereinigt sich, so daß dort kein anderer ist, sondern das gleiche wie wir selbst. Nur Erdelement.

Wir richten unsere Achtsamkeit auf jemanden, der weiter entfernt von uns sitzt, und vereinigen unser eigenes Erdelement, die Solidität, mit der von dem Menschen, den wir uns ausgesucht haben.

Jetzt versuchen wir, unser eigenes Erdelement mit dem von allen, die hier versammelt sind, zu vereinen. Keine separaten Einheiten, nur Luft dazwischen. Optisch scheinbar getrennt, aber wir können zusammenfließen.

Jetzt richten wir noch einmal die Achtsamkeit auf uns selbst. Und sehen ganz deutlich, daß das, was wir unseren Körper nennen, eigentlich das Erdelement unseres Körpers ist. Alles andere ist uns meistens verborgen.

Wir lassen noch einmal das Erdelement unseres Körpers in die Weite fließen und sich mit dem Erdelement von all dem, was uns umgibt, vereinen. Jetzt spüren wir vielleicht die Auflösung der Grenzen unseres Körpers.

Mögen alle Menschen die absolute Wahrheit suchen.

VI

Die dritte Ebene des Glücks:

Ein Heim für den Geist

Wir kommen jetzt zu der dritten Ebene des Glücks. Das bedeutet aber nicht, daß die beiden ersten Ebenen uns entweder verloren gehen oder wir sie nicht mehr beachten. Was wir als Kleinkinder in der Schule gelernt haben, wie Lesen, Schreiben, Rechnen, das können wir heute noch und benutzen es auch, obwohl wir inzwischen mehr dazugelernt haben. Die unteren Ebenen bleiben weiter bestehen und vor allen Dingen muß natürlich die zweite Ebene geübt werden. Je mehr wir sie üben, desto leichter fällt uns die dritte Ebene. Es bedeutet einfach, daß unser Horizont sich erweitert und unsere Fähigkeiten sich vergrößern, daß wir aufwachsen und eines Tages erwachsen sind.

Die dritte Ebene des Glücks bezieht sich auf die Meditation, und wir können daraus gleich zwei Dinge entnehmen. Es ist darum die dritte Ebene, weil wir uns in der zweiten Ebene bereits um Läuterung bemüht haben. Die ganze Lehre des Buddha und das ganze Leben ist Ursache und Wirkung, so daß wir ohne Ursachen auch keine Wirkungen bekommen. Das bedeutet nicht, daß wir erst meditieren können, wenn

Liebe und Mitgefühl in uns perfekt entwickelt sind, dann müßten wir zu lange warten. Es würde vielleicht in diesem Leben gar nicht geschehen, und wir hätten die dritte Ebene des Glücks verpaßt. Es bedeutet aber, daß wir uns auf der zweiten Ebene bemühen und sie immer wieder auf die Meditation beziehen müssen. Wenn wir bei jeder Meditation immer mit der liebenden Güte für uns selbst anfangen, sehen wir Ursache und Wirkung am Werk.

Zweitens können wir erkennen, daß die Meditation vom Buddha eine Stufe höher eingeschätzt wird, als »nur« die höchsten Emotionen in sich zu entwikkeln. Wieso? Wenn die Meditation wirklich funktioniert, haben wir es viel leichter, diese reinen Emotionen zu praktizieren. Die Meditationsebene ist ein automatischer Läuterungsprozeß, der auf der zweiten Ebene absichtlich und wissentlich stattfindet. Auf der zweiten Ebene des Glücks müssen wir uns immer wieder durch das Ersetzen des Unheilsamen mit dem Heilsamen läutern.

In der Meditation geschieht das von selbst, solange wir konzentriert sind. Die Meditation besteht aus drei verschiedenen Arten der Konzentration: die momentane Sammlung, die angrenzende Sammlung und die volle Sammlung. Wir haben bei allen dreien große Vorteile, und ich möchte dringend davor warnen, sich unter Druck zu setzen, Erfolge bei der Meditation verzeichnen zu können. Die verschiedenen Vertiefungen sind keine Schulklassen, die wir absolvieren. Wenn wir uns in der Schule unter Druck gesetzt haben, um versetzt zu werden, so war das noch sinnvoll, denn es hat keinen Sinn, die Schulbank ewig zu drükken. Aber hier sind die Erwartungshaltung und das Resultatdenken schädlich, weil wir uns dadurch von dem entfernen, was wir wirklich machen wollen. Wenn wir an das Resultat denken, können wir nicht den jetzigen Moment erleben, denn das Resultat liegt in der Zukunft, auch wenn es in ganz naher Zukunft sein sollte.

Der Buddha hat gesagt, daß man nach jeder Vertiefung erleuchtet werden kann, sogar nach der ersten. Außerdem gab es zu Zeiten des Buddha auch Menschen, die im Pali-Kanon erwähnt werden, die den Weg der Einsicht gegangen sind und erst danach die Ruhemeditation praktizierten, also zuerst tiefe Einsicht erlangten, dann Ruhe im Geist. Erst Ruhe, dann Einsicht, ist der einfachere Weg und mehr Menschen zugänglich. Aber es gibt immer Menschen, denen der Einsichtsweg mehr zusagt. Es ist schwieriger, ohne einen ruhigen Geist Einsicht zu bekommen. Man verfällt leicht in den Fehler zu glauben, daß man es schon kann, weil man es schon weiß.

Das ist eine große Schwierigkeit, der wir vor allen Dingen im Westen gegenüberstehen, da wir von Anfang an geschult werden, unseren Geist zu benutzen, so daß wir »Wissen« leicht mit »Können« verwechseln. Oft muß sich erst eine massive Situation zusammenballen, bevor wir merken, daß wir gar nicht unser Wissen leben können. Vielleicht beschimpft uns jemand, und wir reagieren mit Ärger oder wir verlieren, was wir unbedingt behalten wollen, und trauern dem nach. Die Erkenntnis der Vergänglichkeit ist nicht tief genug, um uns vor diesen Reaktionen zu beschützen. Daher ist Vorsicht angesagt; was wir wissen, können wir im allgemeinen nicht. Wir brauchen Zeit. Eines Tages können wir es sicherlich, aber nicht sofort, und daher haben es die Menschen, die erst Einsicht bekommen, weil sie einen regen, agilen Geist haben, der Zusammenhänge deutlich erkennt, schwieriger. Wir versuchen immer wieder, erst mit der Ruhemeditation so lange zu arbeiten, bis sie einige Resultate gebracht hat, und uns dann mit Einsicht zu beschäftigen.

Und so ist es auch auf den vier Ebenen des Glücks. Die dritte ist die Ruhemeditation, »*Samādhi*«, und erst die vierte ist Einsicht. Wir bleiben einmal bei dem traditionellen Weg; es sollte nur erwähnt werden, daß es auch anders möglich ist. Im Prinzip praktizieren wir immer beides. Es gibt nur diese zwei Wege in der Meditation: Ruhe, »*Samatha*«, und Einsicht, »*Vipassanā*«.

Atembetrachtung und Konzentration ist »*Samatha*«; Etikettieren der abschweifenden Gedanken ist »*Vipassanā*«; Kontemplation ist »*Vipassanā*«; Gehmeditation ist im allgemeinen »*Samatha*«; Liebende-Güte-Meditation ist häufig beides, im Prinzip aber auf »*Samatha*« (Ruhe) ausgerichtet.

Jegliche Meditationspraxis wird »*Bhāvanā*« genannt, was »Geistestraining« heißt. »Rechte Konzentration« heißt »*samma Samādhi*« (*samma* »recht«). Es ist der achte Schritt auf dem Edlen achtfachen Pfad, der die vierte Edle Wahrheit von des Buddhas Erleuchtungserlebnis beschreibt. Rechte Konzentration bedeutet volle Sammlung (*appanā Samādhi*). Aber auch die momentane und die angrenzende Sammlung bringen viel Läuterung mit sich. Wir sollten das wissen, um unser Resultatdenken loszulassen, wenn die Vertiefungen noch nicht möglich sind. Die meisten Menschen brauchen mehrere Jahre der Praxis, um tiefe Konzentration zu erlangen.

Der Läuterungsprozeß geht in den anderen beiden Arten der Konzentration auch vor sich, und zwar auf folgende Art und Weise: Wir alle haben fünf Hindernisse. Diese Hindernisse sind sozusagen Überschriften für jegliche Problematik. Jeder, der nicht erleuchtet ist, lebt mit diesen fünf Eigenschaften. Die erste Hilfe, die wir haben, sie zu vermindern, ist, sie erst einmal zu erkennen und beim Namen zu nennen. Sie sind dann nicht nur ein bekannter Feind, sondern sie zeigen uns, wo wir nachhaken können, um uns selbst zu helfen.

Wir wollen sie also erst einmal beim Namen nennen, denn sonst können sie sich in Herz und Geist einschleichen unter der Vorgabe, daß sie eigentlich unsere Freunde seien. Das tut das erste Hindernis andauernd. Es gibt vor, ein Freund zu sein, und ist in Wirklichkeit ein Störenfried. Es ist die Begierde nach Sinnesbefriedigung, die auf der ersten Ebene des Glücks häufig stattfindet. Da es uns schwerfällt, in diesem Fall Freund und Feind auseinanderzuhalten, so greifen wir im allgemeinen nicht ein, sondern akzeptieren diese Gefahr ohne Besorgnis. Wenn wir uns diesem Feind hingeben, bleiben wir auf der ersten Ebene des Glücks stecken und haben im Prinzip genauso viel Glück wie Unglück. 50 % von jedem ist eine sehr gute Mischung für die meisten Menschen.

Der zweite Feind heißt Übelwollen, Ärger und Widerwillen. Der ist natürlich deutlich als Feind zu erkennen, aber um ihm eine Daseinsberechtigung zu verschaffen, rechtfertigen wir ihn. Wir behaupten, unser Ärger sei durch äußere Umstände entstanden, und vergessen, unser eigenes Herz zu untersuchen.

Der dritte Feind heißt Lässigkeit und Trägheit. Wir können es auch Faulheit nennen, dann weiß nämlich jeder, was gemeint ist. Bei Lässigkeit und Trägheit, da überlegen wir erst: „Ich bin doch gar nicht lässig und träge. Ich mache doch eigentlich alles, was ich soll.“ Es ist geistige Faulheit und kann auch mit Mitmachen, so wie es alle machen, bezeichnet werden. Auch das ist geistige Faulheit, denn wir überlegen nicht, ob unsere Handlungen wirklich für uns und andere von Vorteil sind. Es ist vor allen Dingen eine Haltung des Nichtstun, die nicht unbedingt körperlich sein muß. Es artet aber im Körperlichen aus, denn der Geist bestimmt, wie wir handeln. Es ist ein erschreckendes Hindernis, unter dem viele Menschen leiden, weil wir damit noch nicht einmal der Mittelmäßigkeit Genüge tragen.

Jeder Mensch möchte jedoch eigentlich lieber etwas Besonderes und Besseres sein und nicht nur knapp mittelmäßig. Aber dann dürfen wir auf keinen Fall geistige Faulheit walten lassen, was nicht heißen soll, daß wir viel philosophieren sollten. Im Gegenteil, das hat überhaupt nichts damit zu tun. Es bedeutet, unsere Geisteskräfte so zu benutzen, daß wir aufdecken, wie unsere Schwierigkeiten mit unseren Hindernissen zusammenhängen, und so Weisheit erlangen.

Weisheit ist nicht das gleiche wie Wissen, sondern hat Information als Unterstützung. Wenn Weisheit synonym mit Wissen wäre, hätten wir sehr viele weise Menschen. Eigentlich wissen wir viel zu viel. Wir haben eine derartige Menge an Informationen aufgenommen, die wir erst einmal in wichtig, unwichtig, brauchbar und unbrauchbar aussortieren sollten. Auch das ist eine geistige Arbeit, so daß wir keinesfalls noch mehr Information benötigen.

Das vierte Hindernis heißt Unruhe und Rastlosigkeit und schließt auch Gewissensbisse, Reue und Schuldgefühle in sich ein. Es bedeutet auch häufig, daß wir auf der Suche sind und nicht wissen wonach. Im Prinzip suchen wir alle dasselbe, nämlich Glück und Frieden. Die Unruhe und Rastlosigkeit, die das auslösen, basieren darauf, daß wir nicht wissen, wo sie zu finden sind. Statt daß wir in unseren Herzen suchen, schauen wir draußen in die Welt. Unruhe und Rastlosigkeit sind erst vollkommen eliminiert bei der Erleuchtung, selbst ein Schritt vorher sind sie immer noch minimal vorhanden durch den noch bestehenden Rest der Ich-Illusion.

Die meisten Menschen merken überhaupt nicht, daß sie unruhig und rastlos sind. Aber wir können es ganz deutlich erkennen, wenn wir zum Beispiel Neues suchen, wie neue Wohnorte, andere Berufstätigkeit, oder wenn wir auf Reisen gehen. Wir rechtfertigen das natürlich damit, daß man die Welt kennenlernen muß. Wieso müssen wir dies? Wir brauchen doch bloß den Atlas aufzuschlagen. Wir glauben, Zeitungen lesen, den Fernseher andrehen oder das Telefon benutzen zu müssen. Alles basiert auf Unruhe und Rastlosigkeit. Alle Veränderungen, die wir vornehmen, sind auf diese Mangelerscheinung zurückzuführen.

Das letzte ist die Zweifelsucht. Zweifel an den eigenen Fähigkeiten, Zweifel, ob es nicht doch etwas Besseres geben könnte und Zweifel, wieso man überhaupt praktizieren soll. Wozu eigentlich, sagt der zweifelnde Geist, man weiß doch auch so, um was es geht. Man hat es schon gelesen oder gehört, oder ein anderer Lehrer hat etwas anderes gesagt. Dann fängt man an zu vergleichen und bringt natürlich auch noch die eigene Meinung dazu ein. Die Zweifelsucht ist eine Geisteshaltung, mit der wir uns nicht hingeben können, das heißt wir können nicht lieben, was wir tun, und es daher auch nicht fortführen.

Nur was wir lieben, können wir stetig tun. Alles andere ist entweder eine Pflicht oder eine Verantwortung, die wir erfüllen müssen. Beides kann man wohl kaum von der Meditation behaupten. Sie kann nur geschehen, wenn wir sie lieben, und dazu müssen wir unsere Zweifel fallenlassen. Zweifel ist mit Haß verbunden, denn er kommt durch Ablehnung. Sollten wir besonders von Haß geplagt sein, so müssen wir uns den Haß anschauen. Irgendwo will er sich manifestieren und so benutzt er oft den Zweifel.

Es kann sein, daß wir irgendeine bestimmte Religion hassen, was natürlich auch ziemlich unsinnig ist, oder daß wir daran zweifeln, daß der Lehrer Bescheid weiß. Dann gehen wir zu einem anderen. Da es sehr viele gibt, haben wir bis an unser Lebensende zu tun, den richtigen zu finden. Es ist wichtig, diese Zweifelsucht nicht zu rechtfertigen. Keine dieser Hindernisse haben eine Berechtigung an sich. Sie sind zu erkennen, zu akzeptieren, nicht zu tadeln, sondern zu ändern. Um noch einmal ihre Namen zu nennen:

- Begierde nach Sinnesbefriedigung
- Übelwollen
- Lässigkeit und Trägheit oder Faulheit
- Unruhe und Rastlosigkeit
  (Gewissensbisse, Schuldgefühle)
- Zweifelsucht.

Drei dieser fünf Hindernisse werden sogar Themen bei der Meditation, selbst bei der geringsten Konzentration. Das erste, was wir bei jeder Meditation ansprechen, ist die Lässigkeit und Trägheit oder Faulheit des Geistes. Jedesmal, wenn wir uns dem Meditationsobjekt zuwenden, auch wenn wir es viele Male machen müssen, arbeiten wir dagegen. Wir sind dabei, den Geist zu trainieren. Wir müssen natürlich versuchen, die Lässigkeit und Trägheit des Geistes im täglichen Leben auch zu erkennen, aber in der Meditation haben wir ein automatisches Hilfsmittel. Wir brauchen dazu keine Vertiefung, sondern nur ein Meditationsobjekt. Wenn wir natürlich dem Geist erlauben zu tun, was er will, was unsere sonstige Gewohnheit ist, dann meditieren wir nicht. Den hin- und herwandernden Geist kennen wir ja zur Genüge, um das nicht mit Meditation zu verwechseln. Dies ist der erste Vorteil jeder Meditation.

Wenn der Geist sich beruhigt und konzentriert wird, dann wird ein Teil unserer Zweifelsucht abgebaut, weil wir erleben, daß Meditation effektiv funktioniert. Wir bekommen ein Gefühl des Vertrauens, vor allem in uns selbst, in unsere spirituellen Fähigkeiten. Vertrauen ist das Gegenstück zum Zweifel und bringt Liebe und Hingabe mit sich.

Hinwenden und Konzentrieren sind vergleichbar mit dem Anschlagen einer Glocke und deren anhaltendem Ton. Das Anschlagen ist das erstmalige Hinwenden zum Meditationsobjekt und am Anfang muß das viele Male geschehen, bis die Glocke klingt. Auch der anhaltende Ton einer Glocke hört wieder auf und ist genauso vergänglich wie die Konzentration. Es gibt nichts Permanentes auf der weltlichen Ebene, auf der auch Konzentration und Meditation stattfinden. Zwar führen sie uns zum Überweltlichen, aber nur als Mittel zum Zweck.

Wenn wir die Zweifelsucht vermindert haben, haben wir eine Blockade weggeräumt und unser Herz etwas mehr geöffnet. Wir können uns besser hingeben, was sich in unseren Handlungen und auch in der Beziehung zu der Lehre des Buddha und zu der Meditation zeigt. Wir haben eine neue und andere Verbindung geknüpft. Wir stehen nicht als Zuschauer daneben, sondern wir gehören dazu.

Solange wir interessiert beobachten, was die anderen machen und es höchstens versuchsweise probieren, so sind wir mit starker Zweifelsucht belastet, und im allgemeinen kommt dabei überhaupt nichts heraus. Sollten wir aber das Glück haben, uns bei dem Probieren wirklich zu konzentrieren, so ändert sich diese Haltung. Das ist der zweite Vorteil der Meditation, der auch nichts mit Vertiefungen zu tun hat. Wir arbeiten bereits gegen zwei unserer Hindernisse.

Als dritten Vorteil haben wir die Einspitzigkeit, die gegen unsere Begierde nach Sinnesbefriedigung arbeitet. Auch wenn wir nur eine Minute konzentriert sind, so sind wir eine Minute einspitzig auf dem Meditationsobjekt. In dieser einen Minute können wir uns nicht überlegen, daß es doch eigentlich schon Zeit zum Mittagessen sein müsse. Wir können nicht beides gleichzeitig tun, die Sinnesbefriedigung suchen und einspitzig auf dem Meditationsobjekt verweilen. Es ist entweder das eine oder das andere.

Wir können daraus auch entnehmen, daß es uns viel besser geht, wenn wir nicht die Sinnesbefriedigungen suchen. Die Begierde nach Sinnesbefriedigung als eine Mangelerscheinung ist ja nichts anderes als der Auftakt zum *Dukkha*. Etwas, was wir nicht haben, steigt als Wunschobjekt auf. Die meisten Menschen bemerken diesen Zusammenhang nicht, und sollten sie ihn doch merken, wollen sie das *Dukkha* nicht gerne zugeben.

Was wir uns wünschen, ist ja meistens nichts Schlechtes. Wir hätten gerne Konzentration oder ein interessanteres oder ruhigeres Leben, ein harmonischeres Umfeld. Wenn durch etwas Einspitzigkeit schon etwas Ruhe eingetreten ist und dieses erste Hindernis sich zu der Zeit nicht meldet, dann erkennen wir dessen störende Natur. Diese drei Hindernisse existieren natürlich nicht nur in der Zeit, in der wir meditieren. Aber ihre momentane Abwesenheit könnte uns dazu motivieren, die Meditation fortzuführen.

Der Buddha wollte nie einen Menschen bekehren, er wollte nur, daß die Menschen wissen, wo ihr Glück liegt. Da er aber sein Erleuchtungserlebnis so formulierte, daß *Dukkha* existiert, wird sehr oft angenommen, daß er Leid gelehrt hat. In Wirklichkeit hat er uns genau das Gegenteil gelehrt. Er hat uns gezeigt, wie *Dukkha* entsteht, daß es universell ist und wir nicht darunter leiden müssen, sondern glücklich sein können. Er hat die 45 Jahre seiner Lehrzeit dazu verwendet aufzuzeigen, wo das Glück wirklich liegt. Wir sind in der besonders bevorzugten Lage, das heute noch lesen und verstehen zu können.

Die dritte Ebene des Glücks liegt bei der konzentrierten Innenschau. Viele Menschen bekommen einen Anflug der vollen Sammlung schon nach verhältnismäßig kurzer Zeit. Alle Methoden, die wir benutzen, können wir als Schlüssel bezeichnen. Wir können uns gut vorstellen, daß wir einen Schlüssel brauchen, um ein Tor zu öffnen. Wir müssen ihn aber lange und fest genug in der Hand haben, um das Schlüsselloch zu treffen. Wenn wir die Atembetrachtung als unser Beispiel nehmen, so müssen wir ihn lange und fest genug in unserem Geiste halten, um dieses Tor nach innen zu finden und dann das Schlüsselloch zu treffen.

Dieses innere Tor ist symbolisch gemeint; jeder hat es. Es ist durch unsere Reaktionen und unsere Begierden zugeschüttet. Die meisten Menschen auf der Welt wissen nichts von diesem Tor. Wo sollten sie auch davon gehört haben? Sie sind zwar auf der Suche nach Glück und Frieden, aber wissen nicht, wohin sie schauen müssen. Für einen Meditierenden ist es keine Frage, daß wir nach innen schauen wollen. Was außen passiert, ist alles längst abgelaufen und von keinem Interesse bei der Meditation.

Im folgenden soll die Innenwelt betrachtet werden, die Außenwelt haben wir bereits in der ersten Ebene des Glücks besprochen. Die Außenwelt kommt auch bei der zweiten Ebene des Glücks in Betracht, denn wir brauchen Menschen als unser Übungsfeld, um Liebe und Mitgefühl zu verschenken. Aber bei der dritten Ebene des Glücks ist die Außenwelt von keiner Bedeutung mehr und muß fallengelassen werden, denn wir wollen nach innen gehen.

Es gibt 40 verschiedene Meditationsmethoden, die

der Buddha gelehrt hat*. Im Prinzip sollten wir die Methode verwenden, bei der wir uns am einfachsten konzentrieren können, und dabei bleiben. Es kommt nicht auf die Methode an, sondern nur darauf, zur vollen Sammlung zu kommen und auch die Vorteile der momentanen und angrenzenden Sammlung zu erkennen. Wenn wir den Atem als Beispiel benutzen und uns bei der Atembetrachtung in ihn fallengelassen haben, wobei die Außenwelt keine Rolle mehr spielt, dann werden Geist und Atem eins. Sind wir geübt und praktiziert, braucht das nur kurze Zeit. Die Hauptsache ist, daß wir üben.

Wenn wir also den Atem ausschließlich erlebt haben, und er ganz fein geworden ist, dann ist es soweit, dieses innere Tor zu öffnen und über die Schwelle zu treten. Es ist, als ob wir in die Mitte unseres Körpers hineingehen. Aber das ist nur ein Versuch einer visuellen Erklärung. Es hat an sich mit dem Körper nichts zu tun. Doch wo ist unser Innenleben? Bei unseren Gefühlen und Empfindungen; das bedeutet also, wir wenden uns unseren Gefühlen zu.

Wir lassen die Atembetrachtung fallen, denn der

---

* 10 Kasina-Übungen (Farbscheiben); 10 Leichenbetrachtungen; 10 Achtsamkeiten: auf den Buddha, seine Lehre, seine heilige Jüngerschaft, den Körper, die Ein- und Ausatmung, Körperhaltung, Körperteile und Bewegungen, Gefühle, Bewußtseinszustände und Geistesobjekte; vier Göttliche Verweilungsstätten: liebende Güte, Mitgefühl, Mitfreude und Gleichmut; vier unkörperliche Gebiete; eine Vorstellung der Unerfreulichkeit der Nahrung; eine Zerlegung des Körpers in seine vier Elemente.

Schlüssel hat seinen Zweck erfüllt, und haben ein entzückendes Empfinden als Meditationsobjekt. Dieses Empfinden kann verschiedener Art sein: In den Kommentaren sind 17 verschiedene erwähnt, aber es gibt bestimmt noch viele mehr. Wir werden die häufigsten aufzählen, so daß wir wissen, um was es sich handelt, sollten wir sie erleben. Alles, was mit entzückenden Körpergefühlen und Empfindungen zu tun hat, geschieht in der ersten Vertiefung, ganz gleich, wie subtil, interessant oder anders sie sind als sie sonst waren.

Es kann sein, daß das Gefühl des Schwebens auftritt oder wir von innerer Wärme (nicht Hitze) angefüllt sind. Ein Rieseln oder Kribbeln geht durch den ganzen Körper, oder die Begrenzungen des Körpers lösen sich auf. Das Schwergewicht des Körpers verschwindet fast vollkommen, stattdessen breitet sich ein Leichtigkeitsgefühl aus. Das sind die häufigsten Erscheinungen. Es gibt zwar noch viele andere, aber die sind eher selten.

Die Empfindung muß äußerst entzückend sein, sonst hat es mit der Vertiefung nichts zu tun. Sie kann allerdings von unterschiedlicher Stärke sein. Manchmal ist das Entzücken so stark, daß wir sogar Einhalt gebieten und es etwas reduzieren müssen. Es kann auch schwach sein, dann müssen wir uns stärker konzentrieren. Wenn dieses entzückende Gefühl nur an einer kleinen Körperstelle zu finden ist, so sollten wir versuchen, es über den ganzen Körper auszubreiten.

Der Buddha hat auch hier ein Gleichnis benutzt, um klares Erkennen zu vermitteln. Er sagte einmal, daß intelligente Menschen besser durch ein Gleichnis verstehen können. Das hier folgende Gleichnis zeigt uns auch eine alltägliche Begebenheit aus früheren Zeiten. Ein Bademeister nimmt Seifenpulver und durchtränkt dies mit Wasser, so daß keine Stelle unberührt bleibt. Dann knetet er diese Masse zu einem Ball, der überall feucht ist, aber aus dem nichts heraustropft. In dieser Weise soll das entzückende Empfinden überall in uns zu spüren sein, ohne daß wir es unabsichtlich verlieren.

Wir bleiben so lange wie wir können bei der Konzentration auf der Empfindung. Es passiert allerdings häufig, daß der Geist abschweift und sich wieder mit der Welt verbindet. Um diese dritte Ebene des Glücks vollständig zu erreichen, müssen wir lernen, auf dem Gefühl zu bleiben. Wenn der Geist abschweift, so ist es im allgemeinen möglich, ihn sofort wieder zu diesem Gefühl zurückzubringen. Wir müssen nicht noch einmal mit der Konzentration auf den Atem anfangen. Wenn uns das nicht gelingt, so müssen wir allerdings noch einmal von vorne anfangen. Haben wir es aber mehrere Male geübt, sollten wir so gewöhnt daran sein, daß wir keine Schwierigkeiten mehr haben, nach innen zu kommen. Wenn die Meditation zu Ende ist und bevor wir die Augen aufmachen, sollten wir drei Schritte unternehmen.

Erst kommt das Rekapitulieren unseres Meditationsweges. Was habe ich gemacht, um dieses entzükkende Gefühl zu erleben? Wie habe ich meine Meditation arrangiert? Habe ich anders gesessen; habe ich anders gedacht? War ich den Tag über achtsam? Habe ich liebende Güte für mich selbst gehabt? Habe ich die liebende Güte wirklich empfunden? Solches Rekapitulieren ist bei jeder guten Meditation von großem Nutzen, selbst wenn sie nicht zu dem entzückenden Gefühl geführt hat, sondern nur eine konzentrierte Meditation war. Die Rekapitulation ist ein wichtiges Hilfsmittel, weil es bedeutet, daß wir uns einen Weg bahnen durch den Dschungel des eigenen Geistes, der dann eines Tages so klar und offen ist, daß wir uns nie mehr verlaufen können.

Jeder Meditierende hat einen besonderen Zugang, der ihm hilft. Vielleicht hilft es, anders zu sitzen oder recht lange vor der Meditation schon achtsam gewesen zu sein oder sich nicht mit weltlichen Dingen abzugeben, sondern auf sich selbst aufzupassen. Es kann auch sein, daß die liebende Güte für sich selbst und nahestehende Menschen der Zugang war. Was uns geholfen hat, sollten wir immer verwenden.

Es kann auch leicht sein, daß eine andere Methode bessere Konzentration gebracht hat. Für visuell veranlagte Menschen sind zum Beispiel die Kasinas sehr hilfreich. Die Kasinas sind Farbscheiben, die traditionell aufgehängt werden zum Anschauen. Nach einer Weile kann man sie auch mit geschlossenen Augen in sich sehen. Es ist für solche Menschen von Hilfe, bei denen eine Farbe spontan hochkommt. Nicht die ganze Regenbogenpalette, sondern immer die gleiche Farbe. Wir können dann feststellen, ob die Farbe die Form einer Scheibe hat, die auch ganz klein sein kann. Wenn sie sich allerdings andauernd verändert, ist die Konzentration nicht stark genug. Die Farbscheibe muß stetig im Geist zu erkennen sein. In dem Fall können wir sie so weit vergrößern, daß sie uns umgibt.

Das ist ein anderer Zugang zur ersten Vertiefung anstelle der Atembetrachtung. Jede Methode kann Zugang verschaffen. Es sind traditionelle, zweieinhalbtausend Jahre alte Methoden, und es ist nicht nötig, etwas Neues zu suchen. Die Menschen, die am meisten Erfolg in ihrer Meditation haben, sind diejenigen, die den Anweisungen am treuesten folgen. Diese Anweisungen des Buddha haben sich immer wieder bewährt, und die Menschen aller Zeiten hatten die gleichen Probleme und die gleichen Fähigkeiten wie wir. Hier ist eine Möglichkeit aufgezeigt, eine andere Methode zu benutzen, wenn wir mit der Atembetrachtung zu große Schwierigkeiten haben. Die Liebende-Güte-Meditation, die Stück-für-Stück-Methode* oder auch die Gehmeditation bieten alle Zugang zur vollen Sammlung an.

Mit genügend Konzentration können wir also die Schwelle nach innen überschreiten und dieses entzückende Gefühl erleben, das immer in uns lebt und nur auf unsere Zuwendung wartet. Ob das Gefühl stark, schwach oder mittelmäßig ist, spielt keine Rol-

---

* Achtsamkeit auf die Empfindungen im Körper (s. Anhang).

le. Es längere Zeit zu erleben, ist wichtig, und wenn der Geist abschweift, ihn wieder zu dem Gefühl zurückzubringen.

Dabei ist dann folgendes zu beachten: Erst einmal haben wir natürlich die Vorteile der ersten drei Gegenmittel gegen unsere Hindernisse, die wir schon besprochen haben. Jetzt kommt aber noch ein viertes Gegenmittel dazu. Das entzückende Gefühl (Pali: *Pīti*) arbeitet gegen Ärger und Übelwollen zu der Zeit, in der es bei der Meditation anwesend ist. Wir können nicht Entzücken empfinden und gleichzeitig ärgerlich sein; das ist unmöglich. Aber es gibt noch ein stärkeres Resultat. Wenn wir praktiziert genug sind, um jederzeit das Entzücken erleben zu können, so hat das einen Niederschlag in unserem täglichen Leben. Obwohl natürlich dieses Gefühl im täglichen Leben nicht deutlich zu bemerken ist, so existiert es dennoch die ganze Zeit in uns. Um es direkt zu erleben, haben wir von allem anderen losgelassen, was uns den Eintritt verwehrt hat. Daher sind wir diesem Gefühl nahe gekommen.

Der Niederschlag im täglichen Leben ist wie folgt: Wir wissen, daß wir jederzeit wieder Entzücken erleben können, wenn wir uns zur Meditation hinsetzen. Daher sind wir vor den Konfrontationen, die jeder im täglichen Leben erlebt, etwas geschützt, obwohl sie natürlich weiter stattfinden. Immer wieder hat jemand irgendeine Meinung, die nicht mit unserer eigenen konform geht, überall gibt es Lob und Tadel, Gewinn und Verlust. Es ist einfach nicht möglich, daß diese Konfrontationen nicht existieren. Sie sind in der Welt verankert. Aber obwohl wir sie noch spüren, lösen sie nicht mehr ganz so starke Reaktionen aus wie vorher. Es fühlt sich an, als hätten wir eine Art Daunenbett um uns herum, so daß diese Unannehmlichkeiten uns nicht wie Nadeln stechen können. Gewinn und Verlust sind vorhanden, und wir nehmen sie wahr – und leider werden wir auch noch auf sie reagieren – aber nicht mehr ganz so stark. Wir wissen, wir können uns auf eine andere Ebene begeben, denn wir haben ein Heim für unseren Geist gefunden.

Unser Körper hatte schon immer ein Heim. Und wenn wir uns einmal unser Heim anschauen, dann können wir sehen, daß dieses Heim alle Annehmlichkeiten für unseren Körper enthält. Alles ist vorhanden, zum Schlafen, Essen, Waschen, Ausruhen, zur Abwechslung durch Anschauen, Hören, Riechen, Berühren und Denken, aber die Annehmlichkeiten für den Geist existieren überhaupt nicht. Die kommen erst zutage, wenn wir unser Heim mit einem Meditationskissen ausstatten und uns dort tagtäglich, morgens und abends, hinsetzen und dabei zu der dritten Ebene des Glücks kommen, wo der Geist sich aus dem Alltag erheben kann und ein ganz anderes Innenleben stattfindet. Dann haben wir eine Heimat für den Geist gefunden.

Obwohl der Körper jegliche Annehmlichkeiten hat, die man alle kaufen kann und die wir in der Regel für selbstverständlich halten – diese Selbstverständlichkeit erscheint in anderen Teilen der Welt als seltsam

– macht der Geist trotzdem genau das, was er immer gemacht hat, solange er keine Heimat gefunden hat. Er rast von einer Sache zur anderen, denkt sich Dinge aus, die nicht stimmen, hat alle fünf Hindernisse, mit denen er sich beschäftigt, die er rechtfertigt und bei denen er noch andere beschuldigt, weil er sie hat. Das allein ändert sich schon durch die erste Vertiefung und wird durch die folgenden Vertiefungen noch verstärkt.

Der zweite Schritt am Ende der Vertiefung ist die Erkenntnis, daß auch das Entzücken vergänglich ist. Wenn unsere Knieschmerzen aufhören, so freut uns das, wenn unser Entzücken aufhört, so freut uns das gar nicht. Das heißt also, wir lernen hier mit Lob und Tadel, mit Negativem und Positivem gleichmütig umzugehen. Aber wir sollten nicht mechanisch vor uns hersagen: „Ach ja, richtig, auch das ist vergänglich!“, sondern das Aufhören des Entzückens erleben. Die Vertiefungen zielen alle zur Einsicht hin, denn das ist die vierte Ebene des Glücks. Sie sind das ideale, grandiose Mittel zum Zweck. Sie sind beglückend, Freude bringend, stärkend, unterstützend, Vertrauen schaffend, aber sie sind nicht der Zweck an sich. Daher sind sie selbstverständlicherweise auch vergänglich. Wie sollte es auch sonst sein?

Wenn wir seltsamerweise die Vertiefungen vielleicht nicht machen wollen, gerade weil sie vergänglich sind, dann müssen wir einmal feststellen, was wir eigentlich gegen die Vergänglichkeit haben. Wenn wir sie nicht akzeptieren wollen, so sind wir gegen die Naturgesetze eingestellt. Diese seltsame Einstellung haben wir ja schon seit Jahrzehnten, und unsere Wälder und Flüsse sind Zeugen der Resultate. Wozu denn das überhaupt? Wir wissen doch, daß das keinen Sinn macht. Also wieso arbeiten wir gegen die Naturgesetze? Vergänglichkeit als ein Naturgesetz ist unumstößliche Wahrheit.

Als dritten Schritt bemerken wir nicht nur die Vergänglichkeit dieses beglückenden Meditationserlebnisses, sondern fragen uns, was wir sonst noch daraus lernen können. Wenn der Geist sagt: „Es ist wunderbar, ich mach's gleich wieder" – dann haben wir es umsonst gemacht. Wir wollen dem Geist nicht erlauben, solche Oberflächlichkeiten zu denken, sondern ihn anspornen, noch einmal genauestens hinzuschauen, um das Erlebnis zu erkennen.

Dann arbeiten wir gegen die Faulheit des Geistes. Wenn wir keine Einsichten wollen, weil es mühsam ist, sie zu leben, und wenn wir die Vergänglichkeit nicht in uns verinnerlichen wollen, ist es nicht Dummheit sondern Faulheit. Wir alle haben die Fähigkeit des Verstehens, weil nichts daran schwierig ist. Wir müssen nur wollen. Des Menschen Wille ist sein Himmelreich. Leider stellt sich dieses Himmelreich sehr häufig als Hölle heraus, aber das liegt wiederum an unserem Mißverstehen.

Was lernen wir? Was ist die erste Einsicht, die wir durch diesen Schritt bekommen? Wir erkennen, daß das, was wir durch unsere Sinneskontakte gesucht haben, bereits in uns existiert. Wir hätten nichts zu suchen brauchen. Wir müssen allerdings alles andere zeitweilig loslassen, um dem inneren Glück nahe zu kommen. Und wovon wollen und können wir loslassen? Von unseren ganzen Reaktionen, Ideen, Meinungen und Ansichten und einfach einmal erleben, was in uns existiert. Obwohl wir entzückende Empfindungen auf der weltlichen, alltäglichen Ebene kennen, so haben diese auf der meditativen Ebene nicht nur eine subtilere Qualität, sondern sind unabhängig vom Sinneskontakt. Das ist die bedeutsame Einsicht aus der ersten Vertiefung: Wir können uns von dem Zwang, angenehme Sinneskontakte zu suchen, freimachen. Wir werden sie haben, aber es ist nicht mehr der alleinige Weg zu einer glücklichen Empfindung.

Um die meditative Vertiefung zu erleben, müssen wir die Sinneskontakte zeitweilig ausschalten. Wir haben hier also eine Bewußtseinsebene erreicht, die nicht auf Sinnesbefriedigung beruht, nicht von den Sinnen ausgeht, sondern unabhängig von allen äußeren Dingen ist. Dadurch wird uns klar, daß unsere Sinne nicht als Vergnügungslokal gedacht sind, sondern einen Überlebensprozeß darstellen.

Einsichten entstehen, wenn wir nach der Vertiefung die genannten drei Schritte unternehmen, die bei jeder Meditation hilfreich sein können:

1. Rekapitulation:
   Wie bin ich zur Konzentration gekommen?
2. Auch das ist vergänglich.
3. Was habe ich gelernt?

Wenn wir meditieren, ohne etwas dabei zu lernen, haben wir unsere Zeit verschwendet. Die Meditation als Mittel zum Zweck ist ein Lernprozeß, ein Medium des Lernens. Wenn wir daraus nicht entnehmen, was geschehen ist, dann haben wir das umsonst gemacht. Wir haben zum Beispiel eine unkonzentrierte Meditation, der Geist saust von einem Thema zum nächsten, und wir vergessen zu etikettieren. Nach der Meditation wird uns klar, wir haben weder meditiert, noch haben wir etikettiert, wir haben einfach gedacht – was bringt uns das? Das zeigt uns, daß wir den Geist nicht unter Kontrolle haben und daß es sehr wichtig ist, das durch die Meditation zu erlernen. Denn wenn wir ihm erlauben zu tun, was er will, macht er uns unglücklich, sooft es ihm paßt. Ein Mensch, der seinen Geist lenken kann, wird nie mehr freiwillig unglücklich werden. Das wäre ja absurd.

Aus jeder Meditationssitzung, ganz egal wie sie abläuft, können wir etwas lernen. Wenn wir das Gelernte aber nicht mit in den Alltag nehmen, dann haben wir auch umsonst meditiert. Wenn wir zum Beispiel eine chaotische Sitzung haben, etikettiert und beobachtet haben, was uns bewegt, werden wir feststellen, daß Wünsche und Begierden sich in den Weg der Konzentration gestellt haben. Wenn wir im täglichen Leben das Etikettieren fortführen, so wird es uns möglich sein, viele unserer Wünsche loszulassen, weil wir sehen, daß selbst ihre Erfüllung nichts bringt. Nach den Vertiefungen muß Einsicht unser Ziel sein, denn gerade dann zeigt sich, daß wir diese dritte Ebene verstanden haben. Sie ersetzt nicht die anderen beiden Ebenen, sondern sie gibt vor allen Dingen der ersten Ebene ihren Stellenwert. Sie ordnet sie da ein, wo sie hingehört.

Das bedeutet nicht, daß wir keine angenehmen Sinneskontakte mehr haben. Die Unabhängigkeit des entzückenden Empfindens von äußeren Umständen müßte auch ein Auftakt dazu sein, um noch mehr Unabhängigkeit zu suchen, die wir durch den spirituellen Weg finden können. Volle Unabhängigkeit findet man erst durch *Nibbāna*, aber auf dem Weg dahin werden wir immer unabhängiger.

Die ersten vier Vertiefungen heißen auf Pali die »*Rūpa-Jhānas*«, was feinkörperliche Vertiefungen bedeutet, weil sie eine gewisse Ähnlichkeit mit Erlebnissen und Erfahrungen haben, die wir auf der körperlichen, nicht-meditativen Ebene schon bekommen. Wir kennen zum Beispiel entzückende Empfindungen, meditative sind aber nicht nur subtiler, sondern wir brauchen auch nichts dazu außer Konzentration. Wir sind jederzeit in der Lage, uns in dieses Gefühl zu versenken.

Das können wir damit vergleichen, uns in ein warmes Bad sinken zu lassen und uns von dem warmen Wasser vollkommen einhüllen zu lassen. Wir überlegen nicht, wenn wir uns ein Bad eingelassen haben, ob wir uns auch hineinbegeben wollen. Wir sind froh, uns von dem warmen Wasser berühren zu lassen. Es ist so bei der ersten Vertiefung. Ob wir drinnen bleiben, ist von der Konzentration abhängig, aber das ist noch nicht einmal das Ausschlaggebende. Das lernt man durch Üben.

Das Hindernis, was hier am deutlichsten angesprochen wird, ist der Ärger. Der Buddha hat Ärger mit einer Gallenkrankheit verglichen, was sehr gut paßt, denn wir sagen ja auch „mir kommt die Galle hoch", wenn wir uns ärgern. Weiter hat er gesagt, wenn wir uns über jemanden ärgern und dem auch Ausdruck geben, so ist es, als würden wir glühende Kohlen mit nackten Händen aufheben und sie auf den werfen, über den wir uns ärgern. Sollte derjenige, den die glühenden Kohlen treffen sollen, bereits praktiziert haben, dann duckt er sich wahrscheinlich zur rechten Zeit. Wir haben überhaupt nichts erreicht, außer daß wir uns die Hände verbrannt haben. Ärger ähnelt sehr einem innerlichen Brennen. Die erste Vertiefung ist ein automatisches Mittel gegen Ärger. Es wirkt während der Vertiefung, aber auch außerhalb der Vertiefungen, weil wir genau wissen, daß wir nicht auf der Ärger-Alltags-Ebene zu verweilen brauchen. Die Vertiefungen wirken auch gegen Gleichgültigkeit, weil sie große Freude bringen.

Wir haben fünf Faktoren, die sich in den Vertiefungen zeigen, von denen drei in allen Meditationen vorkommen: anfängliches Hinwenden zum Meditationsobjekt, fortwährendes Hinwenden und Einspitzigkeit. Dazu kommt dann das entzückende Empfinden, das Ärger und Übelwollen reduziert.

Der fünfte Faktor der Vertiefung ist Freude, die gleichzeitig mit dem entzückenden Empfinden hochkommt. In der ersten Vertiefung ist das entzückende Empfinden das Meditationsobjekt. Aber Freude begleitet das Empfinden als selbstverständliche Emotion. Sie ist ein Mittel gegen unsere Unruhe und Rastlosigkeit, die uns eigen sind, weil wir noch auf der Suche nach Erfüllung sind. Obwohl sie in uns allen existiert, suchen wir ständig außerhalb von uns und haben sie in uns noch nicht entdeckt. Wir haben von der weltlichen Freude gesprochen, Freude über äußere Dinge, Mitfreude mit anderen, Freude darüber, daß wir praktizieren können und den Pfad kennen.

Diese Freude ist nötig, um überhaupt mit der Meditation anzufangen. Hier haben wir Freude als Resultat des Meditierens. Die meditative Freude ist eine innere Emotion als Folge unserer Konzentration in der ersten Vertiefung. Sie wird aber erst von Bedeutung, wenn wir längere Zeit auf dem entzückenden Empfinden gewesen sind und dieses dann absichtlich fallenlassen, weil wir wissen, daß es von gröberer Beschaffenheit ist als unsere Emotionen. Das Empfinden geht in den Hintergrund unseres Bewußtseins, und in den Vordergrund bringen wir die Freude, die zu der Zeit schon vorhanden ist. Die zweite Vertiefung konzentriert sich auf die Freude, eine feinere Emotion als das Körperempfinden. Die meditativen Vertiefungen werden von Schritt zu Schritt immer feinstofflicher.

Die meisten Menschen finden es sehr schwierig, sich auf Freude zu konzentrieren, die keinen äußeren Anlaß hat, und überhaupt innere Freude als ein Meditationsobjekt zu empfinden. Wir müssen aber jeden dieser Schritte erleben, bis wir so geübt sind, daß wir sie genau kennen und uns nach Belieben aussuchen können, wohin wir den Geist wenden wollen. Freude ist ein sehr wichtiger Schritt, weil er starkes Selbstvertrauen verursacht, dadurch, daß wir wissen, daß Freude in uns bereits existiert. Wir sind nicht darauf angewiesen, daß die Sinneskontakte, die Welt oder ein Mensch sie verursacht, denn wir haben sie bereits.

Wenn wir anfänglich die Vertiefungen erleben, ist es wie eine neue Welt, mit der wir bis jetzt noch keinerlei Kontakt hatten, die aber die ganze Zeit darauf gewartet hat, daß wir uns ihr endlich nähern. Sie lebt immer in uns, und der fehlende Kontakt liegt an unseren falschen Prioritäten. Die Weltlichkeit der Sinnesbegierden und Sinnesbefriedigung, des materiellen Besitzes, des Ruhms, des Gewinns, des Anhaftens haben Vorrang. Alle diese Prioritäten machen es unmöglich, das zu finden, was immer schon in unserem Herzen war. Daher kommen uns die Vertiefungen wie eine neue Welt vor, und Menschen, die von Natur aus ängstlich sind, fürchten sich davor, sich in dieser neuen Welt heimisch zu machen. Da müssen wir uns fragen, ob die alte Welt, die wir kennen, zufriedenstellend war, und wenn wir wissen, sie war es nicht, müssen wir den Schritt in das Neuland wagen.

Die Freude, die gegen Unruhe und Rastlosigkeit arbeitet und auch einen Niederschlag im täglichen Leben hat, bringt Selbstvertrauen und innere Festigkeit, so daß wir uns im Leben viel unabhängiger fühlen und nicht mehr von den Emotionen anderer abhängig sind. Es ist unmöglich, jeglichen Emotionen gerecht zu werden, die die Menschen haben, mit denen wir zusammenkommen. Diejenigen, die die innere Freude bereits erlebt haben, verlangen das auch gar nicht. Aber diejenigen, die das nicht kennen (und das sind die meisten), erwarten, daß wir ihren Emotionen Rechnung tragen. Wenn wir wissen, daß die innere Freude vorhanden ist und wir sie jederzeit erleben können, dann berührt uns das nicht unangenehm, sondern höchstens mit Mitgefühl. Daher haben wir eine viel größere Sicherheit im Leben und fühlen uns auch unantastbar von den acht weltlichen *dhammas*. Sie können uns nichts anhaben, denn die innere Freude ist vorhanden, und wir brauchen uns ihr nur zu nähern. Unantastbarkeit ist nicht Gleichgültigkeit, sondern Gleichmut.

VII

Die dritte Ebene des Glücks:

Wunschlos glücklich

Es ist wichtig zu wissen, daß Meditation verschiedene Schritte in sich birgt, die alle automatisch bedeutsame Einsichten bringen, wenn wir uns diesen zuwenden. Das ist überhaupt der Kernpunkt der ganzen Praxis. Die Dinge, die wir vielleicht heute noch als Probleme bezeichnen oder mit denen wir nicht umgehen können, werden Selbstverständlichkeiten, weil wir neue Erlebnisse haben, die nicht nur den Horizont erweitern, sondern einfach die Welt in einem anderen Licht zeigen. Daher können wir solche Dinge, die wir heute Probleme nennen, dann recht schnell aus dem Weg räumen; am besten und einfachsten, indem wir sie fallenlassen. Woran wir im Moment festhalten und was wir als Problem bezeichnen, ist nichts weiter als eine persönliche Reaktion. Je mehr wir Meditation üben, desto weniger persönliche Reaktionen kommen hoch. Das sind alles automatische Ergebnisse, weil wir den Geist auf andere Dinge lenken als diejenigen, die im Alltag auftauchen.

Freude ist das Gegenmittel für unsere Unruhe und Rastlosigkeit, die ein Resultat unserer Suche nach

Befriedigung sind. Wenn wir also die Freude in einem Maß erleben, daß sie erfüllend ist, dann ist zu der Zeit die Unruhe und Rastlosigkeit nicht vorhanden. Wie bei allen anderen Vertiefungen hat auch diese einen Niederschlag im Alltag. Obwohl die Freude vergänglich war, nachdem die Meditation zu Ende ging, wissen wir dennoch, daß wir dorthin wieder zurück können, so daß Unruhe und Rastlosigkeit kleinere Ausmaße annehmen. Solange wir diesen Schritt noch nicht kennen, suchen wir überall nach Sinnesbefriedigung. Manchmal ist diese Suche auch mit der Gefahr behaftet, äußerst schlechtes *Karma* zu machen. Denn die Suche nach Befriedigung kann leicht darin ausarten, daß wir eine der Tugendregeln* brechen.

Die Suche nach Erfüllung unserer Wünsche ist im allgemeinen ein sehr starker Drang. Wenn wir für uns selbst noch nicht Liebe und Mitgefühl entwickelt haben, dann gibt es leicht persönliche oder Familientragödien oder einfach Argumente und Ärgernisse. All das wird durch die Fähigkeit der Konzentration in den Vertiefungen gemindert.

Wir sind von den Gefahren des schlechten *Karma* bis zur Erleuchtung nicht befreit, aber sie vermin-

---

* Die fünf Tugendregeln lauten: 1. Ich will mich darin üben, kein Lebewesen zu töten. 2. Ich will mich darin üben, nichts zu nehmen, was mir nicht gegeben wurde. 3. Ich will mich darin üben, keinen sexuellen Mißbrauch zu betreiben. 4. Ich will mich darin üben, nicht zu lügen und keine groben Worte zu gebrauchen. 5. Ich will mich darin üben, Alkohol und Drogen zu vermeiden.

dern sich. Vor allen Dingen, wenn wir in unserem Innenleben einen Ersatz für die äußere Befriedigung gefunden haben. Da anzunehmen ist, daß ein Meditierender, der die erste und zweite Vertiefung regelmäßig übt, auch ständig die Einsichten, die daraus erwachsen, erkennt, so könnte man annehmen, daß solch ein Mensch vor den gröbsten Gefahren des schlechten *Karma* geschützt ist. Das ist aber leider keine unumstößliche Tatsache. Wir sind immer noch gefährdet, weil manche unserer Begierden stärker sind als unsere Vernunft. Einsichten sind so lange Vernunftschritte, bis wir sie hundertprozentig in unser Leben integriert haben. Sie sind auch als Vernunftschritte sehr hilfreich, aber manchmal geht eben die Vernunft verloren.

Jede Vertiefungsstufe hat eine Ursache. Weil wir uns anfänglich konzentrieren konnten, waren uns die entzückenden Empfindungen zugänglich. Sie brachten Freude mit sich, und durch die Freude ermöglichen wir den dritten Schritt, die Zufriedenheit. Ursache und Wirkung folgen einander. Die Anweisung des Buddha ist, jede Vertiefungsstufe nach einiger Zeit absichtlich fallen zu lassen, in dem Bewußtsein, daß die nächste Vertiefung ein verfeinerter und daher wünschenswerter Zustand sein wird.

Bei der zweiten Vertiefung lassen wir das entzükkende Empfinden in den Hintergrund treten, wo es als Hintergrundbewußtsein vorhanden bleibt. Im Vordergrund steht die Freude. Sie kann auch ein Gefühl der umarmenden Liebe sein, das nicht persönlich ausgerichtet ist. Es ist von äußerster Wichtigkeit, keinen der Vertiefungsschritte zu übergehen. Wir müssen sie alle lernen, bis wir sie so gemeistert haben, daß wir sie nicht mehr in ihrer Reihenfolge angehen müssen, sondern jede beliebige Vertiefung jederzeit erleben können. Die zweite Vertiefung zu übergehen, wie es manches Mal vorkommt, wäre ein großer Fehler. In der zweiten Vertiefung ist die unpersönliche Liebe, die Erweiterung des Herzens, oft ein automatisches Ergebnis. Daher wird die zweite Vertiefung häufig als ein großes, unpersönliches Liebesgefühl beschrieben. Dieses Erlebnis ist uns dann auf der zweiten Ebene des Glücks sehr behilflich, die unpersönliche bedingungslose Liebe zu üben und ein Gefühl für wahres Lieben zu bekommen.

Häufig ist auch die Liebende-Güte-Meditation ein guter Zugang zu den Vertiefungen, der für manche Menschen leichter ist als die Atembetrachtung. Es handelt sich dabei darum, dieses Gefühl auf die einfachste Weise in sich zu erwecken und durch die Konzentration auf das Gefühl den Zugang zu den Vertiefungen zu bekommen.

Auch die Freude der zweiten Vertiefung wird absichtlich fallen gelassen. Wir haben nicht nur oft Schwierigkeiten, die innere Freude zu erleben, sondern es ist auch häufig schwierig, nachdem wir sie nun erlebt haben, sie wieder loszulassen. Da haben wir nun endlich das, was wir eigentlich immer wollten, und dann sollen wir es wieder gehen lassen. Aber es ist nicht ein »Sollen«, sondern es ist ein Erkennen, daß die ersten beiden Vertiefungen, das entzückende Empfinden und die Freude, noch Erregtheit in sich haben. Zwar ist es nicht dieselbe Art der Erregtheit, die wir sonst erleben, aber es ist eine Erregtheit, die Herz und Geist beschäftigt, vor allem unsere Emotionen berührt.

Wir merken daher, daß wir im Prinzip nicht nur Freude suchen, sondern eigentlich inneren Frieden und Ruhe. Wenn wir uns auf die Anweisungen des Buddha beziehen, dann wissen wir, daß wir die Freude absichtlich fallenlassen und etwas Subtileres erleben können, nämlich Zufriedenheit, die dadurch kommt, daß Freude uns angefüllt hat.

Die dritte Vertiefung verursacht ein Gefühl des »mehr in die Tiefe gehen« als die ersten beiden Vertiefungen, die sich in unserer Kopf- und Herzgegend abzuspielen scheinen. Sie sind nicht mit Frieden zu beschreiben, sondern eher als glückselig. Aber bei der dritten Vertiefung geht der Geist mehr in die Tiefe, und daher können wir die Zufriedenheit in Frieden verwandeln. In dieser Vertiefung haben wir, genau wie in den ersten beiden, weiterhin einen deutlichen Beobachter, und sie sind daher die einfachsten, denn den Beobachter nennen wir »Ich«. Solange »Ich« in irgendeiner Form vorhanden ist, sind wir ja noch einigermaßen beruhigt, weil wir eine Bestätigung unserer Ich-Illusion haben. Der Beobachter ist im allgemeinen der Aspekt der Ich-Illusion, die am längsten vorhält.

Der Anfang der Ich-Illusion ist der Körper. Diese

bleibt nicht allzu lange bestehen, wenn wir praktizieren. Aber die Ich-Illusion des Beobachters ist häufig die letzte, die wir aufgeben können, denn der Beobachter ist scheinbar der Wissende, derjenige, der alles im Griff hat. In den ersten drei Vertiefungen ist er vorherrschend und kann nachher genau erzählen, was geschehen ist. Wenn wir nach der Meditation die drei Schritte machen, die wir bereits besprochen haben: 1. Rekapitulieren, wie wir in die Vertiefung gekommen sind, 2. feststellen, daß auch dieser Zustand vergänglich ist und 3. uns fragen, was wir gelernt haben, dann haben wir in der dritten Vertiefung ein äußerst bedeutsames Ergebnis, was uns zur vollen Befreiung führen kann.

Wir bekommen nach der dritten Vertiefung die Einsicht, daß Frieden nur herrschen kann, wenn wir keine Wünsche haben. Das wäre, wenn wir das weiter praktizieren würden, die wunschlose Befreiung und bedeutet, daß wir uns kein *Dukkha* mehr aufladen würden. Denn alles, was wir uns wünschen, produziert *Dukkha*. Das ist die erste und zweite Edle Wahrheit, die der Buddha als Erleuchtungseinsicht formuliert hat.

Sollten wir das in der dritten Vertiefung nicht erkennen, dann haben wir nicht genügend aufgepaßt. Wenn wir tagtäglich üben, was unbedingt notwendig ist, dann kommt es leicht zu dieser Erkenntnis. Das tägliche Üben der Vertiefungen ist darum so wichtig, weil uns sonst die Fähigkeit abhanden kommt. Haben wir sie schon einmal erlebt, so kommen wir zwar leichter wieder zu ihnen hin, aber der Geist wird durch die Vertiefungen geschmeidig, kann sich ausdehnen, hat Flexibilität und haftet nicht so fest. Wenn wir aufhören zu üben, verliert er seine Flexibilität und Geschmeidigkeit wieder.

Wir können das mit Yoga-Übungen vergleichen. Wenn wir sie täglich machen, dehnen sich unsere Muskeln und Sehnen, so daß wir dann verschiedene Übungen machen können, die uns vorher unmöglich waren. Hören wir auf, zieht sich alles wieder zusammen und wir müssen von neuem anfangen. Das gleiche geschieht mit dem Geist. Wenn wir immer wieder üben, erhalten wir uns seine Ausdehnung und Geschmeidigkeit. Sollten wir aufhören damit, dann schrumpft er zusammen. Der Buddha unterscheidet zwischen einem eingeschrumpften und einem erweiterten Geist. Der eingeschrumpfte Geist beschäftigt sich nur mit der Alltagsebene durch Sinneskontakte inklusive Denken und ist auf sich selbst gerichtet. Der erweiterte Geist sieht universelle Wahrheiten in sich und um sich herum. Er beschäftigt sich nicht ausschließlich mit sich selbst, sondern mit der Zusammengehörigkeit von allen Phänomenen, nicht nur, wenn er darauf hingewiesen wird, sondern schon gewohnheitsmäßig.

Wenn die Zufriedenheit, die zum Frieden führt, am Ende der Meditation als Wunschlosigkeit erkannt ist, dann haben wir viel Einsicht gewonnen, aber nur, wenn wir diese Einsicht auch benutzen. Wenn wir statt dessen zwar erkennen, daß wir wunschlos und daher zufrieden waren, und es dabei bewenden lassen und es nicht in irgendeiner Weise anwenden, dann haben wir keinerlei Vorteil davon. Einsichten sind mit einer Fremdsprache zu vergleichen. Wir haben sie zwar mühevoll gelernt, aber sollten wir sie nicht benutzen, geht sie in den Hintergrund unseres Bewußtseins und unserer Erinnerung, und es wird beinahe unmöglich, einen Satz in dieser Fremdsprache zu formulieren, bis wir wieder geübt haben.

Einsichten müssen umgesetzt werden, sonst haben wir sie umsonst gehabt. Wir müssen nach ihnen und mit ihnen leben. Das ist manchmal etwas schwierig, obwohl man annehmen sollte, daß die Einsicht, daß nur Wunschlosigkeit Frieden bringt, uns dazu anregt, wunschlos zu werden. Aber das ist nicht immer der Fall. Da wir das Gefühl haben, daß unsere Wünsche erfüllt werden, bemerken wir den Druck nicht, den unser Wunschdenken erzeugt. Wenn wir unsere Gefühle genauer untersuchen, können wir feststellen, daß der Wunsch Unruhe bringt, manchmal sogar massive Unruhe und dabei auch noch das schlechte *Karma* der Begierde. Dabei kommt es natürlich auch auf die Art des Wunsches an. Auf keinen Fall bringt der Wunsch Frieden.

Wenn wir erkannt haben, daß wir durch die dritte Vertiefung einen Schritt zur Befreiung kennengelernt haben, nämlich die Wunschlosigkeit, und uns danach richten, dann kann das bedeuten, daß unser tägliches Leben um vieles erleichtert wird. Selbstverständlich sind bei einem unerleuchteten Menschen die Wünsche und Begierden immer noch vorhanden, aber es fällt uns leichter loszulassen, wenn wir schon einmal den Frieden der Wunschlosigkeit erlebt haben. Vielleicht erinnern wir uns daran, daß Loslassen das Schlüsselwort für spirituelles Wachstum ist. Es handelt sich nicht um massive materielle Begierden, sondern es kann auch der Wunsch sein, daß Menschen anders sein sollten als sie sind. Das ist ein typischer, häufig erscheinender Wunsch. Vor allem geht es um die Menschen, mit denen wir viel zu tun haben. Das bringt jedoch nichts als *Dukkha*. Sollten diese Menschen sich ändern wollen und können, so müssen sie das selbst machen. Daß wir uns das wünschen, ist nichts anderes als Unfrieden im eigenen Herzen. Der Wunsch kann so weit gehen, daß wir sogar versuchen, diese Menschen zu ändern, was immer erfolglos ist. Bei unserer eigenen Änderung hingegen gibt es Erfolge, wie wir selbst deutlich merken können.

Wir haben auch öfter Wünsche, Dinge zu erfahren, die wir nicht wissen, die uns aber auf dem spirituellen Läuterungsweg auch nicht weiterhelfen, sondern die einfach den Denkprozeß ankurbeln. Nichts davon bringt Frieden, alles sind Ablenkungen. Wenn wir wissen, wieso wir uns auf diese Weise beschäftigen, haben wir wenigstens die errungenen Einsichten benutzt. Dann wird es uns auch ab und zu gelingen, unsere Wünsche fallenzulassen.

Die Wunschlosigkeit der dritten Vertiefung ist ein Resultat der Freude, die wir in der zweiten Vertiefung gehabt haben, so daß sich eine innere Zufriedenheit ausbreiten kann, die sich wie ein felsenfestes Fundament anfühlt. Dieses Fundament des Gefühlslebens fehlt den meisten Menschen; sie sind von ihrer Umgebung abhängig. Durch ständiges Üben der dritten Vertiefung werden unsere Emotionen zuverlässig, so daß wir auf sie bauen und ihnen vertrauen können. Das stärkt unser Selbstvertrauen, was bei der spirituellen Entwicklung wichtig ist.

Bei der Beobachtung eines Kleinkindes, das gerade laufen lernt und immerzu hinfällt, sehen wir, daß es immer wieder aufsteht und weiter übt. Es hat Selbstvertrauen, daß es das Laufen unbedingt meistern wird. Hier sehen wir, was Selbstvertrauen bedeutet. Es ist eine Ankurbelung unserer Fähigkeiten. Hier sind wir mit der Ankurbelung unserer spirituellen Fähigkeiten beschäftigt. Selbstvertrauen ist keine Überheblichkeit, sondern einfach ein Gefühl, daß unsere ungeübte Willenskraft, die wir alle besitzen, jetzt ins Spiel kommt und uns den Weg öffnet. Selbstvertrauen bringt Vertrauen in das, was wir tun, mit sich. Es verhindert zu einem großen Teil die Zweifelsucht, die noch mehr Unruhe und Rastlosigkeit in unser Leben bringt und ein massives Hindernis ist. Alles, was wir tun können, um ihr entgegenzuarbeiten, unterstützt unser Wachstum. Wenn Zweifelsucht, Unruhe und Rastlosigkeit verkleinert sind, so sind das enorme Änderungen in unserem Innenleben.

Öfter einmal wird berichtet, daß in der Meditation gar nichts geschah. Wenn das der Fall wäre, bräuchten wir nicht zu meditieren. Wenn wir glauben, „es war gar nichts", dann bedeutet es im allgemeinen, daß wir endlich aufgehört haben zu denken. Wahrscheinlich wurde dabei vergessen, das Gefühl klar zu erkennen, weil es schon beglückend war, endlich einmal keine Gedanken zu haben. Nur wurde die Beglückung nicht genügend gewertet.

Die Emotionen sind der Weg der Meditation. Die Einsichten sind die daraus entstehenden Resultate. Die Ursache sind die Ruhe und die Läuterung, die durch Konzentration automatisch stattfindet. Ein zufriedener Geist ist zu der Zeit rein und geläutert, bis er wieder seine alten Gedankenmuster aufnimmt und reagiert und agiert. Das macht er gewöhnlich aber erst nach der Meditation. Die Reinheit ist nicht nur ein Glück für uns allein. Sie verbreitet sich auch um uns herum.

Wir sollten nie vergessen, daß jeder von uns seine persönliche Ausstrahlung hat. Man kann so viele schöne oder schreckliche Geschichten erzählen, wie man will, jeder Mensch merkt die Ausstrahlung eines anderen. Der Buddha wurde einmal gefragt, ob er allwissend sei, was man ja eigentlich bei einem Buddha annimmt. Daraufhin hat er gesagt: „Ich weiß all das, wohin ich meinen Geist richte." Also nicht alles zur gleichen Zeit, sondern nur das, worauf er sich konzentrierte. Vielleicht könnten wir uns das als eine richtunggebende Anweisung merken. Wohin wir unseren Geist lenken, da ist er, und wo unser Geist ist, da sind wir.

Die dritte Vertiefung ist die Ursache für die vierte

Vertiefung. Der Frieden, der in der dritten Vertiefung zu spüren ist, ist noch mit einem starken Beobachter behaftet. Die vierte Vertiefung unterscheidet sich von der dritten dadurch, daß der Beobachter so verkleinert ist, daß wir ihn kaum spüren. Wir können nach der vierten Vertiefung wohl erzählen, was wir erlebt haben, und das kann man nur, wenn ein Beobachter vorhanden ist. Weil aber die vierte Vertiefung absolute Stille in sich trägt, ist auch der Beobachter um vieles kleiner. Wir müssen dabei den Mut haben, zeitweilig unser »Ich« sehr einzuschränken. Daher ist die vierte Vertiefung nicht mehr ganz so einfach wie die ersten drei Vertiefungen, die lediglich ein Resultat von Konzentration sind.

Die vierte Vertiefung verlangt schon etwas mehr von uns, vor allem uns so hinzugeben, daß wir die Ichbestätigung kaum spüren. Wenn wir schon Einsichten gesammelt haben und unsere Konzentration gut ist, sollte uns das nicht allzu schwer fallen. Wir können die vierte Vertiefung damit vergleichen, in den Ozean einzutauchen und unter der Wasseroberfläche zu verschwinden. Das heißt, daß wir gewillt sind, uns selbst zeitweilig aufzugeben. Jeder, der schon einmal getaucht ist, weiß, wie schön es sich unter Wasser anfühlt. Wenn wir tauchen, wissen wir, wir kommen wieder hoch, und das gleiche gilt für die vierte Vertiefung auch. Aber dieses Wissen darf unser Tauchen nicht behindern, dann kommen wir nicht weit, sondern bleiben ganz dicht unter der Oberfläche.

Die vierte Vertiefung bringt die Einsicht, daß die

absolute Stille, die wir dort erleben, nur möglich ist, wenn wir unsere Ichbezogenheit immer mehr loslassen. Je mehr wir das »Ich« verkleinern, desto einfacher ist das Leben. Wenn wir wirklich Ruhe und Stille haben wollen, dann müssen wir das in der vierten Vertiefung üben.

Wir können den Unterschied zwischen der dritten und vierten Vertiefung auch mit »in einen Brunnen steigen« vergleichen. In der dritten Vertiefung können wir am Anfang auf dem Brunnenrand sitzen und uns allmählich etwas weiter herunterlassen, wobei es immer ruhiger und stiller wird. Aber ganz still ist es erst am Boden des tiefen Brunnenschachts in der vierten Vertiefung. Diese Vorstellung ist für jeden hilfreich, der visuell veranlagt ist. Auch wenn wir nicht visuell veranlagt sind, waren wir ja sicherlich schon einmal im Meer und sind unter die Wellen getaucht. Wir können uns das daher verdeutlichen.

Das erste Mal werden wir vielleicht nur eine Sekunde untertauchen. Das genügt natürlich nicht. Allmählich werden wir das große Glück dieser Stille empfinden. Aber weder Glück noch Beseligtsein noch Freude drücken das Erleben aus. Daher wird die vierte Vertiefung auch häufig die Vertiefung des Gleichmuts genannt, weil die Emotionen zu dieser Zeit nur auf Stille ausgerichtet sind. Es passiert nichts, außer absoluter Ruhe und das Versunkensein in sich.

Dieses Gefühl kann uns helfen, eine Vorstellung von *Nibbāna* zu bekommen, wenn unsere Einsichten Schritt gehalten haben. Daß so gut wie nichts passiert, ist ein Muster dafür, was sein könnte. In unserem täglichen Leben passiert jede Sekunde etwas. Nicht unbedingt etwas Äußerliches, aber der Geist hat ständig zu tun. Er ist im Prinzip total überarbeitet. Sollten wir in den Ruhestand gehen, so fühlt er sich zwar nicht mehr so unter Druck, aber er ist genauso überarbeitet wie immer. Von morgens bis abends ist er unaufhörlich beschäftigt. Wieso? Weil das unsere Ichbestätigung ist. Wir können nur wissen, daß wir hier sind, solange wir denken oder beobachten. Daher ist die vierte Vertiefung nicht ganz einfach, weil das Wissen darum, daß wir da sind, sehr vermindert ist.

Wenn wir die Stille erlebt haben und dann aus der Vertiefung herauskommen, so bringt das ein Gefühl mit sich, als ob wir aus der Tiefe wieder auftauchen. Dem könnte sogar ein Gefühl des Fallens vorausgegangen sein. In Wirklichkeit fallen wir nicht und sind auch nicht tiefer gegangen, aber der Geist ließ sich fallen und hat nicht angehaftet. Daher ist die vierte Vertiefung ein enormes Übungsfeld für das Loslassen. Wir sollten nach den ersten drei Vertiefungen versuchen, die vierte Vertiefung zu erleben. Der Buddha hat gesagt, daß wir nicht auf irgendeinen Glückszufall zu warten brauchen, sondern absichtlich die weiteren Vertiefungen üben sollten.

Da in der vierten Vertiefung überhaupt nichts geschieht, sondern nur Stille herrscht, hat der Geist endlich einmal die Möglichkeit, sich auszuruhen. In der Nacht, wenn wir schlafen, träumen wir. Am Tage, wenn wir wach sind, denken, reagieren oder phantasieren wir. Daher haben wir hier die weitaus beste Gelegenheit, die wir bisher kennengelernt haben, um den Geist zu regenerieren. Man könnte sagen, daß die vierte Vertiefung ein Jungbrunnen für den Geist ist. Wenn der Geist neue Kraft und Energien aufgenommen hat, dann ist er auch fähig, viel klarer zu sehen. Er läßt sich nicht von all den Dingen blenden, die uns in der Welt reizen. Unser Zugang zu der weltlichen Ebene verändert sich.

Weil die Vertiefungen diese Resultate mit sich bringen, sind sie der Weg zur Befreiung. Es ist auch möglich, die Befreiung zu erleben, ohne die Vertiefungen kennengelernt zu haben, aber es ist um vieles schwieriger. Die Vertiefungen erleichtern uns nicht nur den Weg, sondern sind sogar Muster dafür, was Freiheit sein könnte, so daß wir uns danach ausrichten können. Der Begriff ist dann nicht mehr völlig fremd oder unvorstellbar.

Die ersten vier Vertiefungen werden die feinkörperlichen Vertiefungen genannt. Obwohl sie Erlebnisse neuer Art vermitteln, sind diese noch denjenigen ähnlich, die wir mit dem Körper und seinen Sinnen erfahren, nur viel subtiler und unabhängig von Sinneskontakten.

Alle Erkenntnisse müssen nach Beendigung der Meditation untersucht werden. Wenn wir sie während der Meditation untersuchen, so unterbrechen wir die Konzentration und stören die heilsamen Resultate der Vertiefung. Erst kommt das Erleben und dann das

Erkennen, also erkanntes Erleben, was uns Weisheit vermittelt.

Weisheit bedeutet Klarblick oder Einsicht und ist nicht so einfach zu finden in der Welt. Durch Fragen und Antworten erlangen wir keine Weisheit, sondern bekommen nur Anweisungen. Diese hat der Buddha immer wieder gerne gegeben. Aber das Erkennen unseres eigenen Erlebens ist der Weg in die Freiheit. Die dritte Ebene des Glücks bringt neue Bewußtseinsebenen mit weiten Horizonten und tiefen Perspektiven, die uns ohne die Meditation für immer verschlossen bleiben würden.

VIII

Die dritte Ebene des Glücks:

Erlebbare Unendlichkeit

Manches Mal hat der Buddha nur die ersten vier Vertiefungen in seinen Lehrreden erklärt, öfter aber auch alle acht Vertiefungen. Die ersten vier finden wir in allen Lehrreden, in denen er den Weg von unserem gewöhnlichen Bewußtsein zum *Nibbāna*-Bewußtsein beschreibt. Der berühmteste Kommentar der *Theravāda*-Tradition ist die *Visuddhi-Magga*, auf Deutsch »Der Weg zur Reinheit«, im 5. Jahrhundert von dem Mönch Buddhaghosa geschrieben. Dort sind die Vertiefungen und die verschiedenen Meditationsmethoden detailliert beschrieben. Wenn wir aber spirituelle Bücher nur lesen, um unserem Interesse stattzugeben, so hilft uns das nicht auf dem Pfad der Läuterung weiter. Dafür müssen wir uns bemühen, das Gelesene auch in Gedanken, Worten und Taten umzusetzen. Um uns selbst und unsere Lebensqualität zu verändern, um ständig glücklich zu sein, müssen wir den Übungsweg gehen. Jede Kleinigkeit, die wir neu verinnerlichen, verändert schon unser Leben.

Die formlosen Vertiefungen heißen auf Pali »*Arūpa-Jhānas*«, wörtlich »nicht-körperlich«, besser übersetzt mit formlos. Die vierte Vertiefung ist das Sprungbrett dorthin. Interessanterweise geschieht es häufig, daß Meditierende die vierte Vertiefung auslassen und von der dritten zur fünften Vertiefung kommen. In der fünften Vertiefung ist der Beobachter voll vorhanden, wogegen er sich in der vierten Vertiefung sehr im Hintergrund halten muß; daraus resultieren die Schwierigkeiten mit der vierten Vertiefung. Wir können nicht totale Stille erleben, solange wir sie beobachten und eventuell noch kommentieren: „Ach, wie schön die Stille ist." Allein schon das Wort »Stille« genügt, um die Stille zu unterbrechen. Bei der fünften, sechsten und auch noch bei der siebenten Vertiefung ist der Beobachter in Funktion. Bei der achten Vertiefung ist er beinahe vollkommen verschwunden. Es ist nicht falsch, von der dritten Vertiefung zur fünften Vertiefung zu gehen, aber eines Tages sollten wir alle Vertiefungen kennenlernen, um aus jeder die dazugehörende Einsicht zu erlangen.

Wenn wir uns nicht genügend konzentrieren können, um in die erste Vertiefung zu gelangen, so liegt das im allgemeinen daran, daß uns die Hingabe fehlt. Wir wollen noch einmal auf das Gleichnis von der mit warmem Wasser gefüllten Badewanne zurückgreifen. Wir wissen, daß sie auf uns wartet und daß das warme Bad uns sehr guttun wird. Statt uns aber hineinfallen zu lassen, erwägen wir erst: „Kann ich die Badezimmertür auch abschließen? Wenn das nicht geht, könnte mich jemand stören. Das warme Wasser wird wieder kühl werden und ist dann nicht mehr gemütlich. Kann ich morgen wieder ein warmes Bad haben?" So könnten wir uns lange beschäftigen, ohne je ein Bad zu nehmen. Was wäre da auch nachzudenken? Wir wissen, daß ein warmes Bad äußerst angenehm ist. So sollte es möglich sein, sich ohne diese vielen Einwände ganz hingebungsvoll fallen zu lassen.

Wenn wir die erste Vertiefung noch nicht erlebt haben und nicht wissen, wie es sich anfühlt, dann fehlen oft Willenskraft, Mut, Hingabe und Vertrauen. Das letztere am meisten. Wenn wir uns nicht konzentrieren können, fehlt es ganz bedenklich an Vertrauen. Denn wir müssen ja vertrauen, daß dieses warme Bad uns gut tun wird. Wir haben auch unerschütterliches Vertrauen, daß wir in der Badewanne nicht ertrinken werden. Obwohl wir wahrscheinlich das warme Wasser gerne spüren möchten, hält uns unsere Zweifelsucht zurück. Es könnte doch anders sein als wir gehört haben. Wir selbst sind ja ein besonderer Mensch, also haben wir wohl auch ganz besondere Reaktionen.

Vertrauen, Hingabe und Liebe gehören zusammen. Wenn eines fehlt, fehlen alle. Selbst der Wunsch sich hinzugeben, genügt alleine nicht. Vertrauen ist der Anfang der Praxis. Was arbeitet gegen Vertrauen? Nicht nur die Zweifelsucht, die persönliche Kritik, die Egobestätigung, sondern vor allem Angst. Wenn wir das erkennen, können wir etwas dagegen tun. Andernfalls könnte es sein, daß wir glauben, unser dringender Wunsch, endlich die erste Vertiefung zu erleben, beinhaltet schon alle nötigen Fähigkeiten. Wir sind viel zu komplizierte Wesen, um mit einem Wunsch schon alle anderen Eigenschaften, die wir brauchen, zu erwerben.

Die Angst vor dem Neuem und Unbekannten ist das Hindernis, das Vertrauen blockiert. Wir können untersuchen, wie wir uns im täglichen Leben benehmen. Machen wir immer nur das Gewohnheitsmäßige und lehnen alles Neue ab, nach dem Motto: „Wozu ist das denn nötig? Es ging doch bis jetzt ganz gut!" Oder greifen wir Neues sofort auf und sagen: „Etwas Neues erweitert den Horizont. Das möchte ich erleben." Wie stehen wir dem Neuen gegenüber? Das kann sich auch um Kleinigkeiten handeln, wie zum Beispiel eine neue Art der Essenszubereitung. Wenn wir erkennen, daß wir Angst vor Neuerungen haben, dann können wir mit Sicherheit annehmen, daß wir Angst haben, uns meditativ fallenzulassen. Eine Badewanne hat schließlich einen Boden. Da können wir nicht ins Unendliche fallen. Wer fängt uns auf, wenn wir uns wirklich in die erste Vertiefung fallenlassen sollten? Derartige Ängste sind natürlich aus althergebrachten Gedankenmustern entstanden und unterbinden die Meditation. Können wir sie nicht loswerden, haben wir einen sehr schwierigen Weg.

Aus der *Visuddhi-Magga* kommen folgende Gleichnisse für die erste bis zur vierten Vertiefung. Ein Mensch wandert durch die Wüste und kann kein Wasser finden. Er ist schon fast verdurstet. In der Ferne sieht er einen Wassertümpel. Er wird glücklich erregt und geht schnurstracks auf diesen Wassertümpel zu. Der Durst in der Wüste ist die Sehnsucht nach Vollkommenheit, von der wir entweder wissen oder ahnen, daß sie uns bewegt. Im allgemeinen versuchen wir, diese Sehnsucht mit Dingen zu beschwichtigen, die niemals Erfüllung bringen können. Vor allen Dingen suchen wir bei anderen Menschen Halt, aber diese können nicht Vollkommenheit enthalten, denn sie suchen ja dasselbe. Wenn wir wissen, daß wir die unbefriedigte Sehnsucht in uns tragen, dann spüren wir den Durst noch deutlicher.

Das Gleichnis des Wassertümpels bedeutet für die erste Vertiefung, daß wir die Erfüllung unserer Wünsche in der Ferne sehen und geradewegs darauf zusteuern. Wir können das Gefühl als freudige Erregung bezeichnen.

Dann stehen wir direkt an dem Wassertümpel und sind voller Freude, daß wir das gefunden haben, was wir schon lange gesucht haben. Das ist das Gleichnis für die tiefe Freude der zweiten Vertiefung. Wir haben jetzt ein Heim für den Geist gefunden, das wir nicht zum körperlichen Überleben benötigen, aber zum Erleben einer gehobenen Lebensqualität. Wir sind zutiefst glücklich, nun dort angekommen zu sein, wo wir unseren Durst löschen können.

Als nächstes beugen wir uns zum Wasser nieder und trinken, bis der Durst gelöscht ist. Die Zufriedenheit der dritten Vertiefung ist hier beschrieben. Wir haben bekommen, was wir wollten, und verspüren keinen Durst mehr. Weil wir zufrieden sind, fühlen wir uns auch friedlich. Vorher, als wir noch unter furchtbarem Durst litten, waren wir unruhig, rastlos, verängstigt. Alles war bedrohlich, denn nirgends schien es eine Unterstützung für unser Leben zu geben. Ohne Wasser können wir nicht lange am Leben bleiben.

Dann, nachdem wir nun das bekommen haben, was wir so dringend gesucht hatten, und unseren Durst total gelöscht haben, gehen wir zu einem nahen Baum, legen uns in seinen Schatten und ruhen uns von den großen Anstrengungen dieser Wüstenwanderung aus. Das symbolisiert die vierte Vertiefung.

Die Wüste, in der wir herumwandern, ist sehr bevölkert, mit allen möglichen, größtenteils nett aussehenden und liebenswürdigen Menschen. Sie hat wunderschöne Pflanzen, Anhöhen und Täler. Weil diese Wüste von anderen Menschen als das Optimale angesehen wird, wo wir uns besorgen können, was wir haben wollen, ist uns gar nicht klar, daß wir eigentlich in einer Wüste sind und verdursten. Wäre uns das klar, würden wir, sobald wir einen Wassertümpel gezeigt bekommen, schnurstracks darauf zu gehen, uns riesig freuen und das Wasser, die Labung des Innenlebens, zu uns nehmen. Ohne Ängste, ohne Kritik, ohne Zweifel, ohne irgendwelche mentalen Erklärungen, sondern würden einfach trinken. Wir versuchen immer, den Durst der Seele auf der ersten Ebene des Glücks zu stillen. Anders als der körperliche Durst läßt er sich nicht dauerhaft auf der Sinnesebene löschen. Wir haben viele Ideen, wie wir unseren spirituellen Durst stillen könnten. Wer wirklich in der Wüste wandert, hat keine Ideen; der weiß ganz genau, daß das einzige, was er braucht, Wasser ist.

In spirituellen Gleichnissen wird Wasser sehr häufig als Symbol benutzt, weil es Reinheit und fließende Veränderung bedeutet, aus einer Quelle entspringt und Labung bringt.

Die fünfte Vertiefung wird »unendlicher Raum« genannt. Sie ist die erste der formlosen Vertiefungen und daher *»arūpa«*, »nicht-körperlich«. Dieses Erlebnis können wir in unserem Alltagsbewußtsein noch nicht einmal annähernd kennenlernen. Die Gefühle der formlosen Vertiefungen sind absolutes Neuland. Wenn wir sie irgendwo beschrieben sehen, kann es leicht passieren, daß wir darüber hinweglesen, weil es sich fremd, seltsam und unverständlich anhört. Was ist unendlicher Raum? Was kann ich damit anfangen?

Das Herauskommen aus der vierten Vertiefung ist ein Gefühl, als ob wir aus der Tiefe auftauchen und uns in die Höhe und Weite begeben. Da der Geist völlig konzentriert ist und bleibt, hat er am Ende der vierten Vertiefung ein verringertes Körpergefühl.

Um uns der fünften Vertiefung zu nähern, können wir zu den Grenzen des Körpers gehen, wie wir sie noch verspüren und sie ausweiten. Ein konzentrierter Geist kann das ohne weiteres. Wir erweitern sie so weit, daß wir vielleicht an die Grenzen des Raumes kommen, in dem wir uns befinden. Dann nehmen wir die Grenzen dieses Raumes und weiten sie wiederum aus, bis wir an die Grenzen der Umgebung kommen. Der Buddha hat zum Beispiel gesagt, bis an die Grenzen des Dorfes. Dann weiter zu dem Wald, der das Dorf umgibt, bis wir die Grenzen des Waldes verspüren. Dann dehnen wir die Grenzen bis zum Horizont aus und erweitern zum Beispiel den Himmel bis in die Unendlichkeit.

Dieses sind die Einzelschritte, die der Buddha erwähnt hat. Sie sind nicht immer nötig. Ein Geist, der sich gut konzentrieren kann, ist fähig, sich direkt aus der Stille der vierten Vertiefung ohne diese Zwischenschritte in den unendlichen Raum zu begeben. Wir können einen oder mehrere Zwischenschritte benutzen oder keine. Im allgemeinen ist es am einfachsten, die Grenzen des Körpers zu verwenden. Denn unseren Körper kennen wir und können ihn uns als »Ausdehnungsmaterial« vorstellen. Die Ausdehnung geht immer weiter und weiter, bis überhaupt keine Grenzen mehr zu finden sind. Manche berichten, es sah alles grau aus oder weiß oder schwarz. Die Farbe ist jedoch nicht das Meditationsobjekt. Das Meditationsobjekt ist die Unendlichkeit der Ausdehnung, wo kein Ende, keine Grenze mehr zu finden ist.

Wenn wir das Erleben in der fünften Vertiefung genau beobachten, dann besteht die daraus entspringende Einsicht darin, daß in dem unendlichen Raum nicht ein einziger solider Bauklotz zu finden ist, inklusive uns selbst. Diejenigen, die schon öfter die Lehre des Buddha gehört oder gelesen haben, können vielleicht daraus entnehmen, daß das ein wichtiger Schritt ist, um uns zu der vollen Befreiung zu verhelfen. Denn die Befreiung besteht darin, daß wir keinerlei Solidität und Kompaktheit mehr empfinden und bereit sind, uns aufzulösen. Dazu gehört Übung, und wir können nicht erwarten, daß das jetzt gleich geschieht. Aber wenn wir den unendlichen Raum erleben, kann uns dieses Erlebnis verdeutlichen, daß die Wahrheit so aussieht. Anschließend kommt die Frage: „Wer sitzt denn dann hier und meditiert?“ nicht mehr hoch. Wir haben etwas anderes erlebt.

Das eigene Erleben ist das Bedeutsame. Die Erklärungen sind nur Hinweise. Der Buddha hat sich selbst einen Wegweiser genannt. Wegweiser sind äußerst praktisch. Sie stehen überall und zeigen an, wohin man fahren kann. Wir brauchen sie nur lesen zu können. Hier brauchen wir im Prinzip auch nur lesen zu können. Aber den wenigsten gelingt das. Was wir bei gewöhnlichen Wegweisern tun, um an unser Ziel zu gelangen, ist, ihnen genauestens zu folgen. Wissen wir, wo wir hinwollen, und folgen wir den Wegweisern, die dort hinzeigen, oder haben wir unsere eigenen Ideen? Wenn wir auf der Autobahn unsere eigenen Ideen walten lassen, kommen wir sicherlich nicht an unseren Bestimmungsort. Im Gegenteil, wir sind äußerst dankbar für die schönen großen Hinweisschilder und folgen ihnen.

Die erste Ebene hält uns davon ab, vertrauensvoll und tatkräftig die Anweisungen umzusetzen. Wir möchten es nur angenehm haben und denken: „Man gönnt sich ja sonst nichts.“ Auf diese Weise kommen wir nicht dahin, wo wir hinwollen. Aber wo wollen wir eigentlich hin? Wissen wir das wirklich? Oder suchen wir überall herum, wo etwas geschrieben steht, wo andere an etwas glauben oder wo wir Bestätigung finden können?

Der Buddha war ein Reformer und Pionier. Er hat sich den damaligen Gepflogenheiten nicht angepaßt, sondern einen ganz neuen Weg gebahnt und ein neues Endziel gezeigt. Wir müssen einmal feststellen, ob wir diesen Wegweisern folgen wollen, und wenn ja, wo wir damit hinwollen. Wollen wir die Fähigkeit unseres Geistes einmal wirklich ausnutzen? Auf der materiellen Ebene haben wir das schon lange Zeit probiert. Je mehr wir uns dort engagieren, desto mehr Anerkennung, Gehalt und Möglichkeiten bekommen wir. Aber auf der spirituellen Ebene könnten wir unser Potential genauso entwickeln. Jeder menschliche Geist hat die Fähigkeit dazu. Wenn wir das als wertvolle Arbeit sehen, brauchen wir die ersten vier Vertiefungen als Einstieg, was die nächsten Vertiefungen nach sich zieht. Wir erkennen, daß wir in den ersten vier Vertiefungen begrenztes Erleben mit begrenzten Einsichten bekommen haben, und wollen uns noch weiter entfalten. Die fünfte Vertiefung ist eine Entfaltung des Geistes in den unendlichen Raum.

Raum ist Materie. Daher ist in diesem unendlichen Raum kein Körper zu finden, vor allen Dingen kein eigener Körper, der sowieso in der Vertiefung kein Thema ist. Wenn wir dann aus der fünften Vertiefung herausgekommen sind und die folgenden drei Schritte gemacht haben: 1. Rekapitulieren, wie wir dahin gekommen sind, 2. feststellen, daß auch dieses Erleben vergänglich ist und 3. feststellen, daß kein Körper zu finden war, dann müssen wir diese Einsicht in unser Erleben im Alltag umsetzen.

Wie können wir uns zum Beispiel über jemanden ärgern, der im unendlichen Raum gar nicht als separate Einheit existiert hat? Wenn wir diesen Menschen irgendwo sitzen, gehen oder stehen sehen, reizt uns also seine scheinbare Solidität, uns zu ärgern, zu reagieren oder etwas zu begehren. Was begehren wir denn? Begehren wir die äußere Hülle? Das Innere kennen wir gar nicht. Also können wir doch nur die äußere Hülle begehren. Wozu? Sobald wir uns im unendlichen Raum wiederfinden, existiert diese Hülle nicht. Diese Begierden bringen uns immer wieder auf eine Ebene, auf der wir nur noch das Äußere sehen. Der Buddha hat für die Sinnesbegierde das Gleichnis eines Wassertümpels voller bunter Farben gegeben. Man kann in diesem Tümpel gar keine Klarheit mehr bekommen. Alles um uns herum hat wunderschöne Farben. Es gibt keinen Grund, sich nicht daran zu erfreuen. Wieso müssen wir sie begehren?

Wir können und müßten in der Lage sein, unsere Erlebnisse in der Vertiefung, die wir im Anschluß daran in Erkenntnisse umsetzen, auch zu benutzen. Das bedeutet, daß wir uns an sie erinnern und sie immer wieder als eine erlebte Tatsache verinnerlichen. Unsere Handlungen sollten damit übereinstimmen. Wenn das nicht der Fall ist, so leben wir im Zwiespalt zwischen dem, was wir erlebt haben und dem, was wir im täglichen Leben tun. Das ist äußerst unangenehm für uns und andere. Im allgemeinen bekommt in diesem Zwiespalt die erste Ebene des Glücks die Oberhand. Das ist so eine Art Wettrennen, aber das Ergebnis ist meistens vorher schon bekannt. Wir machen lieber alles so, wie es schon immer war, als daß wir uns daran halten, was wir zum Beispiel in der fünften Vertiefung erlebt haben. Wieso? Es ist schwerer, diese Erkenntnisse umzusetzen und sie zu manifestieren als einfach mit dem Strom der Allgemeinheit mitzuschwimmen. Wir reden uns ein, daß wir dann weniger Anstoß erregen, weil uns sonst ja niemand verstehen würde.

Wir brauchen aber nichts zu erklären. Dann gibt es keine Schwierigkeiten des Nicht-Verstehens. Wenn jemand etwas verstehen will, fragt er im allgemeinen. Wenn wir nicht gefragt werden, so ist es bestimmt nicht unsere Sache, zum Verständnis anderer Handlungsweisen beizutragen. Die Entschuldigung, daß Partner, Arbeitskollegen oder Freunde ganz andere Prioritäten haben, ist nur eine Rechtfertigung, um uns wieder mit unseren gewohnheitsmäßigen Gedanken und Gefühlen zu beschäftigen. Es ist viel leichter, einen hohen Berg, den wir schon ein Stück erklommen haben, wieder herunterzurutschen als weiter heraufzuklettern. Wir brauchen viel mehr Kraft zum Klettern. Herunterrutschen kann jeder.

Der Buddha hat es anders ausgedrückt. Er hat gesagt: „Es gibt kein Stehenbleiben. Entweder geht es aufwärts oder abwärts.“ Wir können uns nicht auf unseren Lorbeeren ausruhen, was für Vertiefungen und Einsichten wir auch bisher gehabt haben, wie sehr wir auch glauben, alles verstanden zu haben oder wie weit die Meditation schon entwickelt ist. All dies mag stimmen, aber wir müssen ständig üben, sonst gleiten wir ab und landen wieder auf der untersten Ebene.

Nach der fünften Vertiefung erleben wir die bedeutsame Einsicht, daß es im unendlichen, grenzenlosen Raum nichts gibt, was wir »Ich« nennen können. Vor allem gibt es auch nichts, an dem wir uns festhalten können, was uns Sicherheit verschaffen würde und uns helfen würde, so zu bleiben, wie wir sind. Nichts davon ist zu finden. Der unendliche Raum ist leer von allem, was wir uns vorgestellt haben.

Der Buddha hat gesagt, daß eine Vorstellung von diesen Vertiefungszuständen hilfreich ist. Es ist, als ob wir uns eine Blaupause machen. Wenn ein Baumeister ein Haus bauen will, kann er nicht einfach Holzstämme nehmen, sie in die Erde rammen und aneinander nageln. Er muß schon wissen, wie das Haus einmal aussehen soll. Genauso ist es hier auch. Wir können uns zum Beispiel einen Raum vor Augen führen, der von vier Wänden begrenzt und voll mit Kissen, Decken, Lampen, Menschen, Heften und Stiften ist. Wenn wir diesen Raum betreten, dann sehen wir das alles und können es auch benennen. Die Optik ermöglicht es dem Geist, diesen Dingen Namen zu geben. Jetzt entfernen wir alles aus dem Raum:

Alle Menschen, alle Decken und Kissen, alles, was zu finden ist, und stellen fest, daß der Raum leer ist. Das bedeutet also nicht, daß wir in der fünften Vertiefung nichts erleben. Wir erleben, daß der unendliche Raum leer ist. Genauso wie wir, wenn wir in diesen Raum herein kämen und alles herausgeräumt wäre, diesen Raum als leer erleben würden. Das Wort »leer« wird sehr häufig mit dem Wort »nichts« verwechselt, und daraus entsteht große Verwirrung. Die »Leere« ist als Erlebnis nicht zu bezweifeln; es kann nur am fehlenden Verständnis liegen, erkennbar daran, daß wir die »Leere« nicht verinnerlichen können.

Von der fünften zur sechsten Vertiefung kann ein sofortiger Bewußtseinswechsel geschehen, denn nur das unendliche Bewußtsein erlebt den unendlichen Raum. Ein begrenztes Bewußtsein erlebt nur einen begrenzten Raum. Wir ändern das Erleben des unendlichen Raumes absichtlich in das Erleben des unendlichen Bewußtseins, das alles umfaßt. Das wäre der einfachste Weg. Wir können das mit dem Übergang von der ersten in die zweite Vertiefung vergleichen. In der ersten Vertiefung gibt es das Empfinden, und die Freude der zweiten Vertiefung kommt unweigerlich damit hoch. Dann lassen wir das entzückende Empfinden fallen und gehen zur Freude über. Hier beim unendlichen Raum ist das unendliche Bewußtsein gleichzeitig vorhanden, und wir lassen das eine fallen und gehen zu dem anderen über.

Wenn uns das nicht gelingt, so können wir uns noch einmal besinnen und unsere Wahrnehmung untersuchen. Was nehmen wir jetzt im Moment wahr? Vielleicht nehmen wir wahr, daß wir sitzen, atmen oder denken. Wir überlegen, wie das unendliche Bewußtsein überhaupt möglich ist. Wenn wir merken: »Ich« denke, dann lassen wir das fallen und gehen vom Gefühl des »Ich«-Denkens in die Weite. Wir können in der gleichen Art, wie wir beim Körper angesetzt haben, auch bei der Denktätigkeit ansetzen und weiter und weiter in den Raum hinausgehen, bis er so unendlich ist, daß das Bewußtsein, das diesen Raum umfaßt, auch unendlich ist. Dieser Weg ist zwar etwas aufwendiger, aber manchmal notwendig. Wir sollten eine Vorstellung davon haben, wie es möglich ist, dem unendlichen Bewußtsein nahe zu kommen.

Durch das unendliche Bewußtseinserlebnis wird es uns nachher klar, daß keine Person mit einem eigenen Bewußtsein zu finden war und es kein Getrenntsein oder Separierung gibt, sondern nur Bewußtsein. Dadurch werden die Worte »universelles« oder »kosmisches« Bewußtsein bedeutsam. Es existiert und ist erlebbar.

Wenn sich dieses Erleben in Geist und Herz verinnerlicht hat, dann gibt es keine Frage mehr für uns, daß wir Verantwortung für unsere Bewußtseinszustände und Gedanken übernehmen, weil wir wissen, daß sie sich alle im universellen Bewußtsein niederschlagen. Kaum ein Mensch wäre interessiert daran, das universelle Bewußtsein zu beschmutzen. Das eigene Bewußtsein beschmutzen wir scheinbar ohne Zögern, sonst würden nicht so viele Negativitäten im

Umlauf sein. Aber vor dem universellen Bewußtsein haben die meisten Menschen einen gewissen Respekt. Natürlich können wir diese Verantwortung auch übernehmen, wenn wir die fünfte und sechste Vertiefung noch nicht erlebt haben. Aber nachdem wir sie erlebt haben, wird das zu einer Selbstverständlichkeit. Daher passen wir dann viel mehr auf unsere Gedanken, Emotionen, Begierden und Ablehnungen auf als vorher. Es wird uns nicht immer gelingen, nur das Gute zu manifestieren, und das ist auch gar nicht zu erwarten.

Wir haben durch die sechste Vertiefung die Möglichkeit einer ganz anderen Bewußtseinsebene, und so müßte man annehmen, daß sich unser Leben verändert, nicht nur innerlich, sondern auch äußerlich. Das geschieht nicht, weil wir unbedingt eine Änderung vornehmen wollen, sondern es ist einfach ein Ergebnis des Innenlebens. Wir haben durch die Vertiefungen eine Bewußtseinsebene kennengelernt, angesichts derer der tägliche Ablauf, mit dem wir alle zu tun haben, eine Randerscheinung wird und uns daher nicht mehr sehr aufregen kann.

Der Alltag ist sozusagen die Kulisse im Theaterstück. Ob diese Kulissen grün, blau oder rot angemalt sind, ist nun wirklich nicht wichtig, aber bis jetzt haben wir diese Kulissen sehr ernst genommen. Wir glauben, daß sie unbedingt so sein müssen, wie wir sie uns vorgestellt haben. Im allgemeinen sind sie natürlich oft nicht so. Wir glauben nicht, daß sie zu einem Theaterstück gehören, sondern halten sie für die Wirklichkeit. Dazu kommt noch, daß wir in diesem Theaterstück der Hauptdarsteller sind und alle anderen nur Statistenrollen haben, in denen sie Gegenstände über die Bühne tragen und sich in hübschen Kostümen zeigen. Aber da wir uns alle für Hauptdarsteller halten, funktioniert das Theaterstück überhaupt nicht. Denn jeder hat außerdem noch seine eigene Version geschrieben. Da wir nun alle zusammen schauspielern, jeder aber sein eigenes Stück geschrieben hat, ohne dem anderen den Inhalt mitgeteilt zu haben, kann ja nur Chaos entstehen. Man stelle sich zum Beispiel auf einer Bühne 40 Hauptdarsteller und 40 verschiedene Theaterstücke vor. Und jeder Hauptdarsteller ist gleichzeitig auch sein eigener Regisseur. Das schlimmste Chaos herrscht in den Familien, weil es die Betroffenen sehr in Mitleidenschaft zieht.

Die Bewußtseinsebenen der fünften und sechsten Vertiefung beherbergt kein Theaterstück, da es auch keine Schauspieler gibt, die es aufführen könnten, sondern sich das ganze Universum öffnet und zeigt, daß es nichts enthält, woran wir uns festhalten könnten. Wir können diese Erkenntnis in unser Alltagsbewußtsein mit hineinnehmen, denn wir glauben nicht mehr, daß wir der Hauptdarsteller einer Tragikomödie sind. Wir sehen zwar weiter das Schauspiel um uns herum und müssen auch häufig mitmachen, aber wir überlassen die Hauptrollen gerne anderen, die noch an dieses Theaterstück glauben. Da wir selbst nicht mehr daran glauben, sondern es als eine Ablenkung ansehen, so wie dies ein wirkliches Theaterstück ja auch ist, kann es uns auch nicht mehr in irgendeiner Weise unglücklich machen. Zum Beispiel, wenn es kein Happy-End hat. Es passieren Dinge, die wir nicht geschrieben hätten, aber es ist doch alles auf einer Ebene, die wir schon erkannt und durchschaut haben. Daher ist Gleichmut keine Kunst mehr. Das bedeutet aber nicht Gleichgültigkeit.

Der Gleichmut, der auf dieser Ebene hochkommt, ist von tiefem Mitgefühl für alle Menschen begleitet. Das läßt sich auf der Gefühlsebene vermitteln und muß nicht unbedingt in Worte gekleidet sein.

Sollten wir den Unterschied zwischen Gleichmut und Gleichgültigkeit noch nicht richtig erkannt haben, und das ist auch nicht ganz einfach, dann können wir untersuchen, wieviel Mitgefühl wir mit den Menschen haben, die wir kennen. Aus was besteht unser Mitgefühl? Was ist seine Ursache? Wenn die höheren Bewußtseinsebenen erkannt und erlebt sind, dann ist die Ursache unseres Mitgefühls die Erkenntnis, daß Menschen, die das Schauspiel ernst nehmen, sich einer visuellen und spirituellen Täuschung hingeben und dadurch viel Leid erfahren.

Mitgefühl ist mit Liebe gepaart und hat die Komponenten der Liebe. Mitgefühl ist auch Hilfsbereitschaft, aber es sollte nicht in Missionartätigkeit ausarten. Der Buddha war sehr dagegen, jemand anderen gegen seinen Wunsch zu überzeugen. Er hat immer nur davon gesprochen, daß wir ausprobieren und uns immer wieder hingeben müssen, um selbst die

Wahrheit zu erfahren. Er nannte die Menschen, die seiner Lehre folgen, Übende und nicht Buddhisten. Auch das Wort Buddhismus hat er nie benutzt. Diese Worte sind erst später in Umlauf gekommen. Der Buddha hat *Dhamma* gelehrt. Das bedeutet die Wahrheit, ein Naturgesetz oder die absolute Wahrheit.

Die sechste Vertiefung ist ein noch klareres Erkennen, daß der, den wir »Ich« nennen, wohl Bewußtsein hat, aber, daß das, was er durch die Sinne erlebt, keine absolute Wahrheit enthält. Die Auflösung dieser Sinnesbegrenzung erleben wir durch die Unendlichkeit und daher wissen wir, daß das Alltägliche nicht stimmen kann. Es stimmt nur relativ, deshalb unterscheiden wir zwischen einer relativen und einer absoluten Wahrheit. Die relative Wahrheit verwenden wir im Alltag. Da müssen wir Verpflichtungen und Verantwortungen nachkommen, sind gefordert und bekommen dafür eine Kompensation, so daß wir unser Leben fristen können. Wir nehmen aber all das, was im Verlauf eines Tages geschieht, vollkommen ernst. In Wirklichkeit sind all diese Dinge auf der Illusion aufgebaut, daß wir von allen anderen getrennt sind, eine kompakte, solide Einheit, die unterstützt und erhalten werden muß. Wir suchen alles, was uns hilft die Ich-Illusion aufrechtzuerhalten: Anerkennung, Geld, Ruhm, Ausruhen, Verreisen, Sinneskontakte, Denken, Lesen, Unterhaltung.

Das heißt nicht, daß wir diese Dinge nicht mehr machen können. Aber wir sollten genau wissen, daß sie nur ein Teil der relativen Wahrheit sind und daß die absolute Wahrheit auf einer anderen Ebene zu finden ist. Auf der Ebene, wo kein persönliches »Ich« und überhaupt keine Person zu finden ist, sondern nur die Unendlichkeit, wie in der fünften und sechsten Vertiefung, brauchen wir keine Unterstützung. Da ist alles so, wie es ist, auch wir. Wenn wir diese eine Einsicht in das tägliche Leben mitnehmen, machen wir uns und unserer Umwelt das Leben viel leichter.

Da wir fortwährend die Ichunterstützung suchen, können wir daraus schon folgern, daß etwas, das ständig unterstützt und anerkannt werden muß, gar nicht so beschaffen sein kann, wie wir glauben. Wir brauchen ja auch nicht andauernd in diesen Raum hineinzuschauen, um zu bestätigen: Das ist ein schöner Raum, ein viereckiger Raum, ein benutzbarer Raum, ein Holzdeckenraum. Der Raum ist einfach so, wie er ist. Aber um unser »Ich« machen wir uns unendliche Mühe, damit sich irgendjemand darum kümmert und es zur Kenntnis nimmt. Jemand soll bestätigen, es sei hübsch, klug, attraktiv, intelligent, liebenswürdig. All das geht auf der Ebene des unendlichen Bewußtseins verloren. Aber wenn wir diese Einsicht nicht benutzen, dann tritt auch sie wieder in den Hintergrund und verschwindet im Alltag. So sind die Vertiefungen wohl Mittel zum Zweck, aber nicht Zweck an sich.

Das hat der Buddha selbst erlebt und gelehrt. Daraus sind unendliche Mißverständnisse entstanden. Vielleicht darum, weil jeder gerne Dinge so interpretiert, wie er sie persönlich sieht oder wie er sich dazu befähigt sieht. Als der Buddha noch ein *Bodhisattva* war, das heißt ein Mensch, der der Erleuchtung zustrebt, ging er in den Wald zu zwei Lehrern und hat dort die Vertiefungen gelernt. Beide Lehrer sagten ihm, daß das alles sei, was es auf dem spirituellen Pfad gäbe, und daß er nun lehren sollte. Der Buddha merkte aber ganz deutlich, daß auch die Vertiefungen, die er perfekt konnte, vergänglich waren. Wenn er aus den Vertiefungen herauskam, war wieder *Dukkha* vorhanden.

Die Vertiefungen sind deshalb nur die dritte Ebene des Glücks und nicht die endgültige. Das war die Pionierarbeit des Buddha. Zu seiner Zeit und auch noch heute in Indien wurden und werden die Vertiefungen sehr häufig als das endgültige Ziel angesehen.

Für die sechste Vertiefung, das unendliche Bewußtsein, fanden indische Yogis den Ausdruck: „Tat tvam asi." „Das bin ich" oder „Ich bin das." Als diese Yogis die sechste Vertiefung erlebten, bekamen sie das Gefühl, daß sie eins wurden mit dem unendlichen Bewußtsein und daß das »Selbst« unendliches Bewußtsein war.

Auch die christlichen Mystiker haben es ähnlich ausgedrückt. Meister Eckhardt hat gesagt: „Ich bin Gott und Gott bin Ich." Beinahe wäre er deswegen auf den Scheiterhaufen gekommen. Die Bulle gegen 28 seiner Aussprüche ist heute, nach über 400 Jahren, immer noch nicht aufgehoben. Wenn wir den Meditationsweg gehen, wissen wir ganz genau, was er gemeint hat. Es hatte überhaupt nichts mit ihm persönlich zu tun, sondern sollte verdeutlichen, daß das Ich-Gefühl sich zu der Zeit so verflüchtigt hatte, daß es im unendlichen Bewußtsein verschwand. Das bedeutet nicht Erleuchtung. Der Buddha hat es erlebt und gesehen, daß es nicht das Endziel ist.

Es gibt noch einen Punkt, der durch das Erleben der fünften und sechsten Vertiefung bedeutsam wird. Nämlich, daß es überhaupt keinen Unterschied zwischen uns gibt. Deshalb wäre Verfolgung auf Grund verschiedener Religionen oder Ablehnung wegen unterschiedlicher Hautfarbe unmöglich. Unverständnis, weil etwas anders als wir es selbst tun würden gesagt oder getan wurde, wäre nicht mehr möglich. Feindseligkeiten gegen Menschen, die anders sind, wäre nicht mehr denkbar. Es gibt keine anderen Menschen. In der fünften und sechsten Vertiefung gibt es überhaupt nichts anderes, und wenn wir sie erlebt haben, können wir kaum mehr zu diesem abgrenzenden Bewußtsein zurückgreifen.

Liebende Güte und Mitgefühl werden mehr oder weniger selbstverständlich und machen uns keine Schwierigkeiten. Im Prinzip ist niemand da, der sie gibt oder bekommt. Sie ist einfach eine Herzens- oder Bewußtseinsebene, die jeder in sich trägt und die wir daher ausstrahlen können. Durch die Erlebnisse der fünften und sechsten Vertiefung wird das bedeutend vereinfacht. Sollte diese Beschwingtheit des Herzens nicht stattfinden, dann müssen wir uns daran erinnern, daß wir die Vertiefungen (überhaupt jede Meditation) täglich üben müssen. Andernfalls gehen sie uns verloren. Dasselbe gilt für jegliche Einsichten, die wir gehabt haben. Nur dem voll Erleuchteten geht nichts mehr verloren, denn da ist niemand, der etwas verlieren könnte. Davon werden wir auf der vierten Ebene des Glücks sprechen.

IX

Die dritte Ebene des Glücks:

Neuland

Wenn wir die zweite und dritte Ebene des Glücks praktizieren und erleben, bedeutet das nicht, daß die erste Ebene verschwindet. Aber auf der ersten Ebene des Glücks wird uns immer klarer, daß sie nicht vollständig ist und für ein Menschendasein nicht genügt. Daher üben wir die anderen Ebenen. Auch die Vertiefungen sind vergänglich, sie können also noch nicht *Nibbāna* sein. Die Vergänglichkeit der Konzentration ist uns ja allen gut bekannt. Es gibt wohl keinen einzigen, der das nicht erlebt, sowohl bei den Vertiefungen als auch bei der Atembetrachtung oder anderen Methoden. Die Meditation zeigt uns neue Möglichkeiten des Erlebens, bleibt jedoch nur die dritte Ebene des Glücks. Sie ist zwar weit entfernt von der ersten Ebene, was aber nicht bedeutet, daß die anderen Ebenen nicht mehr existieren. Auch sie bringen Glück, nur ist es nicht erfüllend.

Auf der dritten Ebene des Glücks haben wir die Möglichkeit der verschiedenen Arten der Konzentration, die dann verschiedene Resultate bringen. Je mehr wir uns hingeben und fallenlassen und aufhören nachzudenken, um so einfacher wird das Meditieren. Es gibt eine bekannte Geschichte aus dem Leben des Buddha, die immer wieder erzählt wird. Sie ist wahrscheinlich eher ein Gleichnis als eine wahre Begebenheit.

Ein Mann wird von einem Pfeil getroffen und ist tödlich verwundet. Es wird ein Arzt zu Hilfe gerufen, um den Pfeil aus seiner Brust herauszuziehen und Erste Hilfe zu leisten. Der Mann will das aber nicht zulassen. Erst will er wissen: „Welche Art Federn sind an dem Pfeil? Aus welchem Holz ist der Pfeil? Aus welcher Richtung kam er? Hat man gesehen, wer ihn geschossen hat? Hat jemand den Pfeil fliegen gehört? Was könnte es für ein Gift sein, das mich verwundet hat? Wie groß ist die Wunde?" Er erlaubt dem Arzt nicht, ihm zu helfen, bis alle Fragen beantwortet sind. Inzwischen stirbt er.

Dieses Gleichnis soll uns daran erinnern, uns einfach hinzusetzen und zu meditieren, statt zu untersuchen, was es sonst noch für Möglichkeiten gibt. Bevor wir uns versehen, können wir auch tot sein, ohne daß wir zum Praktizieren gekommen sind. Und immer noch haben wir gefragt: „wieso, warum, woher", statt uns hinzugeben. Um die Vertiefungen vollständig zu erklären und diesem ganzen meditativen Vertiefungsprozeß den nötigen Inhalt und Rahmen zu verschaffen, sollen jetzt die siebente und achte Vertiefung zur Sprache kommen.

Wenn wir die vierte Vertiefung genügend geübt haben, so sollten die übrigen Vertiefungen keine

Schwierigkeit bedeuten. Ein konzentrierter und hingebungsvoller Geist kann sich jederzeit zu einem neuen Erlebnis hinwenden. Die notwendige Konzentrationsfähigkeit ist bereits durch die vierte Vertiefung gegeben. Die Einspitzigkeit ist in allen Vertiefungen in gestärktem Maße vorhanden und sie ist unser Werkzeug, um uns die vierte Ebene des Glücks zu eröffnen. Sie wird durch die Konzentration ins Leben gerufen und gestärkt.

Die siebente Vertiefung wird die Grundlage der Leerheit oder das »Nichtsheit-Gebiet« genannt. Das Wort »Nichtsheit« oder »Nichts« ist äußerst irreführend und wird sehr oft mißverstanden, als ob in der siebenten Vertiefung überhaupt nichts zu erleben wäre. Aber in jeder meditativen Vertiefung ist etwas zu erleben. Wenn wir nichts erleben, kann man annehmen, daß wir entweder dösen, schlafen oder in Trance sind. Sollten wir längere Zeit gedöst haben, kann es uns passieren, daß wir in eine Art Trancezustand verfallen. Er ist recht angenehm. Wir erkennen es als Trancezustand, wenn wir am Ende der Meditation todmüde sind. Wenn wir konzentriert waren, fühlen wir uns durch die Meditation gestärkt und wie neu beseelt. Besonders gekräftigt fühlt sich der Geist nach der vierten Vertiefung; aber jede Meditation bringt Kraft und Energie. Daher können wir selbst erkennen, was wir eigentlich während der Meditationszeit unternommen haben.

Um von der sechsten in die siebente Vertiefung zu kommen, ist nichts weiter nötig, als den Geist darauf zu richten, daß weder in der fünften noch in der sechsten Vertiefung irgendwelche soliden Teile zu finden waren. In der Unendlichkeit des Raumes und in der Unendlichkeit des Bewußtseins war nur »Leere« zu erkennen. Die Unendlichkeit ist leer von allem, vor allem von uns selbst. Daher ist in der siebenten Vertiefung nichts anderes zu tun, als die Tatsache zu betrachten, daß in der Unendlichkeit nichts zu finden ist, was Kompaktheit oder Solidität aufweist und irgendetwas darstellt.

Die siebente Vertiefung kann verschiedentlich erlebt werden. Manchmal als Leere, manchmal als Flimmern. Dieses Flimmern sollte aber auch als nichts anderes erkannt werden als die Eigenschaft des unendlichen Raums, weil auch Flimmern zur Materialität gehört. Wir wenden uns von dem Flimmern ab und wenden den Geist zur Unendlichkeit, in der sich nichts befindet, auf das wir zeigen könnten, was wir haben wollen, was unser Ziel wäre, was wirkliches Glück bringt. Nichts davon ist zu finden.

Es ist eine sehr ruhevolle Vertiefung, in der auch wieder kaum etwas geschieht. Der Beobachter ist zugegen. Die formlosen Vertiefungen, fünf, sechs und sieben, werden auch »*Vipassanā-Jhānas*« genannt, »die meditativen Vertiefungen der Einsicht«. Es ist kaum möglich, die formlosen Vertiefungen zu erleben und nicht Einsichten zu bekommen, die zur Befreiung nötig sind. Sie beziehen sich darauf, daß wir einer optischen Illusion unterliegen, wenn wir uns selbst, andere Menschen oder die Natur als voneinander getrennte Phänomene sehen, als Einzelgänger. Manche Menschen sind sogar stolz darauf, daß sie Einzelgänger sind. Das heißt, sie sind stolz auf ihre Illusionen. Aber im allgemeinen akzeptieren wir diese optische Illusion als die Wahrheit. Das kann uns nach den Erlebnissen der formlosen Vertiefungen nicht mehr passieren.

Wir werden zwar leider die Einsichten aus den Vertiefungen immer wieder vergessen und uns so benehmen, als hätten wir sie nie gehabt. Aber, wenn wir das tun, merken wir wahrscheinlich ziemlich schnell, daß da ein Zwiespalt existiert zwischen dem, was wir erlebt haben und dem, wie wir gerade reagieren. Wenn wir diese Entzweiung merken – und jeder, der die formlosen Vertiefungen erlebt hat, sollte sie merken können –, dann werden wir auch versuchen, uns unseren Erkenntnissen anzupassen.

Wir alle haben Anpassungsvermögen und benutzen es ständig, aber die Menschheit hat die seltsame Angewohnheit, sich immer dem niedrigsten, statt dem höchsten Nenner anzupassen. Wir sollten versuchen, diesen Fehler zu vermeiden. Der niedrigste Nenner, den wir im Menschenleben kennen, hat nichts mit meditativem Erleben zu tun. Unsere Gewohnheiten sind dabei sehr ausschlaggebend. Wir sind jedoch fähig, unsere Erlebnisse umzusetzen, wenn wir uns daran erinnern, wie wir uns dabei gefühlt haben.

Vor allen Dingen fühlen wir uns in den Vertiefungen vollkommen unbeschwert. Da ist nichts, was uns bedrücken kann, weil nichts da ist. Dieses Nichts, was wir da erleben, ist die absolute Wahrheit, die wir sogar aus der Wissenschaft kennen und über die wir vielleicht schon gelesen haben, sie aber im Grunde nicht wissen wollen. Denn sie zeigt uns, daß die Dinge, die wir verfolgen und die Priorität in unserem Leben haben, Absurditäten sind. Das wollen wir natürlich nicht gern zugeben.

Aber so sollten wir das überhaupt nicht sehen. Der Geist kann Höhenflüge unternehmen, der Körper bleibt hier unten, bis er stirbt. Da wir diesen Körper haben, müssen wir uns auch teilweise nach ihm richten. Wir müssen ihm die Dinge auftragen, die er tun kann.

Es wird sehr häufig falsch verstanden, was es bedeutet, »spirituell« zu sein. Es gibt viele Menschen, die glauben, daß man nur spirituell ist, wenn man auf keinen Fall mit den Händen arbeitet oder mit halbgeschlossenen Augen durch die Welt geht oder immer so langsam ißt, daß man nie fertig wird. Der Körper wird nie spirituell, nur der Geist kann das schaffen.

Der Geist lebt in der Ich-Illusion, in »*Saṁsāra*«, im Kreis der Wiedergeburten. Der Geist kann erleuchtet werden, der Körper nicht. Daher machen wir all das, was für den Körper nötig ist, weiter mit. Das einzige, was sich automatisch ändert, ist unsere Reaktion auf das, was der Körper erlebt. Es ist weder Abneigung noch Begierde. Es ist Notwendigkeit.

Daher können wir alle Erlebnisse und Erkenntnisse aus den Vertiefungen mit in unser tägliches

Leben nehmen und dennoch das tägliche Leben äußerlich weiter so betreiben wie immer. Wir können jedoch ein ganz anderes Gefühl dabei haben. Das ist die Veränderung, wenn wir unsere Einsichten verinnerlicht haben und sie leben können. Wir werden dann die erste Ebene des Glücks nicht mehr ständig suchen. Wir werden dankbar sein, wenn wir sie haben. Wie werden die zweite Ebene des Glücks immer üben und dankbar sein, wenn sie uns gelingt. Wir werden die dritte Ebene des Glücks praktizieren und uns in ihr festigen. Das bedeutet nicht, daß wir das alles schon können. Es sind die Erklärungen der Möglichkeiten und des Übungsweges.

Wenn wir die Vertiefungen stetig üben und einige davon können, so kommt der Moment, wo wir den Zugang zu ihnen ganz klar und deutlich sehen und keine Schwierigkeiten haben, ihn zu finden. Wir haben uns den Weg immer wieder vor Augen gehalten und den Dschungel des Geistes vom Gestrüpp befreit. Dann kommt auch der Moment, wo wir genau wissen, in welcher Vertiefung wir uns befinden. Dann gibt es noch die Möglichkeit, daß wir absichtlich Vertiefungen überspringen. Das ist aber nur dann machbar, wenn wir uns genau in unserem eigenen Geist auskennen. Daher sollten wir am Anfang Schritt für Schritt üben und nichts auslassen.

Wenn wir eine Vorliebe für eine bestimmte Vertiefung haben, so können wir uns dort länger aufhalten. Aber wir sollten die anderen auch immer üben, damit wir dem Geist die Möglichkeit geben, alle Vertiefungen zu erlernen und auch die verschiedenen Einsichten aus ihnen zu gewinnen. Jeder Vertiefungsschritt bringt eigene Einsichten mit sich, die speziell in dieser Vertiefung hochkommen. In der siebenten Vertiefung, der Grundlage der Leerheit, erleben wir, daß in der Unendlichkeit nichts zu finden ist, worauf man mit dem Finger oder mit dem Geist zeigen kann. Es ist einfach so, wie es ist.

Wenn wir die Unbeschwertheit dieser Vertiefung in uns erleben, dann wird uns auch klar, daß all die Dinge, Situationen, Menschen, Emotionen, Besitztümer, kurz alles, was um uns herum zu finden ist, beschwerlich ist.

Auch wenn wir uns von irgendetwas in der Welt das Größte und Schönste versprochen haben – nach dem Erleben der Vertiefungen wissen wir, daß diese Erwartung ein Fehlgedanke war. Das ist eine tiefe Einsicht, die uns den ganzen Weg begleiten muß, denn sonst würde uns der Geist immer wieder dazu bringen, das Glück doch hier in der Welt zu suchen.

Die Vertiefungen haben die Fähigkeit, uns zu zeigen, daß das, was wir in der Welt suchen, bereits in uns vorhanden ist und nicht in der gleichen Art in der Welt zu finden ist. Obwohl wir oft gar nicht genau wissen, was wir suchen, finden wir es, wenn wir die dritte Ebene des Glücks so praktizieren, daß sie ein integrierter Teil unseres Selbst wird. Es kann dann sein, daß wir jederzeit in die erste oder zweite Vertiefung gehen können, auch wenn keine Ruhe um uns herum herrscht, und daß wir sogar, wenn wir gut geübt sind, die fünfte und sechste Vertiefung unter äußeren Umständen machen können, die nicht meditativ sind, das heißt ohne vollkommene Ruhe und Schweigen. Das kann im täglichen Leben sehr hilfreich sein. Dort brauchen wir Momente der Stille. Wenn wir uns die nicht verschaffen, fühlen wir, daß unser tägliches Leben hektisch ist. Die meisten Menschen fühlen sich in der Hektik gefangen und glauben, daß sie von außen kommt. Sie kommt aber von innen.

Ob wir nun die Vertiefungen können oder nicht, wir sind alle Meditierende, und so ist es im täglichen Leben von großem Vorteil, sich mindestens einmal in der Stunde fünf Minuten ganz ruhig hinzusetzen, in sich hineinzuspüren oder den Atem zu betrachten oder Liebende-Güte-Meditation für sich selbst und unsere Mitmenschen zu praktizieren. Dabei ist es gut, die Augen zu schließen. Das sollten wir aber nur tun, wenn kein anderer dabei zuschaut. Wir brauchen solche Oasen der Stille nicht nur morgens und abends, sondern auch zwischendurch.

Die Hektik spüren wir deshalb, weil wir sie selbst in uns haben. Das, was wir nicht selbst haben, fließt an uns vorbei. Da kann zwar jemand sagen, es sei hektisch; wir glauben ihm auch, aber wir spüren es nicht. Die Praxis muß im Alltag angewendet werden, und wir sollten nicht denken, daß die Meditation nur in einem speziellen Raum zu gewisser Zeit geübt werden kann. Wir können die Früchte unserer intensiven Meditationspraxis im Alltag ernten.

Der Buddha hat nichts über die achte Vertiefung gesagt, sondern sie nur beim Namen genannt: »Weder-Wahrnehmung-noch-Nicht-Wahrnehmung«. Das ist nicht sehr aufschlußreich, wenn wir das noch nicht erlebt haben. Durch die Leere in der siebenten Vertiefung ist der Geist so beruhigt, daß er den Beobachter nicht mehr im selben Maße zu Hilfe nimmt wie vorher. Der Beobachter ist auf ein Minimum reduziert, aber er ist nicht vollkommen verschwunden, weil es ja noch »Weder-Wahrnehmung-noch-Nicht-Wahrnehmung« gibt. Es ist also eine nicht vollkommen erloschene Wahrnehmung, jedoch nicht die gleiche, die wir haben, wenn der Beobachter weiß, was geschieht und es auch erklären kann. Nach der achten Vertiefung kann er nichts erklären, sondern höchstens sagen: „Es war weder dies noch das." Der Vorteil der achten Vertiefung ist enorme Energiezufuhr, weil der Geist besonders viel Ruhe erlebt, noch mehr als während der vierten Vertiefung. Die achte Vertiefung hat Ähnlichkeit mit der vierten, aber ist noch weniger zu beschreiben, weil noch weniger geschieht. Auch dies ist ein wichtiger Schritt auf dem Weg zur vollen Befreiung, bei der der Beobachter momentan ganz ausgeschaltet wird.

Die achte Vertiefung hat einen besonderen Stellenwert, obwohl sie keine Einsichtsvertiefung ist. Aus ihr läßt sich keine bestimmte Einsicht gewinnen, außer, daß sie den Weg bahnt und uns zeigen kann, daß der Geist nicht immer erleben muß, sondern es möglich ist, eine solche Ruhe im Geist zu haben, daß so gut wie gar nichts geschieht. Das ist für die meisten Menschen unvorstellbar. Wie kann ein lebendiger, intelligenter, agiler Geist so zur Ruhe kommen, daß fast nichts geschieht? Er kann das, wenn er in den anderen Vertiefungen schon geübt ist.

Wir haben hier eine Schritt-für-Schritt-Bewegung des Geistes, die immer mehr reduziert wird. Der Buddha hat gesagt, daß wir nach jeder der Vertiefungen erleuchtet werden können. Das heißt, wir müssen nicht alle acht Vertiefungen perfekt können, aber es wäre ohne Zweifel hilfreich. Die Vertiefungen sind aber nicht das Ziel der Praxis, sondern das Mittel, das uns erstens das Leben verschönert, zweitens das Potential unseres Geistes zeigt und drittens uns den Weg ebnet, der einmal zu der endgültigen Ebene des Glücks führen wird. Die Vertiefungen sind Musterbeispiele für das, was sein kann.

Bei allen Vertiefungen ist es hilfreich, für uns selbst zu wiederholen, welche Vertiefung wir erlebt haben, festzustellen, daß auch diese Vertiefung vergänglich ist, und das Erleben zu erkennen.

Das unerkannte Erleben ist der Grund, warum wir nicht erleuchtet sind. Allein, wenn wir unseren Atem betrachten und ihn einmal so erleben würden, wie er ist, wüßten wir, daß wir von einem ständig vergänglichen, wechselhaften Luftzug abhängig sind. Würde uns das nicht die Vergänglichkeit näherbringen? Würde das nicht unsere eigene Wichtigkeit etwas reduzieren? Sollten wir von diesem Luftzug abgeschnitten sein, sind wir tot. Die meisten Menschen kommen nicht darauf, sich das einmal vor Augen zu halten. Jeder Meditierende muß einmal auf die Idee kommen, denn es ist ein Teil des Übens.

Wir haben jetzt die vier feinkörperlichen und die vier formlosen Vertiefungen beschrieben. Wir sollten von den Möglichkeiten der Vertiefungen wissen, damit wir, wenn wir sie anfangs erleben, nicht zurückschrecken und wieder auf die Atembetrachtung zurückgehen, sondern uns hingeben. Wir sollten auch wissen, daß wir uns während der Meditation nicht fortwährend mit dem Atem beschäftigen müssen, sondern daß es ganz andere Möglichkeiten gibt. Des Buddhas Anweisungen sind klar, seine Erklärungen sind deutlich. Die Hinweise sind vorhanden. Es liegt nur an uns.

Bei manchen Menschen kann man sagen, daß sie durch sehr gutes *Karma* sehr schnell gute Konzentration erreichen. Die meisten Menschen brauchen länger und bei einigen dauert es sehr lange. Das hat nichts zu sagen. Wir machen bei jeder Meditationssitzung gutes *Karma*. Je mehr gutes *Karma* wir anhäufen, desto leichter fällt uns die Meditation. Es geht alles Hand in Hand.

Es wäre noch einmal wichtig, vor dem Resultatdenken zu warnen. Die Anweisungen und Hinweise sollen helfen, den Weg zu gehen, aber sie sollen den Geist auf keinen Fall in eine Sackgasse führen, wo er nichts anderes mehr denkt als: „Wieso kann ich das denn nicht? Der nebenan hat es sicher schon geschafft. Und der hinter mir sieht auch so aus." Das hilft uns nichts. Vertiefungen sind der Weg des Geistes, der sich sehr gerne beruhigen möchte. Wie lange es dauern wird, kann man vorher nicht wissen. Es liegt an der Stetigkeit, dem Durchhaltevermögen, der Geduld, der Liebe, dem Vertrauen und der Hingabe. Je mehr von diesen Eigenschaften wir bereits mitbringen, desto einfacher wird es sein. Es kann natürlich auch passieren, daß der Geist sagt: „Ach, das kann ja gar nicht so wichtig sein. Ich mache etwas anderes." Dann brauchen wir einen edlen Freund, der uns hilft, diese Klippe zu umschiffen und keinen Schiffbruch zu erleiden.

X

Die vierte Ebene des Glücks:

Anders denken – anders sein

Wir kommen jetzt zu der vierten Ebene des Glücks, der endgültigen Erlöschung allen Leids. Während die ersten drei ganz deutlich als Glückszustände zu verstehen sind, und jedem wohl klar ist, daß sie Freude bringen, so gehört schon etwas Einsicht dazu, um die vierte Ebene als Glück zu begreifen. Denn sie behandelt nicht Glück als solches, sondern die Ursachen, die zum endgültigen Glück führen.

Nachdem wir die Fähigkeit der Konzentration erworben haben, was gleichbedeutend mit Einspitzigkeit ist, haben wir den Geist zu einem geschärften Werkzeug gemacht. Der Buddha hat das mit einer stumpfen oder geschärften Axt verglichen. Zu seiner Zeit war eine Axt ein ganz wichtiges Werkzeug. Auch heutzutage ist eine Axt noch wichtig, aber wir haben natürlich auch viele andere Werkzeuge. Wir können uns jedes Werkzeug vorstellen, das uns beliebt, und ohne weiteres verstehen, daß es, wenn es stumpf ist, nicht sehr gut arbeitet. Geschärft kann es seine Funktion viel besser verrichten, und nicht nur das, sondern überhaupt erst seine wahre Funktion wahrnehmen.

Bei einer Axt oder einem sonstigen Werkzeug können wir optisch erkennen, ob es stumpf ist. Bei unserem eigenen Geist ist das Erkennen sehr fraglich. Da können wir vielleicht als Prüfstein benutzen, wie oft und wie intensiv wir uns der ersten Ebene des Glücks absichtlich zuwenden.

Es gibt noch andere Möglichkeiten, die Stumpfheit des Geistes zu erkennen, aber im allgemeinen nicht in unserem täglichen Leben. Da reicht der Geist vollkommen für das, was wir zu erledigen haben, wenn er einigermaßen funktioniert. Für die vierte Ebene des Glücks aber reicht das nicht. Dafür muß der Geist geschärft sein. Daher haben wir die Meditation als dritte Ebene.

Einspitzig ist ein Wort, das uns dieses Schärfen vielleicht klar macht. Wenn wir etwas durchbrechen wollen, in diesem Fall die Ich-Illusion, die wir häufig mit einer Wand oder Mauer vergleichen, dann brauchen wir ein spitzes Werkzeug. Wir können es auch mit einem angespitzten Bleistift vergleichen. Ein stumpfer schreibt auch noch, genau wie ein stumpfer Geist auch noch funktioniert, aber mit einem spitzen Bleistift sieht die Schrift ganz anders aus.

Diese Illusion, die uns umgibt, ist mit Nebel, einem Schleier oder einer Zementwand vergleichbar, was immer wir vorziehen. Es ist jedenfalls etwas, hinter das wir nicht schauen können und das uns die klare Sicht versperrt. Dennoch bringen uns alle Schritte, die wir bis jetzt auf der zweiten und dritten Ebene unternommen haben, der Wahrheit näher.

Nun ist es allerdings so, daß manche Menschen dringlichst die Wahrheit erkennen wollen. Wenn andere jedoch eine Ahnung davon bekommen, woraus diese Wahrheit besteht, schrecken sie vor ihr zurück und wollen sie lieber nicht wissen. Das kann man nur mit sich selbst abmachen. Wenn wir in uns selbst und in der Welt um uns herum genügend *Dukkha* erkannt haben und nicht mehr glauben, daß man das durch engagierte Sozialarbeit ausmerzen kann, sondern weiß, daß es in jeder Reaktion, in jedem Gedanken und jeder Emotion vorhanden ist, dann haben wir wahrscheinlich den Willen, die Wahrheit zu erkennen, so wie der Buddha sie gelehrt hat.

Auch bei der Einsicht gibt es verschiedene Stufen. Am häufigsten werden zwölf genannt. Auch hier sind diese Stufen wieder nur eine Erklärung, ein Hinweis auf das, was möglich ist. Wir dürfen uns dann aber nicht etwa einreden, daß wir eine Einsicht erlebt haben, weil wir sie verstanden haben. Stattdessen müssen wir prüfen, wie weit wir uns mit dieser Einsicht schon beschäftigt und sie verinnerlicht haben. Verinnerlichen bedeutet, daß wir die Einsicht effektiv jeden Tag leben können, weil sie uns keine Schwierigkeit mehr bereitet, sondern selbstverständlich geworden ist. Genau wie uns Lesen, Schreiben, Rechnen selbstverständlich geworden sind und wir uns tagtäglich ohne jegliche Schwierigkeiten mit ihnen beschäftigen können, weil wir uns darin seit Jahrzehnten üben, funktioniert es auch mit den Einsichten. Wenn man seit Jahrzehnten übt, ist es kein Kunststück mehr. Am Anfang erscheint es, als wären die Einsichten den eigenen Wünschen entgegengesetzt. Wenn wir allerdings das Wort Begierden statt Wünsche benutzen, dann stimmt das schon. Aber eines Tages steht den Einsichten nichts mehr im Wege, sondern sie sind eben der Pfad der Läuterung, der durch das Üben selbstverständlich geworden ist.

Auch hier können wir die Stufen wieder als Überschriften bezeichnen. Sie haben dann sozusagen Unterabteilungen, die Teile der Gesamteinsicht sind, die wir erkennen können, wenn wir vielleicht nicht die ganze Einsicht durchschauen. Es ist ein Grund zur Freude, nicht nur, wenn wir erkennen, daß wir eine Einsicht gehabt haben, sondern auch, wenn wir wissen, daß wir sie noch nicht gehabt haben. Denn dann können wir etwas unternehmen. Wenn wir gar nicht wissen, daß es solche Einsichten gibt und sie notwendig sind, um wirklich glücklich zu sein, dann haben wir keine Chancen.

Das fehlende totale Glücklichsein in der dritten Ebene liegt daran, daß, obwohl wir äußerst angenehme und horizonterweiternde Bewußtseinsebenen erleben, sie auch nicht bleiben, sondern vergänglich sind. Ganz besonders die Vertiefungen, aber sonst auch jegliche Meditation, sind Hilfsmittel, um diese nächsten Schritte der vierten Ebene mit nicht allzu großen Schwierigkeiten zu erleben. Jedes Hindernis beim Erkennen und Verinnerlichen liegt einzig und allein daran, daß wir die erste Ebene des Glücks noch für sehr wichtig halten. Das ist eine menschliche Problematik, die nicht zu tadeln, sondern zu beobachten ist. So ist es eben. Wenn uns das deutlich wird, dann haben wir Einsicht gewonnen. Bei Einsicht benutzen wir sehr häufig das Wort »gewinnen«, weil es ein großer Gewinn ist.

Der erste Schritt der Einsicht ist, daß Geist und Körper zwar voneinander abhängig sind, aber zwei verschiedene Funktionen haben, wobei der Geist die Hauptsache ist. Das können wir in einer Millisekunde feststellen. Der Körper atmet, und der Geist betrachtet das, umgekehrt geht es nicht. Der Geist kann nicht atmen und der Körper das betrachten. Aber das ist klar und selbstverständlich, daher beachtet kaum jemand diese Tatsache.

Wir sollten einmal genau untersuchen, woraus wir bestehen. Um es ganz einfach zu machen, nehmen wir erst einmal diese zwei Dinge, die wir noch weiter aufteilen werden. Wir bestehen also aus Geist und Körper, die ihre Eigenfunktionen haben. Der Geist ist sozusagen der Chef im Haus, der Körper der Angestellte. Die Menschheit hat die interessante Gewohnheit, sich die ganze Zeit um den Angestellten zu kümmern und den Chef sich selbst zu überlassen. Da der Chef aber dennoch Chef bleibt, kann es dem Angestellten noch so gut gehen, es ist trotzdem weder Glück noch Freude im Haus. Denn der Chef macht viele Dinge, die uns nicht zu Glück und Freude gereichen. Wir haben uns nicht darum gekümmert, ihm eine Situation zu erarbeiten, in der er wirklich einmal den spirituellen Pfad erkennen und gehen kann. Wir haben ihn sozusagen links liegen lassen und haben ihn als selbstverständlich betrachtet.

Das passiert jedem, der zum Beispiel ab und zu einmal meditiert, weil er ja so vieles andere zu tun hat. Nehmen wir auch unsere Mahlzeiten nur »ab und zu« ein? Oder essen wir dreimal täglich? Wer ist also wichtiger? Man kann sogar auch mit einer Mahlzeit auskommen, aber den Geist auf die Dauer vollkommen links liegen zu lassen und ihm keine Nahrung zuzuführen, an der er sich stärken kann, und keine Möglichkeit des Ausruhens zu geben, wodurch er neue Energie gewinnen kann, ist nicht der Weg, um zum Glück zu kommen. Dennoch macht es die ganze Menschheit, bis auf diejenigen, die das bereits eingesehen haben, was zahlenmäßig sehr wenige sind. Auch wenn es manchmal scheint, als ob es eine ganze Menge wären, verglichen mit der Anzahl der Menschen auf diesem Erdball, sind es nur wenige. Wenn wir Geist und Körper einmal so dargestellt bekommen, könnte es sein, daß wir das nicht mehr achtlos übersehen werden.

Der Körper ist sehr zeitbegrenzt, der Geist nicht. Wieso kümmern wir uns immer um das, was sowieso krank wird, altert und stirbt, und nicht um das, was die Möglichkeit hat, die Vollkommenheit zu erreichen? Es gab ein Jahrzehnt, das vielleicht noch nicht ganz vorbei ist, während dem man sogar geglaubt hat, man könne den Körper zur Vollkommenheit bringen. Der Buddha hat dazu gesagt: „Der Körper hat nicht Krebs, er ist ein Krebs." Wenn wir unseren eigenen Körper einmal betrachten, auch wenn er noch so gesund ist: Welche Schwierigkeiten macht er allein in einem Meditationskurs? Das genügt schon, weiter brauchen wir gar nicht zu schauen. Daß der Geist auch Schwierigkeiten macht, liegt daran, daß wir ihn noch nicht genügend trainiert haben durch Meditation und Kontemplation. Wir wollen unseren Geist nicht mehr als selbstverständlich ansehen, sondern dafür, was er wirklich ist, nämlich was unser Leben bestimmt. So wie wir denken, sind wir, also müssen wir auf unser Denken aufpassen.

Was wir mit unserem Körper tun, muß der Geist angeordnet haben. Keiner wäre jetzt an diesem Ort, wenn der Geist uns nicht dazu angeleitet hätte. Hätte er uns nicht hierher befohlen, dann würde der Körper nicht hier sein. Diese erste Einsicht zieht eine andere Einstellung zu uns selbst nach sich. Alle Einsichten, wenn sie wahr und tiefgehend sind, müssen eine Veränderung mit sich bringen – nicht eine verurteilende, was überhaupt nichts nutzt, sondern eine etwas klarere, so daß wir sehen, »wie die Dinge wirklich sind«. Das ist sozusagen das Sprungbrett in die tiefste Einsicht, die uns von allem *Dukkha* befreien kann.

Alle Einsichten basieren darauf, daß wir die Dinge sehen, wie sie wirklich sind, und nicht so, wie wir sie entweder bis jetzt gesehen haben oder von unseren Eltern, Lehrern oder anderen gehört haben, wie es in der Zeitung steht, im Fernsehen zu sehen ist oder wie unsere Nachbarn es für richtig halten. So ist es einfach nicht, sondern so scheint es nur zu sein. Es ist dieses Theaterstück, das bereits erwähnt wurde, in dem natürlich Chaos herrscht, da jeder der Hauptdarsteller sein will.

Wenn uns klargeworden ist, daß Geist und Körper zwei verschiedene Funktionen haben, dann wird uns dabei auch deutlich, daß der Geist auf den Körper reagiert und manchmal so massiv, daß wir überhaupt nichts mehr unternehmen können. Wenn wir nicht trainiert sind und nicht geübt haben, dann reagiert er schon auf unangenehme Kleinigkeiten. Wenn wir geübt haben, dann reagiert er erst auf massivere Unannehmlichkeiten. Natürlich gibt es für jeden Menschen Schmerzgrenzen. Aber es kommt auch darauf an, in welcher Art wir reagieren.

Als der Buddha alt wurde, verglich er seinen Körper mit einem alten Karren, der nur noch mit Seilen und Lederriemen zusammengehalten wird, damit er überhaupt noch funktionieren kann. Er hat dennoch weiter gelehrt und sogar noch auf seinem Totenbett einen Menschen in die Lehre eingeführt. Die Mönche wollten diesen Menschen wegschicken, aber der Buddha erlaubte ihm zu kommen und erklärte ihm die Grundlagen des *Dhamma*.

Der Buddha gab ein Gleichnis für unsere Reaktionen des Geistes auf den Körper. Er sagte, daß der unerleuchtete Mensch zwei Pfeile hat, die ihn treffen, der Erleuchtete nur einen, wobei der eine Pfeil der Körper ist, der bei einem Erleuchteten genauso Schwierigkeiten macht wie bei einem Unerleuchteten.

Bei einem unerleuchteten Menschen jedoch reagiert der Geist mit Ablehnung und Kummer, und so haben wir zwei Schwierigkeiten.

Der Körper muß gar nicht erst Schmerzen haben oder nicht funktionieren, um uns zu belästigen. Er hat ständige Bedürfnisse: essen, trinken, auf die Toilette gehen, schlafen, ausruhen, spazierengehen, er braucht frische Luft, er braucht Wärme, wenn es kalt ist, er braucht Kälte, wenn es warm ist. Wir haben eine ganz winzige Spanne, in der wir uns temperaturmäßig wohlfühlen. Sobald diese Spanne nach unten oder oben überschritten ist, müssen wir entweder warme Kleidung anziehen oder alles, was wir anhaben, ausziehen.

Durch diese und weitere Schwierigkeiten ist er ein wunderbares Übungsobjekt. Wir können erkennen, inwieweit wir uns von unserem Körper so beeinflussen lassen, daß wir andauernd auf ihn reagieren, und inwieweit wir ihn auch einmal nicht beachten können. Dabei hilft uns natürlich die konzentrierte Meditation, in der wir das Erlebnis haben, den Körper gar nicht zu spüren. Nachher können wir wahrheitsgetreu sagen, daß es ein wunderbares Gefühl war, den Körper nicht wahrzunehmen. Es war nur noch der Geist vorhanden. Dadurch wissen wir, daß der Körper ein wertvolles Übungsobjekt ist. Aber, wenn wir immer wieder auf ihn reagieren, hält er uns nur vom spirituellen Wachstum ab. Das passiert vielen Menschen. Je mehr wir dieses Hindernis erkennen, desto leichter fällt es uns, es loszulassen.

Der nächste Einsichtsschritt bringt das Verständnis und das Gefühl für die Vergänglichkeit. Alles, was entstanden ist, muß auch vergehen. Das ist auch logisch deutlich erkennbar und macht nur wenigen Menschen Schwierigkeiten. Wenn wir jedoch die Vergänglichkeit nicht gern bestätigen wollen, dann ist daraus als erstes zu entnehmen, daß wir kein Vertrauen haben. Denn für einen Menschen, der die Lehre vertrauensvoll akzeptiert, ist das Erkennen der Vergänglichkeit kein Problem. Ein solcher Mensch sucht sich sogar die Vergänglichkeit als Kontemplationsobjekt aus. Ein Mensch ohne Vertrauen möchte sich lieber davon entfernen. Sind wir auch nur einigermaßen intelligent, werden wir keine Argumente dagegen finden. Denn wie können wir bestreiten, daß wir täglich einen Tag älter werden, daß wir sterben werden und daß der Winter auf den Herbst folgt und der Frühling auf den Winter? Aber wir können ganz ehrlich sagen, daß wir es lieber hätten, wenn alles nicht so vergänglich wäre. Wenn das der Fall ist, so ist es nicht ein Zeichen von fehlender Intelligenz oder dafür, daß wir den spirituellen Weg nicht gehen wollen. Es bedeutet einfach, daß Vertrauen und die Liebesfähigkeit noch nicht genug entwickelt sind.

Bei der zweiten Einsichtsstufe wird Entstehen und Vergehen erkannt und betrachtet. Damit sie eine Einsichtsstufe für uns ist, untersuchen und erkennen wir die Bedeutung dieser Wahrheit für uns selbst und können das auch im Leben umsetzen. Da das aber nicht alles gleichzeitig passiert, müssen wir uns auch damit abfinden, daß wir Geduld brauchen. Dies zu verstehen und zu erkennen, ist nicht so schwierig. Es zu verinnerlichen und danach zu leben, ist schwieriger und braucht Zeit. Die Einsichtsstufe ist erst dann komplett, wenn sie selbstverständlich geworden ist, wir sie in unserer Gedankenwelt nicht mehr aus den Augen lassen, sie immer dazugehört und uns ständig begleitet.

Entstehen und Vergehen ist zum Beispiel ganz deutlich beim Atem zu merken: Er entsteht und vergeht. Aber jegliche Vergänglichkeit ist von der Kontinuierlichkeit überschattet. Weil immer wieder ein neuer Atemzug kommt, denkt die Menschheit im allgemeinen nie daran, daß jeder Atemzug zu Ende geht und einem neuen Platz machen muß. Ein Meditierender muß eines Tages damit vertraut werden und kann das auch ohne weiteres. Aber wie sollte jemand, der nicht meditiert, eigentlich auf die Idee kommen? Er merkt es höchstens, wenn er beim Ersticken oder beim Ertrinken ist, Asthma hat oder sich verschluckt. Dann spürt er, daß er auf jeden Atemzug angewiesen ist und dieser plötzlich nicht mehr vorhanden ist. Das Resultat davon ist Panik und Angst. Das kann nicht anders sein. Wenn wir uns aber schon mit Vergänglichkeit beschäftigt haben, dann erwarten wir, daß eines Tages unser letzter Atemzug kommen wird. Wenn wir davon nichts wissen wollen, dann wollen wir die Dinge nicht so sehen, wie sie wirklich sind.

Das letzte Ausatmen und kein Einatmen mehr! Sobald wir uns nicht dagegen stemmen, sondern damit schon heute leben, weil das eine Funktion des Menschseins ist – genau wie die Geburt ist der Tod ein Teil unseres Daseins –, dann wird uns das eines Tages keine Angst mehr einjagen und uns nicht mehr als etwas Unangenehmes erscheinen, sondern als eine Selbstverständlichkeit. Dann haben wir einen leichten und einfachen Übergang zu dem Erlebnis, das danach kommt.

Wenn wir jetzt unseren Atem als vergänglich erkennen, können wir gleichzeitig auch alles andere, was in uns existiert, untersuchen, um zu sehen, ob wir irgendetwas finden können, was nicht vergänglich ist. Aber nichts Phantasiertes, sondern etwas, was wir wirklich erleben. Gedanken sind vergänglich, Gefühle sind vergänglich, der Körper ist bestimmt vollkommen vergänglich; Herzschlag, Blutkreislauf, Bewegungen, Haut – wir können alles anschauen, ob irgendetwas davon permanent ist. Es ist wichtig, dies zu tun, vor allem, wenn uns die Vergänglichkeit nicht gut gefällt, weil sie ja unsere Ich-Illusion etwas ins Wanken bringt. Denn wo kann denn das »Ich« sein, wenn alles, woraus es besteht, vergänglich ist? Haben wir uns eventuell Dinge ausgedacht, die permanent sein sollen? Das sind dann sogenannte Utopien. Der Buddha hat zum Aufgeben dieser Utopien vernunftmäßige Analyse empfohlen, indem er gesagt hat, daß wir untersuchen sollen, was als unvergänglich und unveränderlich zu erleben wäre.

Das einzige, was da vielleicht in Frage käme, wäre der Wunsch nach Glück und Frieden. Aber auch das ändert sich erstens einmal dadurch, daß wir nicht immer gewahr sind, daß wir uns das wünschen.

Wenn wir außerdem uns selbst sehr achtsam betrachten und die Achtsamkeit so geübt haben, daß sie ein ganz geschärftes Instrument geworden ist, dann können wir erkennen, daß jeder Gedanke, jeder Wunsch, jede Hoffnung und jede Phantasie wie kleine Blitze sind, die aufkommen und vergehen. Und zwar so schnell, daß wir das Gefühl haben, als wäre ein Gedanke eine Einheit, was er aber in Wirklichkeit nicht ist. Er besteht genauso aus Energieteilchen, die zusammenkommen und auseinanderfallen wie der Körper.

Obwohl wir das nicht spüren, haben wir bei dem Körper doch wenigstens die Optik, die es uns beweisen kann: Nämlich, wenn wir unsere alten Fotos anschauen und uns daneben stellen und in den Spiegel schauen. Die Energieteilchen sind nicht mehr genauso zusammengekommen, wie sie auseinandergefallen sind. Da uns das sehr oft nicht gefällt, benutzen wir auch noch Hilfsmittel, damit es so aussehen sollte, als hätten sie sich nicht verändert. Aber weder wir selbst noch ein anderer glaubt es. Die jederzeit neu erscheinende Materie ist zwar ähnlich, aber nicht genau gleich.

Ebenso ist es bei den Gedanken. Nur da haben wir keine Optik, die uns das bestätigen kann, sondern nur unsere eigene Achtsamkeit, um es zu erkennen. Wieso vergessen wir eigentlich soviel? Weil die Gedanken auseinandergefallen sind und nicht mehr in der genau gleichen Art zusammenkommen. Das, was wir im Geist hatten, ist oft total verschwunden, und wir können es nicht wiederfinden, außer wir haben den Geist gut trainiert. Wir wollten zum Beispiel irgendetwas erledigen, sind auf dem Weg dahin, und plötzlich sagt der Geist: „Was wollte ich denn eigentlich hier? Ich habe es total vergessen.“ Inzwischen hatte er so viele andere Gedanken, und die weiter zurückliegenden sind nicht mehr auffindbar. Schon daran ist erkennbar, was für eine wichtige Einsicht die Vergänglichkeit ist.

Die Identifikation mit dem eigenen Körper aufzugeben, ist zwar schwierig genug, aber nicht so schwierig, wie die Identifikation mit dem eigenen Geist loszulassen. Wenn wir sehen, wie fließend und flüssig alles ist, was wir »Ich« nennen, so fällt uns das Loslassen leichter. Intellektuell kann fast jeder zugeben, daß alles vergänglich ist. Da gibt es wenige, die damit große Schwierigkeiten haben. Es gibt natürlich Menschen, die an dem fünften Hindernis, der Zweifelsucht, sehr leiden. Ganz gleich, was sie hören, es ist sowieso nicht identisch mit dem Gesagten, weil sie sich selbst irgendetwas zusammenbasteln und sich damit behaupten wollen. Da wäre es nötig, liebendes Vertrauen zu üben.

Das intellektuelle Verstehen vom Entstehen und Vergehen genügt nicht. Es ist, wie wenn wir die Temperatur des Ozeans mit unserer großen Zehe einmal prüfen, um zu entscheiden, ob wir uns da wirklich hineinbegeben wollen. Sollte die Temperatur annehmbar sein, dann werden wir schwimmen gehen. Wir sollten sicher alles prüfen, aber Entstehen und Vergehen muß so verinnerlicht werden, daß Gleichmut uns auf allen Wegen begleitet. Dann kann uns nicht mehr allzu viel passieren mit unseren Begierden und Ablehnungen. Da sind wir schon etwas gefeit gegen allzu große Unruhe. Wir wissen auch ohne jeden Zweifel, daß die erste Ebene des Glücks mit komplettem Entstehen und Vergehen belastet ist, so daß wir uns mehr der zweiten und dritten Ebene zuwenden, was ja der Sinn der Lehre ist.

Unser Leben ist vergleichbar mit einem fließenden Bach. Alles, woraus wir bestehen, fließt und bewegt sich, der ganze Körper und Geist. Wir haben den Wunsch und die tiefsitzende Tendenz festzuhalten. Das, was uns jetzt gerade angenehm ist, soll so bleiben und sich nicht verändern. Wir selbst sollen auch dableiben und nicht verschwinden. Aber wir können uns ja einmal vorstellen, ob wir einen Bach festhalten können. Wenn wir die Hand in den Bach tauchen und ein Stück Bach festhalten wollen, rinnt uns das fließende Wasser durch die Finger. Genauso rinnt uns alles im Leben, was wir festhalten wollen, durch die Finger.

Wenn wir diesen Bach aber unbedingt zum Stillstand bringen wollen, so können wir das, indem wir einen Damm bauen. Dann ist es aber kein Bach mehr, sondern ein stagnierender Tümpel. Wenn wir das, was wir jetzt sind, unbedingt zum Stillstand bringen wollen, weil wir es festhalten wollen, dann können wir kein lebendiger Mensch mehr sein. Denn das ist nur möglich im Tod. Da kommen die Körperfunktionen zum Stillstand, der Geist macht allerdings weiter. Nur durch elf der Einsichtsstufen ist er zum Stillstand zu bringen. Dann können wir allerdings zur vollkommenen Ruhe kommen.

Das heißt also, alles, was wir festhalten wollen, unsere Identifikationen als Frau, Mann, Meditierender – jung, alt, reich, arm, intelligent, dumm, was immer es sei – ist im Fluß, alles bewegt sich. Es ist gleichermaßen unmöglich, die Dinge, die von außen auf uns zukommen, festzuhalten, denn alles ist in Bewegung. Jeder Tag verschwindet, jede Stunde, jede Minute, jede Sekunde. Anders geht es nicht. Die Tatsache, daß dann eine neue Sekunde, eine neue Minute und ein neuer Tag kommen, hält uns davon ab, alles, was gewesen ist, als verschwunden zu erkennen.

Um diese Erkenntnis leben zu können, müssen wir uns natürlich mit ihr beschäftigen. Da, wo wir den Geist hinlenken, findet er sein Heim. Am einfachsten ist es, die Vergänglichkeit zu verinnerlichen, wenn wir konzentriert meditiert haben, weil der Geist dann zur Ruhe gekommen ist und viel weniger Ablehnungen und vielleicht gar keine Begierden hat. Dann können wir uns die Vergänglichkeit des Meditationsobjekts anschauen, denn das verschwindet, wenn wir uns ihm nicht mehr zuwenden. Die Vergänglichkeit der Zeit, die gerade verstrichen ist, wird deutlich. Nach einer konzentrierten Meditation hat der Geist besondere Stärke, um tiefer zu gehen.

Die dritte Einsichtsstufe heißt Ursache und Wirkung. Da kommt ein ganz wichtiges Kontemplations- und Einsichtsobjekt zutage, von dem schon gesprochen wurde, aber das hier eine besondere Funktion einnimmt, nämlich die Ursache des Körpers und die Ursache des Geistes. Die Ursache, daß der Körper hier und überhaupt als Mensch am Leben ist, ist in unserer Begierde dazusein zu finden. Wir können dies untersuchen und feststellen, daß wir im Moment nicht die geringste Absicht haben, nicht mehr dazusein. Im Gegenteil. Wenn uns jemand vorschlagen würde, daß jetzt unser Todesmoment gekommen sei, würden wir uns ganz sicherlich auflehnen.

Sollten wir einen Todeswunsch haben, was viel seltener ist, so ist das die Kehrseite derselben Medaille, nämlich der Wunsch, nicht dazusein. Diese beiden Begierden gehören zusammen. Da aber die eine viel stärker und öfter auftritt, so sprechen wir im allgemeinen von der Begierde dazusein. Das ist der Grund, warum Körper und Geist überhaupt hier auf der menschlichen Ebene existieren.

Daß dieser Wunsch des Daseins nicht vorhanden ist, ist nur bei der vollen Erleuchtung möglich, und daher kann der voll Erleuchtete auch nie mehr wiederkommen. Solange wir hier als Mensch leben, ist außerdem die Ursache für das Bestehen des Körpers, daß wir ihm Nahrung und Getränk zuführen, Medizin verwenden, wenn nötig, und ihm die nötigen Ruhepausen einräumen, das heißt, daß wir ihn so behandeln, daß er weiterleben kann.

Was ist die Ursache für den Geist? Da kommen die fünf Aggregate oder Daseinsgruppen (*Khandhas* auf Pali, *Skandhas* auf Sanskrit) ins Spiel. Alle diese Bezeichnungen sind nicht sehr aufschlußreich. Von den Daseinsgruppen gehören vier zu dem Geist, die fünfte ist der Körper. Die vier des Geistes funktionieren nach einem immer wiederkehrenden Programm. Wenn wir das Programm nicht lesen können, können wir auch nichts damit anfangen. Erst nachdem wir es erkannt haben, merken wir, daß dieser gleiche Ablauf unnötig ist. Das Programm heißt: Sinnesbewußtsein, Gefühl, Wahrnehmung, Geistesformation, was die vier Teile des Geistes benennt. Diese vier Teile können wir uns nicht nur merken, sondern sie auch bemerken.

Das Sinnesbewußtsein kennen wir, es bewerkstelligt unsere Sinneskontakte. Wir haben sie bereits hinreichend besprochen. Die erste Ebene des Glücks besteht aus nichts anderem. Aber wir wissen jetzt schon, daß unsere Sinne an sich kein Vergnügungslokal sind, sondern unser Überlebensprogramm. Es ist viel einfacher zu leben, wenn unsere Sinne intakt sind. Unweigerlich folgt dem Sinneskontakt das Gefühl, das entweder angenehm, unangenehm oder neutral ist. Die neutralen nehmen wir in Kauf, bei den angenehmen und den unangenehmen reagieren wir.

Der nächste Schritt, der oft unbemerkt verläuft, ist die Wahrnehmung, das heißt das Etikettieren, und danach kommt die Reaktion, Geistesformation genannt. Dieser letzte Schritt ist das Erfüllen der Geistesfunktion. Alle vier Schritte sind im Geist vorhanden, aber den, den wir am besten kennen, ist der vierte, unsere Reaktion. Haben wir ein angenehmes Gefühl bekommen, dann gefällt uns das. Wir wollen es behalten und wieder haben. Haben wir ein unangenehmes Gefühl bekommen, dann wollen wir es loswerden und möglichst nie wieder damit in Berührung kommen.

Ein vorprogrammierter Ablauf von morgens bis abends. Was kommt dabei raus? Nichts wie Habenwollen und Nicht-Habenwollen. Die zweite Edle Wahrheit, die Ursache für *Dukkha*. Das können wir alle ganz einfach feststellen. Wir brauchen nur einmal aufzupassen. Wir haben bereits unsere Sitzstellung als Musterbeispiel dafür benutzt. In diesem Fall entsteht das Sinnesbewußtsein durch Berührungskontakt, ein unangenehmes Gefühl folgt, das Etikett sagt Schmerz, die Reaktion: „Das kann ich nicht leiden." Erste Vertiefung: Konzentration, daher angenehmes Gefühl, Etikett „wunderbar", Reaktion „will ich wieder haben". Eine immer wiederkehrende Kette von Ursache und Wirkung, die nichts bringt und nie aufhört, sogar nicht einmal im Traum, obwohl wir im Traum kein *Karma* machen. Im Wachen jedoch machen wir mit jeder Reaktion *Karma*. Die negativen Reaktionen, ebenso wie die begehrlichen Reaktionen machen beide schlechtes *Karma*; das kann minimal, massiv oder mittelmäßig sein.

Wenn wir dieses Programm in uns nicht erkennen, können wir es nicht durchbrechen. Aber eines Tages sollten wir in der Lage sein, das angenehme oder unangenehme Gefühl gar nicht erst zu etikettieren, sondern es einfach wahrzunehmen und dann fallenzulassen. Das ist der Idealzustand. Es ist klar, daß wir das nicht sofort können, aber wir wissen wenigstens, wozu unser Geist fähig sein könnte. Noch einmal könnten wir uns vorstellen, wir liegen auf dem Totenbett und haben äußerst unangenehme Gefühle, weil nichts sehr komfortabel ist. Was sind unsere Reaktionen? Loswerden wollen, Ablehnung, Widerwillen, die sehr stark sein können. Wenn wir geübt haben, solange noch die Körperkräfte intakt waren, dann können wir diese Gefühle als Gefühle erkennen, aber müssen nicht unbedingt das vorprogrammierte Reaktionsprogramm einschalten. Wir haben dann ein viel leichteres Leben und einen viel leichteren Tod.

Wir können bei verhältnismäßig einfachen Dingen anfangen, was wir auch sollten, und uns nicht gleich das schwierigste vornehmen. Zum Beispiel: Wir hören etwas, was uns nicht paßt, haben ein unangenehmes Gefühl, das Etikett ist „scheußlicher Mensch“, die Reaktion „nie wieder mit ihm etwas zu tun haben“, und sind nun lebenslänglich böse. Nur weil irgendetwas gesagt wurde, was derjenige zwei Minuten später wahrscheinlich längst vergessen hat, denn wir können uns recht wenig merken. Nachdem unsere Reaktion gekommen ist, was ja leider instinktiv und impulsiv passiert, gehen wir zu dem betreffenden Sinneskontakt zurück und durchleben die Situation noch einmal von Anfang an. Was habe ich gehört?

Ein unangenehmes Gefühl folgte, die Wahrnehmung war „paßt mir nicht, ein ganz scheußlicher Mensch", und die Reaktion „böse sein". Wozu? Wir machen uns nur selbst unglücklich.

Sollten wir eines Tages zu uns selbst sagen: „Ich bin ein Narr, mich selbst unglücklich zu machen", haben wir einen gewaltigen Schritt in die absolute Wahrheit getan. Wenn wir das nicht sagen, sondern stattdessen auf die erste Ebene des Glücks zurückgreifen, haben wir den Ablauf des Geistes nicht erkannt. Es ist wirklich närrisch, sich selbst unglücklich zu machen. Es ist ganz unnötig, und doch ist die ganze Menschheit äußerst geübt darin. Jeder kennt sich darin aus. Um uns glücklich zu machen, greifen wir immer wieder auf die Ebene der Sinneskontakte zurück. Es gibt aber andere Möglichkeiten.

Diese vier Teile des Geistes können zur Einsicht in Ursache und Wirkung das Meditations- oder Kontemplationsobjekt sein. Wir könnten zuerst die Ruhemeditation üben und dann diese vier Teile des Geistes in uns erkennen. Wenn wir den Ablauf im Geist bemerken, dann haben wir eine Handhabe dagegen, uns selbst unglücklich zu machen.

Wir können aus dieser Erklärung schon entnehmen, daß die ersten Einsichtsstufen bereits Glück bringen. Die erste ermöglicht uns, nicht immer auf den Körper zu reagieren, wodurch wir weniger *Dukkha* haben. Die zweite bringt uns Gleichmut, da wir die Vergänglichkeit erkennen. Die dritte bringt die Möglichkeit, daß wir unsere Reaktionen nicht programmäßig ablaufen lassen. Dieses Programm, das hier beschrieben wurde, ist die Ursache für Zwistigkeiten und Streitigkeiten, Argumente, inneres Unglücklichsein und letztendlich Krieg, innerer Krieg und äußerer Krieg. Es gibt keinen äußeren Frieden ohne inneren Frieden. Das können wir an allen Geschehnissen erkennen. Da die Menschen fast niemals inneren Frieden empfinden, gibt es auch keinen äußeren Frieden. Je mehr wir aber Frieden zu unserem Läuterungsprojekt machen – und es gibt sicher kein wichtigeres –, desto mehr wird es uns auch gelingen. Projekte, die wir mit Willenskraft und Verständnis anpacken, gelingen.

Selbstverständlich gibt es im Buddhismus unendlich viele Möglichkeiten der Sozialarbeit, gerade auch weil Buddhismus in der sogenannten unterentwickelten Welt bedeutsam ist. Aber die größte Sozialarbeit, die der Buddha immer wieder empfohlen hat, ist, Frieden in sich selbst zu schaffen und dadurch auch um sich herum. Ein Erleuchteter hat unendliche Möglichkeiten und Fähigkeiten, die Erleuchtung ausstrahlen zu lassen. Es ist eine der Fragen, die der Buddha nicht beantwortet hat, nämlich wie weit der Einfluß eines Buddhas reicht. Eine andere Frage, die er nicht beantwortet hat, war, wie weit der gute Einfluß eines Menschen, der die *Jhānas* praktiziert, reicht. Sozialarbeit gibt es auf jeder Ebene. Hier könnte man sagen, daß das die höchste Ebene ist. Das verneint und negiert nicht die Sozialarbeit auf anderen Ebenen, im Gegenteil. Auch die hat der Buddha empfohlen, aber nicht in dem Ausmaß, daß wir die Arbeit an uns selbst vernachlässigen.

Die vierte Einsichtsstufe ist das Erkennen des Auflösens. Das ist im allgemeinen ein meditativer Prozeß, bei dem wir spüren, wie sich Gedanken, Beobachtung, Atem, also alles, was wir für die Meditation benutzen, in einem Auflösungsprozeß befindet. Wenn die vorangehenden Stufen noch nicht verinnerlicht waren, dann ist dieses Erlebnis ein unangenehmes. Haben wir allerdings die anderen Einsichten bereits erarbeitet und leben wir mit ihnen, ist es ein beglückendes. Wir haben das Beispiel des Baches benutzt. Bei dieser Einsicht des Auflösens haben wir den meditativen Beweis dafür, daß alles im Fließen ist. Bei einem fließenden Bach kommt nie derselbe Wassertropfen zum Vorschein. Das Wasser fließt dahin, jeder Tropfen löst sich auf und ein neuer kommt.

So spüren wir uns selbst auf dieser Ebene, und wenn bereits die Vergänglichkeit und Ursache / Wirkung uns keine Schwierigkeiten mehr machen, dann können wir dieses Erlebnis genauso akzeptieren. Wenn wir allerdings noch Ablehnungen oder Zweifel haben, kann es sehr leicht sein, daß wir uns von diesem Erleben des Auflösens abwenden. Wenn wir das tun, so bleibt einfach nichts anderes übrig, als ein anderes Mal sich dort wieder hinzuwenden. Wenn wir uns voll hingeben, so kann es ein Gefühl der Durchlässigkeit, die die Wahrheit ist, in uns hervorrufen. Nur das Erdelement ist kompakt und solide in uns. Alles andere ist durchlässig, vor allem auch das

Wasserelement, das durchlässig ist und ständig fließt. Die Kompaktheit ist an sich nichts anderes als eine Übertünchung der Durchlässigkeit. Da sich alles auflöst, ist nichts beschwerlich. Wir fühlen uns leicht beschwingt, die Schwerkraft ist nicht mehr ausschlaggebend. Aber es sind beide Möglichkeiten der Reaktion vorhanden, die beglückende oder die ablehnende.

Kontemplation über Vergänglichkeit

Um anzufangen, bitte die Achtsamkeit auf den Atem lenken.

Bei dieser Gelegenheit wollen wir einmal feststellen, daß jeder Atemzug aufhören muß, um den nächsten Atemzug zu ermöglichen. Jeder Atemzug ist nicht nur vergänglich und wechselhaft, sondern verschwindet tatsächlich. Obwohl der nächste Atemzug ähnlich ist, so kann es nie mehr derselbe sein. Das können wir jetzt bei den nächsten Atemzügen erleben.

Jetzt können wir den Beobachter untersuchen, der dies festgestellt hat. Ist er vergänglich oder bleibt er immer oder ist er zeitweilig überhaupt nicht zu finden?

Wir wollen uns die verschiedenen Sinneskontakte, die wir erleben, vor Augen führen. Wir können uns einen bestimmten Sinneskontakt aussuchen oder die fünf Sinneskontakte, denen wir ständig ausgesetzt sind: Sehen, Hören, Riechen, Schmecken, Berühren. Wir können einen oder alle betrachten. Haben wir jeden dieser Kontakte, die wir je gehabt haben, verloren, oder ist irgendeiner von diesen Sinneskontakten bei uns geblieben? Wir können noch untersuchen, wie lange ein einzelner von diesen Sinneskontakten angehalten hat, bis er verschwand.

Wir wollen unsere Gedanken einmal untersuchen. Wieviele haben wir heute schon gehabt? An welche können wir uns erinnern? Wie lange hat jeder angehalten? Oder sind sie alle im Sand der Zeit verronnen? Nur heute, seitdem wir aufgewacht sind, nicht einmal alle während der anderen Tage und Jahre unseres Lebens.

Nun schauen wir uns unsere Emotionen an. Vielleicht nur die, die wir heute gehabt haben, seitdem wir aufgewacht sind, ob sie stark oder schwach waren. Haben wir sie noch? Sind sie verschwunden? Wie lange haben sie angehalten? Oder wenn uns der heutige Tag nicht genügt, schauen wir uns diese Woche an. Wo sind die ganzen Emotionen, die wir gehabt haben?

Wir richten die Achtsamkeit auf unseren Körper und stellen einmal fest, wie weit wir wahrnehmen, daß er sich verändert hat, daß er vielleicht gar keine Ähnlichkeit mehr hat mit dem Körper, den wir vor einiger Zeit hatten.

Dann schauen wir uns den Wechselvorgang an, der in unserem Körper ständig stattfindet. Herzklopfen, Blutkreislauf, Atmen und eventuell auch die Zellen, die zusammenkommen und auseinanderfallen. Dann schauen wir uns an, wie Wachsein mit Müdigkeit abwechselt, Hunger mit Gesättigtsein, Ruhe mit Bewegung. Ein ständiger Wechselvorgang, bei dem alles zu Ende gehen muß, um einem Neuen Platz zu machen.

Jetzt schauen wir uns alle Körperbewegungen an, die wir seit heute morgen schon gemacht haben. Ist eine davon noch vorhanden, oder sind sie alle schon verlorengegangen, verschwunden, entstanden und vergangen?

Jetzt lenken wir unsere Achtsamkeit auf die Tage dieser Woche. Wo sind Sie? Vergangen? Entstanden und vergangen. Genauso wie alle Tage unseres Lebens.

Wir wollen uns an eine Uhr erinnern. Können wir an ihr erkennen, wie jede Sekunde vergeht?

Ist uns klar, daß wir nur in der Sekunde, die jetzt ist, da sein können? Die vorhergehende ist verloren, und die nächste noch nicht gekommen.

Wir wollen uns jetzt einmal all die materiellen Dinge anschauen, die wir in diesem Leben schon besessen haben. Haben wir sie immer noch? Oder sind sie kaputtgegangen, verschenkt, verloren, weggeworfen? Was ist mit ihnen geschehen? Haben wir einigen von diesen Dingen nachgetrauert, oder erkennen wir es als selbstverständlich, daß alles, was zusammengesetzt ist und auf Bedingungen aufgebaut ist, verschwindet?

Haben wir leicht loslassen können oder ist es uns schwergefallen?

Oder haben wir das Loslassen mit Neuanschaffungen übertüncht?

Jetzt denken wir an all die Menschen, die uns in diesem Leben wichtig waren, die uns nahe standen. Sind sie alle noch vorhanden? Oder sind einige gestorben, verzogen, nicht mehr wichtig oder ablehnend? Sind all die Menschen, denen wir in diesem Leben nahe gestanden haben, noch genauso wie einstmals? Oder haben sie sich geändert? Sind sie anders als sie einmal waren?

Haben wir diesen Wechsel, diesen Verlust leicht akzeptieren können, oder war es schwierig?

War das schwierige Loslassen ein Grund zur Trauer?

Können wir einmal unser eigenes Leben als einen fließenden Bach von Geburt zu Tod betrachten? Von der Quelle bis zur Mündung. Können wir erkennen, daß bei einem fließenden Bach ständiger Wechsel vorhanden ist? Der Grund, über den er fließt, verändert sich, daher auch das Spiegelbild. Können wir das in uns auch erkennen?

Möchten wir diesen fließenden Bach vor seiner Mündung anhalten und können wir das? Oder fließen wir mit?

Können wir sehen, daß das Akzeptieren der Vergänglichkeit nicht Gleichgültigkeit sondern Gleichmut in uns hervorruft, und daher unsere Emotionen nicht mehr so massiv in uns hochsteigen, sondern wir ruhiger und friedlicher werden. Alles fließt dennoch, ob wir es bemerken und akzeptieren oder auch nicht.

Mögen alle Menschen die Vergänglichkeit nicht nur erkennen, sondern auch leben können.

XI

Die vierte Ebene des Glücks:

Die Welt sehen, wie sie wirklich ist

Wir wollen die restlichen Einsichtsstufen benennen, obwohl gerade diese, die ja die Befreiung bedeuten, im Moment vielleicht noch nicht unser persönliches Übungsfeld sind. Aber wir können bei allen Einsichtsstufen deutlich erkennen, daß wir sie schon jetzt ansatzweise benutzen können. Ob die Einsicht vollkommen ist oder nicht, ist dabei nicht ausschlaggebend. Dazu ist auch noch zu bemerken, daß die Einsichtsstufen in dieser Reihenfolge traditionell aufgezeichnet sind und gelehrt werden, doch bei dem Einzelnen in anderer Folge kommen können. Auch das schadet nichts. Wenn wir eine Einsichtsstufe erleben, die weitreichender ist als unsere bisherigen Erlebnisse, so erscheint die dazwischenliegende Einsicht von selbst. Sie steigen alle durch Üben in uns hoch und nicht nur bei der Meditation. Sie können durch Kontemplation kommen, können sich aber auch im täglichen Leben, bei einer ganz banalen Beschäftigung, manifestieren.

Auf der fünften Einsichsstufe (die häufig als die vierte beschrieben wird und die Auflösung als die fünfte) richtet sich der Geist zu den drei Daseinsmerkmalen aus. Die drei Daseinsmerkmale sind auf Pali: *Anicca*, *Dukkha*, *Anattà*: Vergänglichkeit, Unzulänglichkeit oder Unerfülltheit und die Substanzlosigkeit. Wörtlich übersetzt bedeutet »*Anattà*« Nicht-Ich, »*Attà*« ist »Ich« und »*an*« ist eine von den Negativsilben. Als generelles Daseinsmerkmal ist es die Substanzlosigkeit, wobei das Nicht-Ich die Hauptsache ist.

Auf dieser Einsichtsstufe ist es möglich, uns bei jeder Gelegenheit, die uns oder unsere Umwelt betrifft, an eins der drei Daseinsmerkmale zu erinnern. Auf jeden Fall wird uns das oft möglich sein, weil wir die Vergänglichkeit, das Entstehen und Vergehen bereits erkannt und auf der zweiten Einsichtsstufe erlebt haben. Wenn wir dazu noch Ursache und Wirkung durchschaut haben und sogar schon ein Erleben der Auflösung hatten, so geht der Geist automatisch zu diesen Daseinsmerkmalen.

Im allgemeinen sucht sich jeder Übende eins von den drei Merkmalen aus, das er bevorzugt betrachtet. Es wird traditionell gesagt, daß ein Mensch mit viel Vertrauen die Vergänglichkeit bevorzugt, jemand mit viel Konzentration die Untersuchung von *Dukkha*, ein analytisch veranlagter Mensch, der Zusammenhängen auf den Grund geht, die Untersuchung der Substanzlosigkeit. Aber da sich ja ständig alles ändert und vor allem unsere Geistesformationen, so sind wir nicht gezwungen, bei der Untersuchung von einem dieser Daseinsmerkmale zu bleiben. Wir können uns eine Zeit lang auf eins konzentrieren und uns dann jeweils ein anderes vornehmen. Jedes der drei Merkmale führt zum Resultat der Befreiung, wenn es durchschaut und verinnerlicht worden ist.

Hier wird häufig *Dukkha* untersucht, weil der Geist erkannt hat, daß es nichts Wichtigeres gibt, als vollkommene Freiheit von jeglichem *Dukkha* zu finden. Sobald wir begreifen, daß *Dukkha* überall zu finden ist, und wir deshalb nicht unter unserem eigenen *Dukkha* mehr leiden müssen, so ist das natürlich ein großes Glück. Unter *Dukkha* zu leiden, ist auf der weltlichen Ebene eine Selbstverständlichkeit. Das kann jeder und macht auch jeder. Dazu gehört weder Einsicht, noch Meditation, noch die Buddha-Lehre. Unter dem eigenen *Dukkha* zu leiden, ist eine allgemeine Verblendung.

Aber *Dukkha* zu erkennen, zu akzeptieren und zu wissen, woher es kommt, und daher nicht darunter zu leiden, ist Einsicht. Dazu gehört das Durchschauen von Ursache und Wirkung. Zum Beispiel wenn wir mit dem Körper Unannehmlichkeiten oder sogar schwere Krankheiten bei uns selbst oder in der Familie haben und darunter leiden, so ist das als ein Normalzustand anerkannt. Der Buddha will uns aber lehren, daß, was wir als Normalzustand bezeichnen, in Wirklichkeit überhaupt nicht normal ist, sondern einfach die menschliche Ebene bedeutet, die wir alle durch unseren Geist transzendieren können, auch noch, solange wir im menschlichen Körper sind.

Lebensbedrohende oder sonstige Krankheiten können wir als das gewöhnliche *Dukkha* des menschlichen Körpers erkennen und wissen, daß es überall zu finden ist, wo Materie besteht, da diese aus Bedingungen entstanden und aus Teilen zusammengesetzt ist. Die Bedingung oder Ursache für die Existenz ist Begierde und hat genau diese Wirkung hervorgerufen, nämlich einen Körper, der aus nichts anderem als Materie besteht und daher dem Verfall ausgesetzt ist. Es gibt keine Materie, die nicht diese Eigenschaft hat. Das ist wohl *Dukkha*, aber wenn wir nicht darunter leiden, haben wir *Dukkha* richtig erkannt. Dasselbe gilt für das *Dukkha* unserer Emotionen. Wir merken, daß wir nur darum *Dukkha* haben, weil wir auf das, was uns nicht paßt, mit Negativität reagieren. Wir erkennen, wie *Dukkha* entsteht und leiden nicht darunter.

Um durch das Durchschauen von *Dukkha* zur Befreiung zu kommen, müssen wir den Weg der wunschlosen Befreiung gehen. Durch die meditativen Vertiefungen haben wir die Wunschlosigkeit in der dritten Vertiefung erlebt. Obwohl die Vertiefungen nicht die Befreiung bedeuten, sind sie ein Muster dafür, ein Ansatz, wie es sein könnte. Es erleichtert uns diesen Weg, das erlebt zu haben. Denn wenn wir wissen, daß all unsere Wünsche, mögen sie noch so subtil und fein sein, nichts anderes sind als Mangelerscheinungen und daher *Dukkha* produzieren, dann wissen wir auch, daß wir durch diese Erkenntnis nur befreit werden können, wenn wir unsere Wünsche loslassen.

Das können wir im täglichen Leben ausprobieren. Dann wird sehr oft eingewendet: „Ich kann doch in meiner Karriere...", „Ich kann doch in meinem Beruf..." oder „Ich kann doch nicht alle Menschen so hinnehmen..." oder „Ich kann sie doch nicht einfach mit mir machen lassen, was sie wollen..." Wieso eigentlich nicht? Wir können kontemplieren und das untersuchen. Heißt nicht können eigentlich nicht wollen? Was kann es schaden, wenn ich übervorteilt werde? Wenn wir erkennen, daß es geschehen könnte, und wir diesem Menschen dann mit Liebe entgegen kommen, ist überhaupt keine Übervorteilung möglich. Es gibt höchstens den Versuch des anderen, mehr Vorteile zu haben. Aber es kann nicht die Rede davon sein, übervorteilt worden zu sein. Das kommt erst in Frage, wenn wir negativ reagieren. Wunschlosigkeit im täglichen Leben ist eine absolute Möglichkeit. Wir sollten im kleinen anfangen und uns nicht gleich vornehmen, sofort jetzt *Nibbàna* zu erreichen. Das funktioniert nicht, dabei entstehen Phantasiegebilde, die äußerst schädlich sein können.

Sollten wir uns einreden, daß wir ein gewisses Erlebnis der Befreiung schon gehabt haben, dann kann das dazu führen, nicht weiter zu üben und uns noch darauf etwas einzubilden. Ein Mensch, der sich auf irgendwelche spirituelle Errungenschaften etwas einbilden kann, hat diese keinesfalls gehabt. Spiritueller Fortschritt unterbindet persönliche Wichtignahme.

Wir können die Wunschlosigkeit mit ganz kleinen Dingen beginnen. Wenn wir zum Beispiel unsere speziellen Wünsche als etwas ansehen, was wir zwar vorziehen, aber nicht unbedingt haben müssen, dann ist schon ein großer Schritt getan, der uns zur Harmonie mit unserer Umwelt verhilft. Sollten die Menschen, mit denen wir zu tun haben, auf ihren Wünschen bestehen, dann ist nichts anderes nötig als Mitgefühl. Denn tiefgehende Wünsche bedeuten tiefgehendes *Dukkha*.

Wir können also die Einsichtsstufen in jeder Lebenslage nutzen und müssen nicht auf Spitzenerlebnisse in der Meditation warten, die vielleicht niemals kommen. Auch unsere Kontemplationen mögen keine einschneidenden Weisheiten bringen, dennoch merken wir, daß sie glückbringend sind. Bestehen wir zum Beispiel nicht auf unseren Wünschen, haben wir viel mehr Gleichmut, sind viel friedlicher und streiten uns nicht mit denen, die entgegengesetzte Wünsche haben. Alles wird einfacher und läuft harmonischer ab. Daher ist dies eine wichtige Übung, die besonders im Alltag möglich ist.

Sollte uns *Dukkha* als Untersuchungsobjekt nicht so brennend interessieren und wir die Vergänglichkeit vorziehen, so ist dies genauso wertvoll. Beim Gehen zum Beispiel sollten wir nicht daran denken, ob wir auch rechtzeitig ankommen und dort die erwarteten Resultate erzielen werden, sondern jeden Schritt als vergänglich betrachten. Das können wir im Alltag bei jeder Gelegenheit üben.

Bei Ärger oder Freude können wir die Vergänglichkeit unserer Emotionen kennenlernen. Sollten wir Schlechtes über jemanden erfahren, so ist keine Verurteilung angebracht, sondern nur Mitgefühl und das

Wissen um die Vergänglichkeit. Nichts bleibt bestehen. Alles fließt von der Quelle zur Mündung, von Geburt zu Tod und kann unmöglich aufgehalten werden. Ob wir dieses Fließen bemerken oder nicht, ändert nichts an der Tatsache.

Sollten wir die Substanzlosigkeit untersuchen wollen, dann schauen wir, ob irgendetwas in uns vorhanden ist, das sich nie ändert, nicht vergänglich ist, einen soliden Kern bildet. Es gibt ein Gleichnis, das dabei hilft. Wir nehmen alles auseinander, woraus wir bestehen, als ob wir eine Zwiebel schälen und in dieser Zwiebel den Kern suchen. Wir merken sehr bald, daß es da keinen Kern gibt, sondern nur immer wieder Blätter und Schale. Wenn wir diese weiter auseinandernehmen, dann bleibt am Ende nichts als leere Luft. Aber eigentlich sah diese Zwiebel sehr solide aus und hatte auch scheinbar kompakte Eigenschaften. Wenn wir uns selbst auseinandernehmen, dann kommen wir zu der Erkenntnis, daß das gleiche geschieht, obwohl auch bei uns die Kompaktheit und Solidität verdeutlicht ist.

Die folgende Kontemplation ist auf diese Erkenntnis ausgerichtet. Wir stellen uns vor, daß wir von Kopf bis Fuß einen Reißverschluß haben, diesen öffnen und alles, was in uns zu finden ist, herausholen und feinsäuberlich vor uns aufstapeln. Erst alle inneren Organe, dann was in Kopf und Gesicht existiert. Als nächstes nehmen wir die Knochen heraus. Die Haut fällt in sich zusammen, weil sie nicht mehr von den Knochen gehalten wird. Wir legen all das vor uns hin und fragen: „Wer von euch heißt ›Ich‹?“ Darauf meldet sich keiner. Erstens können sie sich nicht melden und zweitens heißt keiner »Ich«. Sie haben ganz andere Namen. Sie heißen Niere und Lunge, Magen und Herz, Blut und Gedärme, Augen und Zähne, Nägel und Haare, aber keiner heißt »Ich«. Wenn wir uns das alles anschauen und der Geist sagt: „Um Gottes Willen, schnell wieder reintun“, dann wissen wir ganz genau, daß wir an dieser Daseinsgruppe, dem Körper, fest anhaften, von Loslassen nicht die Rede sein kann, und die Substanzlosigkeit kein Thema für uns ist. Dann nehmen wir alle Einzelteile, tun sie schnell an ihren Platz zurück, schließen den Reißverschluß und stoßen einen Seufzer der Erleichterung aus. Jetzt sind wir wieder intakt. Die Identifikation mit dem Körper ist sehr stark, aber nicht so schwer aufzugeben.

Dann können wir die vier Daseinsgruppen des Geistes untersuchen und herausfinden, welche davon »Ich« heißt. Vielleicht der Sinneskontakt, wenn wir etwas sehen oder hören? Was wir sehen oder hören, ist außerhalb von uns, und heißt vielleicht Lampe oder Kissen, Stuhl oder Haus, eventuell Musik oder Husten. Sagt das Gefühl, es heiße »Ich«, oder einfach unangenehm, angenehm oder neutral? Wir ergreifen jedoch das Gefühl und behaupten, es gehöre uns. Daher werden die Daseinsgruppen die *Upādāna Khandhas* genannt, die »Gruppen des Anhaftens«.

Das Anhaften an den Körper loszulassen, geht einigermaßen, obwohl es auch nicht so einfach ist. Aber

Gefühl, gefolgt von Wahrnehmung und Geistesformationen, das heißt Denken und Reagieren, ist schwieriger loszulassen, obwohl auch Denken und Reagieren bestimmt nicht »Ich« heißen. Aber unsere Ich-Illusion, die auch eine Geistesformation ist, behauptet, daß es »mein« Gedanke sei. Es muß doch jemand da sein, der denkt. Wieso eigentlich? Wieso kann nicht einfach denken stattfinden? Wenn wir uns gut konzentrieren können, dann ist einfach atmen da und nicht: »Ich« atme oder »Ich« beobachte. Unsere instinktive, impulsive Reaktion verursacht die Annahme, daß »Ich« denke und »mir« das Denken gehört. Wenn wir intelligent und logisch denken können, dann sind wir natürlich stolz darauf, daß diese Gedanken »mir« gehören. Sollten wir nicht ganz so gut wie unsere Umwelt denken können, dann kommen wir uns etwas minderwertig vor und versuchen, besser zu denken.

Die *Upādāna Khandhas*, die Daseinsgruppen des Anhaftens, sind der Störenfried. Sie sind die Hürde, die wir überschreiten müssen, um die Substanzlosigkeit zu verstehen. Wenn uns das als Untersuchungsmerkmal interessiert, müssen wir uns dem häufig zuwenden. Wir haben schon viele Leben lang geglaubt, daß das »meine« Gedanken und »meine« Gefühle sind. Sobald wir das nicht mehr glauben, würden wir nicht mehr auf sie reagieren. Nur dieser feste Glaube, daß das »mein« ist, daß das »Ich« bin, reizt uns zur Reaktion. Wenn es einfach Gedanken oder Emotionen sind, was soll damit geschehen? Sie sind da, entstehen und vergehen. Selbstverständlich ist das die schwierigste Untersuchung, aber gehört immer zu dieser Art von Kontemplation. Wenn wir bis zu diesem Einsichtsschritt vorgeschritten sind, dann kommen diese Untersuchungen spontan hoch.

Das volle Verständnis der Vergänglichkeit hat als Tor der Befreiung die Bedingungslosigkeit. Wenn wir erkannt haben, daß alles, was im Universum existiert, vergänglich ist, dann haben wir auch durchschaut, daß alle Dinge Bedingungen haben, um zu existieren. Daher ist die Befreiung durch die Vergänglichkeit die Bedingungslosigkeit.

Die Befreiung durch die Substanzlosigkeit ist das Erkennen der Leere, so wie innerhalb der Zwiebel leere Luft ist, obwohl sie doch so kompakt aussieht. Der Buddha benutzte als Gleichnis nicht eine Zwiebel, sondern einen Bananenbaum, der auch ganz solide aussieht und nur aus Lagen von Blättern besteht.

Wenn wir die Dinge so betrachten, wie sie wirklich sind, und uns selbst als substanzlos erkennen, bedeutet das nicht, daß wir die zweite Ebene des Glücks, Liebe und Mitgefühl für unsere Mitmenschen, dadurch verlieren. Im Gegenteil, die Einsichten, die wir haben, vergrößern unser Mitgefühl für andere. Wir sehen, daß sie durch die fehlenden Einsichten leiden und weniger leiden würden, wenn sie die Zusammenhänge erfaßt hätten. Dadurch wird unser Mitgefühl immer stärker. Manchmal wird gesagt, „Wenn Substanzlosigkeit wahr ist und sowieso niemand da ist, wer soll wen lieben?“ Die zweite und dritte Ebene des Glücks bleiben als Fundament und Unterstützung bestehen. Der Buddha hat nach seiner Erleuchtung jeden Morgen meditiert, und traditionell wird gesagt, daß er in der Meditation das Netz seines Mitgefühls ausgeworfen hat, um darin jemanden zu fangen, von dem er wußte, daß er die Lehre verstehen würde. Ein Erleuchteter hat totales Mitgefühl. Er beschäftigt sich nicht mit der Relativität unserer Illusionen, sondern damit, diese Illusion in sich selbst zu vernichten, so daß er dadurch allen Wesen helfen kann.

Wenn wir diese drei Daseinsmerkmale untersuchen, dann kommt dabei auch häufig noch einmal die Auflösung von allem, was wir sonst als solide und kompakt angesehen haben, als ein meditatives Erlebnis hoch. Wir finden nichts mehr, worauf wir uns stützen können. Sollten wir die Vertiefungen praktiziert haben, so haben wir davon einen Vorgeschmack in der fünften und sechsten Vertiefung bekommen, wo nichts existiert außer unendlichem Raum und unendlichem Bewußtsein. In der siebenten Vertiefung haben wir gesehen, daß in beiden nichts außer Leere vorhanden ist. So ängstigt uns die Auflösung von den Dingen, mit denen wir uns sonst beschäftigt haben, in keiner Weise. Haben wir aber diese Vertiefungen nicht erlebt, so ist dies Neuland und kann daher angsterregend sein. Da brauchen wir die Hilfe eines Lehrers, der uns erklärt, daß das ganz in Ordnung ist. Hier können wir wieder einen Vorteil erleben, den uns die Vertiefungen bieten.

Wenn wir die Angst durch Verständnis und Erklärungen überwunden haben, dann ist der nächste

Schritt, daß wir die Gefahr im menschlichen Leben sehen. Nicht nur die Gefahr des Sterbens, sondern auch die ständige Gefahr, schlechtes *Karma* zu machen, wodurch sich unsere Lebensumstände bedeutend verschlechtern können. Schlechtes und gutes *Karma* haben meistens sofortige Resultate. Wir brauchen nicht auf die Zukunft zu warten. Wir sind also drei Gefahren ausgesetzt: daß wir nicht am Leben bleiben, um zu praktizieren, daß wir schlechtes *Karma* machen und daß wir trotz unserer Übung und Praxis die Wahrheit nicht erkennen können. Unser Zurückfallen auf die erste Ebene des Glücks ist die Hauptursache dafür. Je öfter wir auf diese Ebene zurückgreifen, desto schwieriger wird es, Einsichten zu erlangen. Wir werden dann auch gewohnheitsmäßig immer wieder die Sinneskontakte suchen.

Mit dem Erkennen der Gefahr kommt die Dringlichkeit, jetzt und nicht später etwas zu unternehmen. Unser drittes Hindernis, Lässigkeit und Trägheit des Geistes, gaukelt uns vor, daß wir noch viel Zeit haben. Wir sind noch nicht so alt und können warten, bis die Kinder größer sind, bis wir uns besser fühlen, bis wir vielleicht nur halbtags arbeiten, bis ein Meditationskurs bei uns in der Nähe abgehalten wird. Es gibt eine unendliche Reihe von Dingen, auf die wir warten können. Dringlichkeit macht es unmöglich, die Praxis hinauszuschieben, denn wir wissen, daß wir nur diesen einen Moment haben, in dem wir üben können, nämlich jetzt. Dringlichkeit kommt deutlich hoch, wenn wir die Gefahren im menschlichen Leben erkannt haben. Nicht nur die Gefahren der Verluste, die wir kennen, und die uns ängstigen, sondern die Gefahren, die uns ständig umgeben, so daß wir immer wieder in die Falle unserer Negativitäten tappen. Spüren wir die Dringlichkeit, dann brauchen wir uns nicht mehr gut zuzureden zum Meditieren. Das ist von großem Vorteil. Die Dringlichkeit arbeitet gegen die Lässigkeit und Trägheit des Geistes. Keiner von uns weiß, wie lange wir leben werden, und so ist Dringlichkeit unabhängig von unserem Alter.

Der nächste Einsichtsschritt ist der Wunsch zur Erlösung. Dieser Wunsch ist im allgemeinen auf einem deutlichen Erkennen von *Dukkha* aufgebaut. Ohne das Erkennen von *Dukkha* ist der Wunsch zur Erlösung meistens zu schwach, um die tiefsten Einsichten zu erreichen. Das Gegenstück dazu ist: „Es ist auf der Welt doch so schön“, „Die Natur ist wunderbar“, „Die Menschen sind lieb“, „Es geht mir gut“, „Ich habe nichts zu klagen“, „Ich kann sogar meditieren“, „Wovon will ich eigentlich erlöst werden?“ Das bedeutet, *Dukkha* nicht erkannt zu haben oder es willentlich auszuklammern. Sollte uns dann *Dukkha* doch heimsuchen, so versuchen wir ihm zu entkommen oder beschuldigen äußere Umstände oder glauben, gerade mal Pech gehabt zu haben. Wir haben nicht erkannt, daß *Dukkha* überall und immer ist. Vergänglichkeit wird durch Kontinuierlichkeit übertüncht, *Dukkha* durch Fortbewegen.

Der Wunsch zur Erlösung kann ein ganz tiefgehender Einsichtschritt sein, wenn er unsere Prioritäten ändert. Obwohl wir weiter natürlich unseren Verpflichtungen und Verantwortungen nachkommen müssen, haben wir dennoch eine neue Art, unser Leben zu betrachten, und es so einzurichten, daß wir diesen Wunsch zur Erlösung, der ja auch *Dukkha* ist, verwirklichen können. So passen sich unsere äußeren Umstände den inneren an und können sich eventuell bedeutsam ändern.

Wenn der Wunsch zur Erlösung klar und deutlich ist und die Prioritäten ohne Zweifel darliegen, dann ist der nächste Schritt die Ernüchterung. Dies ist der erste Schritt, der zur vollen Befreiung führt. Alles, was in der Welt so hübsch aussieht, schillert und farbenfroh ist und uns auch auf der ersten Ebene des Glücks Freude bringt, ist nicht mehr wichtig. Daran können wir erkennen, ob wir den Schritt zur Ernüchterung getan haben.

Ernüchterung ist keine Ablehnung der Welt, was oft falsch verstanden wird, sondern ein Erkennen, daß die Welt ein riesengroßes Theater ist, in dem ein ständiges Schauspiel abläuft, bei dem wir nicht mehr unbedingt mitspielen müssen. Natürlich gehen wir weiter unseren Verpflichtungen nach, aber wir brauchen nichts mehr darzustellen, uns nicht mehr zu identifizieren und jemand zu sein. Wir sind bereits all das, was wir so gerne sein möchten, aber wir merken es auch hier noch nicht. Auf jeden Fall können wir von all den Dingen loslassen, die uns sonst unerläßlich erscheinen und die dieses Theaterstück überhaupt erst möglich machen.

Bei einem Theaterstück muß man sich ein Kostüm anziehen und gewisse Worte auswendig lernen. Manche Kostüme sind sogar sehr bedeutsam, und dann müssen wir irgendwelche dazu passenden Worte finden. Wenn wir das gemerkt haben, was nicht so schwierig ist, dann können wir das eines Tages fallenlassen. Es bedeutet nichts mehr und ist nicht mehr wichtig. Das einzige, was noch wichtig ist, ist vollkommene Freiheit von *Dukkha* zu finden. Die Vergänglichkeit zu erkennen, ist ein Mittel zum Zweck. Die Substanzlosigkeit zu erkennen, ist ein anderes Mittel zum Zweck. Das Resultat ist die Freiheit von allem *Dukkha*.

Nach der Ernüchterung folgt die Gierlosigkeit, auf Pali *Virāga*. »*Vi*« ist wieder eine Negativsilbe und »*Rāga*« ist die Passionslosigkeit. Wenn wir von allem, was es gibt, ernüchtert sind, dann gibt es auch keine Passionen mehr.

Es gibt eine Geschichte aus dem Leben des Buddha, was das vielleicht verdeutlicht. Der Buddha wurde oft gefragt, und diesselbe Frage wird auch heute noch gestellt: „Was geschieht mit dem Buddha nach seinem Tod?" Es gab einen Wanderasketen, namens Vacchagotta, der öfter im Pali-Kanon vorkommt und der dem Buddha auch diese Frage stellte. Er fragte: „Existiert der Buddha weiter nach dem Tod?" Der Buddha sagte: „Nein." Vacchagotta fragte: „Existiert der Buddha nicht weiter?" Der Buddha sagte: „Nein." Vacchagotta fragte wieder: „Existiert er weiter und auch nicht weiter?" Dazu sagte der Buddha: „Nein."

Vacchagotta ließ nicht locker: „Existiert er weder weiter noch nicht weiter?“ Auch darauf antwortete der Buddha: „Nein.“ Daraufhin sagte Vacchagotta total frustriert: „Jetzt hast Du aber zu allem ‚nein‘ gesagt. Was soll ich denn daraus entnehmen?“ Daraufhin sagte der Buddha zu ihm: „Sammele ein wenig Reisig auf.“ Nachdem Vacchagotta das gemacht hatte, sagte der Buddha: „So, jetzt zünde das an.“ Dann fragte der Buddha: „Hast du ein gutes Feuer?“ „Ja, es brennt gut.“ „Nun wirf noch etwas mehr Reisig drauf.“ „Brennt es gut?“ „Ja, es brennt sehr gut.“ Dann sagte der Buddha: „Jetzt höre auf, Reisig darauf zu werfen.“ Nach einer Weile fragte der Buddha: „Was ist jetzt mit dem Feuer?“ Da sagte Vacchagotta: „Jetzt ist es ausgegangen.“ Der Buddha: „Wohin ist es denn gegangen? Nach oben, nach unten, nach hinten, nach vorne, nach rechts oder nach links?“ „Nein, nichts davon“ sagte Vacchagotta, „es ist einfach ausgegangen.“ Dann erklärte der Buddha: „Siehst du, es ist genau das, was mit einem Buddha geschieht.“ Es werden keine Passionen mehr auf das Feuer der Begierde geworfen, und daher geht dieses Feuer aus. Damit war Vacchagotta wohl zufrieden, denn er verabschiedete sich und ging weiter.

Das ist die Gierlosigkeit. Das Feuer des Habenwollens und Nicht-Habenwollens, der Reaktionen, das uns manchmal zu großen Aktivitäten anspornt und uns manchmal zur absoluten Faulheit verurteilt, ist ausgegangen. Es bedeutet nicht, daß wir nun nicht mehr dieses oder jenes haben wollen. Das muß schon vorher geschehen sein. Hier geht das Feuer aus, was der tiefste Einsichtsschritt auf dem ganzen Weg ist.

Jetzt folgt das Hinwenden des Geistes zu dem, was ohne Bedingungen ist. Zu der Zeit wissen wir ja schon, daß alles, was überhaupt existiert und was wir eventuell haben oder loswerden möchten, auf Bedingungen aufgebaut ist, denn wir haben Ursache und Wirkung durchschaut. Daher ist uns klar, daß es nur eine Möglichkeit gibt, von jedem *Dukkha* befreit zu werden, wenn wir nämlich das finden, was nicht auf Bedingungen aufgebaut, also nicht vergänglich, daher unveränderlich ist und den Urgrund darstellt, die Matrize der Existenz. Wir können das mit jeglichem Namen bezeichnen, was alles nur Worte sind. Wir können es *Nibbāna*, Erleuchtung, Freiheit, Vollkommenheit oder Göttlichkeit nennen.

Die Namen nutzen uns sehr wenig, aber wir haben ein gewisses Gefühl in uns, daß so etwas existieren muß, denn sonst würden wir nicht praktizieren. Wie das ausschaut, wissen wir zu dem Zeitpunkt noch nicht. Wir wissen jedoch, daß es nicht das sein kann, was wir bereits kennen. All das übt Druck aus, weil es vergänglich ist, eventuell wiederhergestellt oder neu erlebt werden muß. So wenden wir uns von dem allen ab und dem Neuen, Unbekannten zu.

Zu der Zeit ist es möglich, effektiv von allem Anhaften loszulassen, und vor allem von dem Anhaften an uns selbst. Vielleicht reden wir uns ein, daß wir am stärksten an den Menschen anhaften, die uns nahe sind. Das tun wir außerdem noch, aber sollten »wir«

nicht da sein, dann könnten wir diese Menschen ja gar nicht erleben. Also an erster Stelle steht »Ich«.

Wenn wir in der Lage sind, von diesem Anhaften loszulassen und gewillt sind, vollkommen zu verschwinden, dann ist es möglich, zu einem Stillpunkt zu kommen, in dem nichts mehr geschieht. Da aber in dem Moment auch kein Beobachter da ist, ist es unmöglich, darüber etwas auszusagen. Es ist ein einziger Geistesmoment, in dem alles still steht. Der darauf folgende Moment ist deutlich beschreibbar. Dieser eine stille Moment ist so durchdringend und hinterläßt so einen starken Eindruck, daß der nächste Moment, der Fruchtmoment, die enorme Bedeutung manifestiert.

Und zwar enthält dieser folgende Moment ein Gefühl der vollkommenen Befreiung, des Loslassens einer Bürde, eine Freude, wie sie nicht einmal in den Vertiefungen möglich ist, sondern hier sehr häufig Freudentränen auslöst, und ein Gefühl, neu geboren zu sein. Alle diese Worte sind Versuche, das einschlagendste Erlebnis eines Lebens zu erklären. Jeder, dem es geschieht und der es erlebt, erklärt es ähnlich. Daran können wir erkennen, daß es wirklich geschehen ist.

Es gibt ein Gleichnis, in dem folgendes gesagt wird: Wenn wir bereit sind, uns selbst loszulassen, dann ist das vergleichbar mit einem großen Baum, der an diesem Ufer wächst und einen Zweig hat, der über den Fluß hinüberhängt. An diesem Zweig ist ein Seil befestigt. Der Zweig ist die Ich-Illusion, und das Seil unser Anhaften daran. Wir nehmen mit der Stärke unserer Praxis Anlauf, springen zu dem Seil hin, schwingen uns über den Fluß und lassen uns auf dem gegenüberliegenden Ufer fallen. Es kann uns aber auch passieren, daß wir uns über den Fluß schwingen, nicht fallenlassen können und wieder zurückkommen. Das kann sogar mehrere Male geschehen, weil wir noch nicht loslassen können. Wir haben den besten Willen und auch schon genügend Einsichten, aber das Loslassen funktioniert dennoch nicht.

Wenn wir loslassen und auf das gegenüberliegende Ufer fallen, so sind wir zuerst natürlich etwas unsicher. Es ist Neuland, wir sind noch nicht ganz gefestigt. Aber wenn wir auf dem gegenüberliegenden Ufer losmarschieren und die herrliche Gegend erkennen, dann fühlen wir uns bald daheim. Das kann eine halbe Stunde, eine Stunde oder mehrere Tage dauern, bis wir uns in dieser neuen Situation ganz zu Hause fühlen.

Das ist eine kurze Erklärung des Erlebens des ersten Schrittes von *Nibbāna*, was traditionell Stromeintritt genannt wird. Derjenige, der das macht, ist in den Strom, der unweigerlich zu *Nibbāna* führt, eingetreten. Das ist nur der erste Schritt, der noch dreimal wiederholt werden muß zur vollen Erleuchtung. Es wird sukzessive schwieriger, aber wir haben ja auch mehr Übung und können es daher doch leichter bewerkstelligen.

Es wird von dem Stromeingetretenen gesagt, daß er drei Fesseln verliert. Wir haben im ganzen zehn

Fesseln*, die uns an diese Existenz binden, nicht nur an dieses Leben sondern an den Kreislauf der Existenzen. Denn dieses Leben geht ja zuende, aber es kommt ein anderes. Die ersten drei werden beim Stromeintritt losgelassen, wovon eine die Zweifelsucht ist. Da wir tatsächlich erlebt haben, daß Freiheit möglich ist, können wir nicht mehr daran zweifeln. Wir können nicht an unserer eigenen Fähigkeit zweifeln und auch nicht daran, daß der Buddha uns die Wahrheit vermittelt hat, denn wir haben seine Worte benutzt, um diesen Schritt zu tun.

Das zweite, was wir verlieren, ist der Glaube, daß Rituale Erleuchtung bringen können. Es bedeutet nicht, daß wir keine Rituale mehr anwenden können, aber es bedeutet, daß wir nicht glauben, sie könnten uns zur Freiheit führen, denn bei diesem Schritt war kein Ritual vorhanden. Die wichtigste Fessel, die wir loswerden, ist die falsche Ansicht von uns selbst. Wir haben von nun an das richtige Verständnis von uns selbst, nämlich daß hier nichts anderes ist als ein Phänomen, das aus Geist und Körper besteht, und daß alle Identifikationen nur Bürden sind. Diese richtige Sicht von uns selbst müssen wir aber immer wieder hochbringen, um sie im täglichen Leben verwenden zu können. Sie kommt nicht automatisch, denn

---

* 1. Persönlichkeitsglaube, 2. Zweifelsucht, 3. Anhaften an Regeln und Riten, 4. Sinnliches Begehren, 5. Übelwollen, 6. Begehren nach feinkörperlicher Existenz, 7. Begehren nach der formlosen Ebene, 8. Dünkel – Fehlglaube über das »Ich«, 9. Unruhe, 10. Unwissenheit.

dazu brauchen wir noch mehr Schritte, noch mehr Erlebnisse der gleichen Art. Wir haben zwar das Verständnis, aber wir haben noch nicht das ständige Gefühl. Das totale *Nibbàna* ist ein ständiges Gefühl, daß da niemand ist, der irgendetwas unternimmt. Daher ist auch niemand da, der *Dukkha* haben kann oder der *Karma* machen kann und auch niemand, der wiedergeboren werden kann. Das trifft aber nur auf den voll Erleuchteten zu und noch nicht auf das Erlebnis des Stromeingetretenen.

Die Menschen, die diesen Stromeintritt nicht haben, werden Weltlinge, *Puthujjana*, genannt. Ein Mensch, der den Stromeintritt gehabt hat, wird ein Edler, *Ariya*, genannt. Er hat sozusagen eine neue Sippschaft erreicht, wie es traditionell erklärt wird. Aber er hat auf keinen Fall das ständige Gefühl, daß da niemand ist, im Gegenteil, er muß sich immer wieder daran erinnern. Aber am interessantesten ist dabei, daß, selbst bei so einem markanten Erlebnis, Haß und Gier überhaupt noch nicht angesprochen worden sind. Vielleicht wird uns dadurch auch einmal klar, wie stark die beiden sind, und wie sie die ganze Welt durchdringen und durchsetzen. Selbst beim Stromeintritt, beim ersten Erleben der Freiheit vom »Ich«, werden Haß und Gier noch nicht berührt. Es ist aber dennoch so, daß sie nicht mehr so stark sind, wie sie einmal waren, weil die ganzen Einsichten, die vorausgegangen sind, bereits geholfen haben, diese starken Passionen etwas zu vermindern. Immer wieder kommt Gleichmut hoch.

Der letzte Schritt ist der Rückblick, der bei allen spirituellen Ereignissen von Wichtigkeit ist. Hier wird gefragt: „Was habe ich erledigt, welche Hindernisse habe ich verloren, und welche habe ich noch?" Dieser Rückblick ist nicht nur hilfreich beim Stromeintritt, sondern für jeden, der praktiziert. Immer wieder einmal, nicht unbedingt tagtäglich, sollte man Rückschau halten: „Haben sich meine Reaktionen geändert? Habe ich mehr Gleichmut, mehr Verständnis, mehr Einsicht? Habe ich mehr Liebe und Mitgefühl? Praktiziere ich überhaupt? Weiß ich, wie ich zu praktizieren habe, oder habe ich es schon wieder vergessen?" Alle diese Dinge sind eine große Hilfe für die vierte Ebene des Glücks. *Dukkha* existiert, da gibt es keinen Weg darum herum, aber wir brauchen nicht darunter zu leiden, auch wenn wir noch nicht das »Ich« verloren haben. Ein Ausspruch vom Buddha erklärt noch einmal, um was es hier geht:

> „Es gibt das Leid, aber keinen Leidenden.
> Es gibt die Tat, aber keinen Täter.
> Es gibt den Pfad, aber keinen, der ihn beschreitet.
> Es gibt *Nibbāna*, aber keinen, der erlöst wird."

Das bedeutet nicht, daß Erlösung nicht möglich ist, aber nur dann, wenn wir uns von dem Seil, das an dem Zweig der Ich-Haftigkeit befestigt ist, fallen lassen.

Alle Einsichtsstufen zeigen uns die Möglichkeiten, die uns für die Praxis im täglichen Leben zur Verfügung stehen. Vor allem sind sie eine Unterstützung und Hilfe, um jetzt Glück und Frieden zu finden, unabhängig davon, ob wir uns gut konzentrieren können. Wenn diese Einsichten in uns verankert sind, dann haben sie nichts mehr mit Konzentration zu tun, dann bleiben sie bestehen. Je mehr wir sie benutzen, desto mehr verankern wir sie.

Liebende-Güte-Meditation

Verzeihen

Um anzufangen, wollen wir die Achtsamkeit für ein paar Momente auf den Atem lenken.

Wir wollen uns einmal selbst verzeihen, für alles, was wir glauben, falsch gemacht zu haben in diesem Leben. Wir wollen diesen Menschen, der die Fehler begangen hat, anschauen, wie er in der Vergangenheit ausgesehen hat und ihm von Herzen verzeihen, ihn liebend umarmen, die Fehler als eine Lernsituation benutzen, aber uns nicht weiter darüber grämen.

Vielleicht erkennen wir, daß diese Fehler aus Unwissenheit begangen worden sind. Deswegen sind es trotzdem Fehler, aber die Unwissenheit ist das Los der Menschheit. Vielleicht können wir innerlich sagen: „Ich verzeihe dir."

Jetzt denken wir an unsere Eltern, ob sie noch am Leben sind oder nicht. Und alle Vorwürfe, die wir haben, alles, was wir glauben, was sie falsch gemacht haben, verzeihen wir ihnen von Herzen, denn wir wissen, das ist aus Unwissenheit geschehen. Auch sie haben das gleiche *Dukkha* wie wir selbst. Wenn wir verzeihen, kommen wir über diese Schwierigkeiten hinweg. Wir verzeihen ihnen und umarmen sie liebend und sagen zu ihnen: „Wir verzeihen euch."

Jetzt denken wir an die Menschen, denen wir am nächsten stehen, mit denen wir vielleicht zusammenleben. Wir verzeihen ihnen alle Fehler, die wir je gespürt haben, wir verzeihen ihnen alles, was wir als lieblos empfunden haben. Wir umarmen sie liebend und sind in der Lage, das Vergangene zu vergessen und nur den jetzigen Moment in Liebe zu erleben.

Wir denken an Freunde, Verwandte und Bekannte, wer immer uns da in den Sinn kommt, verzeihen ihnen alles, was wir an ihnen auszusetzen hatten, akzeptieren sie so, wie sie sind, umarmen sie in Liebe und lassen die Vergangenheit ruhen.

Wir denken an die Menschen, die unseren Alltag bevölkern, mit denen wir zusammen arbeiten, die bei uns in der Nähe wohnen und die wir hier und dort treffen. Und alles, was wir je bemängelt haben, verzeihen wir. Wir lassen das alles in der Vergangenheit verschwinden, umarmen alle diese Menschen, zeigen ihnen unsere Liebe und fühlen uns verbunden.

Jetzt denken wir an einen oder mehrere schwierige Menschen in unserem Leben oder solche, mit deren Worten und Handlungen wir nicht übereinstimmen, die wir ablehnen, die nicht die gleichen Ideale haben wie wir selbst. Und wir verzeihen ihnen alles, was wir je als schlecht bezeichnet haben. Wir wissen, daß sie das gleiche *Dukkha* haben wie wir selbst und einen falschen Weg heraus aus dem *Dukkha* gesucht haben. Wir zeigen ihnen unsere Verbundenheit, lassen die Vergangenheit verschwinden und lieben sie in diesem Moment. Unser Herz öffnet sich ihnen gegenüber und die Schwierigkeiten fallen von uns ab.

Jetzt füllen wir unser Herz mit Verzeihung, mit Verständnis, mit Akzeptanz, mit liebendem Vertrauen und wir schenken das allen Menschen, die uns in den Sinn kommen, die wir kennen oder gesehen haben, von denen wir gehört haben, von denen wir wissen oder nur ahnen, daß es sie gibt.

Wir bekommen ein Gefühl der Zusammengehörigkeit, der Gleichheit unserer Probleme, die wir alle fallenlassen können, so daß unser Herz ganz offen ist für Liebe und Zuneigung.

Wir denken an die Menschen, denen wir gleichgültig gegenüberstehen und bitten sie um Verzeihung, daß sie uns gleichgültig gewesen sind, und schenken ihnen unser Herz.

Jetzt denken wir an Menschen, denen wir glauben Unrecht getan zu haben, ihnen in irgendeiner Weise weh getan zu haben, bitten diese Menschen um Verzeihung und schenken ihnen unsere Liebe.

Wir denken an die Momente in unserem Leben, in denen wir Lieblosigkeit gezeigt haben und bitten um Verzeihung. Und wenn uns spezifische Menschen dazu einfallen, umarmen wir sie in Liebe.

Wir richten die Achtsamkeit wieder auf uns selbst. Wir haben uns selbst und anderen verziehen. Wir haben andere um Verzeihung gebeten. Es bedeutet, daß wir keinen alten Groll oder frühere Verletzungen mehr in uns tragen. Jeder Moment ist ein neuer Anfang. Und so füllen wir unser Herz mit der Zufriedenheit und dem Glück, daß alles Alte von uns abgefallen ist und das Neue die Liebesfähigkeit in uns erweckt.

Das Alte bedrückt uns nicht, das Neue beschwingt uns.

Mögen alle Menschen sich selbst und anderen verzeihen.

Anhang

Stück-für-Stück-Methode

Wir werden eine angeleitete Meditationsmethode anfügen, die »Stück-für-Stück« genannt wird. Sie ist eine Bereicherung und eine weitere Möglichkeit, den Geist zu konzentrieren. Für jeden Menschen ist es wichtig, sie einmal täglich durchzuführen, weil diese Methode eine sehr bedeutsame Läuterungsmethode ist. Häufig ist es hilfreich, sie früh morgens zu machen, weil bei vielen Menschen der Geist dann noch nicht so wach ist, wie er sein könnte und diese Methode zum Wach- und Konzentriert-Sein verhilft, bevor der Tagesablauf beginnt.

Hier werden die verschiedenen Körperteile angesprochen, wobei die »Kopfspitze« zu erklären wäre. Diese wird bei einem Baby »Fontanelle« genannt, bei einem Erwachsen ist es meistens eine kleine Einbuchtung, kaum merkbar, auf der Schädeldecke; ungefähr drei bis vier Finger vom Haaransatz entfernt. Dies ist der Anfangspunkt und daher bei dieser Methode eine wichtige Stelle.

Wir vermengen und vermischen die verschiedenen Methoden nicht miteinander, sondern benutzen jede der Methoden zum angemessenen Zeitpunkt. Manchmal richten wir uns mehr auf Einsicht aus und ein anderes Mal sind wir mehr zur Ruhe geneigt. Die Atembetrachtung ist die traditionellste Meditationsmethode, die am meisten verbreitet ist, weil sie für die meisten Menschen hilfreich ist. Sowohl die Atembetrachtung als auch die Gehmeditation sind Grundlagen der Achtsamkeit auf den Körper. Die Liebende-Güte-Meditation und »Stück-für-Stück« bilden Grundlagen der Achtsamkeit auf Gefühle und Empfindungen.

Wir werden nachher besprechen, was der Zweck dieser Methode ist, und was die Resultate der »Stück-für-Stück«-Meditation sein können.

Um anzufangen, wollen wir das Gefühl erkennen, das der Wind des Atems an den Nasenlöchern hervorruft. Wir wollen nicht den Atem betrachten, sondern wir wollen uns auf die Empfindung an den Nasenlöchern konzentrieren.

Jetzt transferieren wir unsere Achtsamkeit auf die Kopfspitze, eine Stelle von der Größe einer größeren Münze, und beachten, welche Empfindungen wir an dieser Stelle haben. Zum Beispiel: Druck, pochen, zusammengezogen, vergrößert, angenehm, unangenehm, neutral, warm, kühl, hart, weich. Diese oder jede andere Empfindung kann es sein. Wir müssen die Empfindung nicht beim Namen nennen, sie werden hier nur benannt, um zu helfen. Wir können einfach nur die Empfindung wahrnehmen.

Wir gehen mit unserer Achtsamkeit von der Haarspitze zum Haarwirbel über die Schädeldecke und stellen an jeder Stelle fest, was wir empfinden. Wir bewegen unseren Geist von Stelle zu Stelle, ungefähr in der Größenordnung einer größeren Münze. Es kommt nur darauf an, daß wir die Empfindung kennenlernen. Es ist ein Spüren von uns selbst. Dazu müssen wir innerhalb der bestimmten Stelle sein und sie nicht von außen anschauen. Es kann pieken oder stechen sein, sich schwer oder leicht fühlen. Wir stellen die Empfindung fest, lassen das Gefühl fallen und gehen weiter, bis wir die Schädeldecke überquert haben und zum Haarwirbel kommen.

Jetzt wollen wir die Achtsamkeit auf den Haarwirbel lenken und innen in dem Haarwirbel sein, ihn nicht von außen anschauen, so daß wir genau empfinden können, was dort zu spüren ist. Das kann kribbeln oder rieseln sein, stark oder schwach, auf der Haut oder unter der Haut. Es kommt nicht auf die Art der Empfindung an, es kommt nur auf die Wahrnehmung selbst an. Welcher Art das Gefühl ist, ist gleichgültig.

Dann gehen wir mit der Achtsamkeit vom Haarwirbel aus, den Hinterkopf herunter bis dorthin, wo der Nacken ansetzt. Stelle nach Stelle lernen wir kennen. Wir lassen das Gefühl fallen und gehen weiter.

Jetzt richten wir unsere Achtsamkeit auf die linke Seite des Kopfes und gehen langsam von der Schädeldecke herunter bis zum Kiefer, vorne bis zum Haaransatz und hinter das linke Ohr. Wir spüren jede Stelle: kalt, warm, neutral, weich, hart, Bewegung, Stille, angenehm, unangenehm, neutral, Berührung, auf der Haut, unter der Haut. Die Hauptsache ist unsere verstärkte Achtsamkeit und daher das Erkennen der Empfindungen.

Wir transferieren unsere Achtsamkeit auf die rechte Kopfhälfte und gehen langsam von der Schädeldecke herunter zum Kiefer, vom Haaransatz vorne bis hinter das rechte Ohr. Wie fühle ich mich an, was spüre ich, welche Empfindungen habe ich? Wo Leben ist, sind Empfindungen immer vorhanden. Kennenlernen, fallenlassen, weitergehen.

Wir richten unsere Achtsamkeit auf den Haaransatz über der Stirn und gehen langsam die ganze Breite der Stirn herunter zu den Augenbrauen. Jede Stelle mag sich verschieden, ähnlich oder gleich anfühlen. Wir erkennen, was zu spüren ist.

Wir richten die Achtsamkeit auf das linke Auge: Augenhöhle, Augapfel, Augenlid. Berührung, Wärme, Feuchtigkeit, Bewegung, Helligkeit, Dunkelheit, Druck, was immer es sei. Wir richten die Achtsamkeit auf das rechte Auge: Augenhöhle, Augapfel, Augenlid.

Wir lenken unsere Achtsamkeit an das obere Ende

der Nase, zwischen den Augenbrauen. Wir gehen langsam den Nasenrücken herunter bis zu den Nasenlöchern. Wir setzen an den Nasenlöchern an und gehen innen die Nase herauf. Was ist dort zu spüren? Naß, trocken, offen, geschlossen, Bewegung, still, Berührung. Jede Stelle kennenlernen, fallenlassen, weitergehen.

Wir richten unsere Achtsamkeit auf die kleine Stelle zwischen der Nasenspitze und der Oberlippe. Spüren wir Bewegung oder Stille, hart oder weich?

Wir lenken die Achtsamkeit auf Ober- und Unterlippe: Naß, trocken, Wärme, Berührung, zusammengezogen, erweitert. Was immer es sei, es kommt nicht auf die Art der Empfindung an, sondern nur auf die Wahrnehmung.

Wir gehen mit der Achtsamkeit in das Innere der Mundhöhle, von Stelle zu Stelle. Was empfinden wir? Naß, hart, weich, Berührung, Raum, eng, angenehm, unangenehm, neutral.

Wir richten die Achtsamkeit auf das Kinn: kribbeln, jucken, pieken. Diese oder jede andere Empfindung ist möglich.

Wir richten die Achtsamkeit auf die linke Wange. Wir gehen langsam vom linken Auge herunter zum Kiefer. Wir lernen jede Stelle kennen, indem wir uns geistig in ihr und nicht außerhalb von ihr befinden.

Wir richten die Achtsamkeit auf die rechte Wange. Wir gehen langsam vom Auge herunter zum Kiefer, Stelle nach Stelle. Vielleicht spüren wir Verspannung und können es entspannen.

Wir lenken die Achtsamkeit auf den Hals. Wir setzen am Kiefer an und gehen langsam herunter bis dorthin, wo er an den Oberkörper ansetzt. Wir betrachten außen und innen und spüren Berührung, Kloß oder kratzen, kribbeln, brennen.

Wir richten die Achtsamkeit auf den Nacken. Wir setzen am Ende des Hinterkopfes an, gehen den Nacken herunter bis dorthin, wo er an den Rücken ansetzt, und lernen jede Stelle kennen. Verspannt, entspannt, Druck, Berührung. Es können auch ganz andere Empfindungen sein als die, die ich nenne. Darauf kommt es nicht an.

Wir richten die Achtsamkeit auf die linke Schulter. Wir setzen am Hals an und gehen langsam oben die Schulter entlang bis dorthin, wo der linke Arm ansetzt. Stelle nach Stelle. Es können Empfindungen sein, so wie ich sie bis jetzt genannt habe, es können auch Gefühle, Emotionen sein. In diesem Fall machen wir den Unterschied zwischen körperlicher Empfindung und emotionellem Gefühl. Schwere, Trauer, Wut, Zorn, Ablehnung, Widerwillen, Ärger. Alles anschauen, fallenlassen, weitergehen.

Wir lenken die Achtsamkeit auf den linken Oberarm. Wir setzen an der Schulter an, rund herum, bis zum Ellbogen: Berührung, Wärme, Druck, hart, weich, Bewegung.

Wir richten die Achtsamkeit auf den linken Ellbogen, eine sehr kleine Körperstelle. Alles andere fallenlassen, nur dort sein und feststellen, wie es sich anfühlt: Druck, Berührung, elektrisch, was immer es sei.

Wir richten die Achtsamkeit auf den linken Unterarm. Langsam vom Ellbogen herunter zum Handgelenk. Wir wollen an jeder Stelle uns selbst so nahe sein, daß wir nicht von außen zuschauen, sondern von innen empfinden.

Wir richten die Achtsamkeit auf das linke Handgelenk, rund herum, und spüren: pochen, Druck, Berührung, Wärme.

Wir lenken die Achtsamkeit auf den linken Handrükken, vom Handgelenk bis dorthin, wo die Finger ansetzen, Stelle nach Stelle spüren.

Wir lenken die Achtsamkeit auf die linke Handfläche, vom Handgelenk bis dorthin, wo die Finger ansetzen.

Jetzt lenken wir die Achtsamkeit an das untere Ende der fünf Finger der linken Hand. Wir gehen langsam die Finger entlang zu deren Spitzen. Wir richten die Achtsamkeit auf die fünf Fingerspitzen der linken Hand und machen eine Geistesbewegung heraus, von den Fingerspitzen heraus in den Raum.

Nun richten wir die Achtsamkeit auf die rechte Schulter. Wir gehen vom Hals oben die Schulter entlang bis dorthin, wo der rechte Arm ansetzt. Wir lernen Stelle nach Stelle kennen, lassen alles fallen und gehen zur nächsten Stelle. Das kann verspannt oder entspannt sein, angenehm oder unangenehm, neutral, warm oder kühl, Berührung, Schwere oder Leichtigkeit. Es können Emotionen oder Empfindungen sein.

Wir richten die Achtsamkeit auf den rechten Oberarm. Langsam bewegen wir die Achtsamkeit von der Schulter herunter bis zum Ellbogen. Wir wollen innerhalb jeder Stelle sein, sie nicht von außen beschauen. Wir wollen uns selbst so nah wie es geht kennenlernen. Jetzt die Achtsamkeit auf den rechten Ellbogen lenken. Was kann ich dort spüren?

Wir richten die Achtsamkeit auf den rechten Unterarm und gehen langsam vom Ellbogen herunter zum Handgelenk. Jede Stelle wahrnehmen, spüren, fallenlassen, weitergehen. Wenn gar keine Empfindung zu verspüren ist, einen Moment länger warten, dann weitergehen. Wenn keine innere Empfindung zur Wahrnehmung kommt, so ist auf jeden Fall ein Berührungskontakt vorhanden.

Die Achtsamkeit auf das rechte Handgelenk lenken, rund herum.

Jetzt die Achtsamkeit auf den rechten Handrücken lenken, vom Handgelenk bis dorthin, wo die Finger ansetzen.

Die Achtsamkeit auf die rechte Handfläche lenken. Langsam vom Handgelenk die Handfläche entlang bis dorthin, wo die Finger ansetzen.

Und die Achtsamkeit an das untere Ende der fünf Finger lenken, langsam die Finger entlanggehen zu deren Spitzen. Die Achtsamkeit auf die fünf Fingerspitzen lenken und eine Geistesbewegung von den Fingerspitzen heraus in den Raum machen.

Wir richten die Achtsamkeit jetzt auf die linke Seite des Oberkörpers. Wir setzen an der linken Schulter an und gehen mit der Achtsamkeit die linke Seite des Oberkörpers herunter bis zur Taille und stellen fest, was dort zu verspüren ist: Härte, Weiche, Freude, Glück, Liebe, Ärger, Haß, Offenheit, Verschlossenheit, zugemauert, bedrückend, erleichternd, was immer zur Wahrnehmung kommt. Äußere Wärme, innere Wärme, äußere Kälte, innere Kälte, Empfindungen oder Emotionen, feststellen, anschauen, fallenlassen, weitergehen.

Wir richten jetzt die Achtsamkeit auf die rechte Seite

des Oberkörpers und gehen langsam von der Schulter herunter bis zur Taille. Wir können auf der Haut oder unter der Haut spüren, tief innen oder an der Oberfläche, körperliche Empfindung oder emotionelles Gefühl; wahrnehmen, fallenlassen und weitergehen. Wir können ein Gefühl haben des Sich-Öffnens oder des Sich-Verschließens, der Weichheit oder der Härte.

Wir richten die Achtsamkeit auf die Taille vorne und spüren Stelle nach Stelle, was wir dort empfinden: Druck, Berührung, Enge, Weite.

Wir setzen an der Taille an und gehen mit der Achtsamkeit langsam den Unterkörper herunter bis zum Schritt, auf der Haut oder unter der Haut. Es kann stark oder schwach sein, körperlich oder emotionell, was immer wir bemerken, nur die Wahrnehmung selbst zählt.

Jetzt richten wir unsere Achtsamkeit auf die linke Seite des Rückens. Wir setzen an der Schulter an, gehen langsam mit der Achtsamkeit den Rücken herunter, Stelle nach Stelle, bis zur Taille: verspannt, entspannt, Druck, zusammengezogen, erweitert, erfreut, verärgert, ablehnend, akzeptierend. Alles nur anschauen, fallenlassen und weitergehen.

Wir lenken die Achtsamkeit auf die rechte Seite des Rückens, gehen langsam von der Schulter herunter bis zur Taille. Wir lernen unsere Empfindungen und unsere Gefühle von innen kennen.

Wir richten die Achtsamkeit auf die Taille hinten am Rücken, spüren an jeder Stelle, was dort zu bemerken ist.

Wir setzen an der Taille hinten links an und gehen den Unterkörper herunter zum Gesäß, bis dorthin, wo das linke Bein ansetzt. Wir spüren an jeder Stelle: Druck, Berührung, Schwere.

Wir gehen zur rechten Seite, setzen an der Taille an, gehen langsam den Unterkörper herunter zum Gesäß, bis dorthin, wo das rechte Bein ansetzt. Wir lernen jede Stelle genau kennen, so daß wir wissen, was wir verspüren.

Wir richten die Achtsamkeit auf den linken Oberschenkel. Wir setzen am Schritt an und gehen langsam den Oberschenkel herunter bis zum Knie, rund herum.

Wir richten die Achtsamkeit auf das linke Knie: innen, außen, rund herum um das Knie. Wir stellen an jeder Stelle fest, was dort zu verspüren ist, lassen es fallen und gehen zu der nächsten Stelle.

Jetzt richten wir die Achtsamkeit auf den linken Unterschenkel. Wir setzen am Knie an, gehen langsam herunter zum Fußgelenk. Jede Stelle meldet sich für unsere Wahrnehmung. Alles andere soll fallengelassen werden.

Wir richten die Achtsamkeit auf das linke Fußgelenk: Druck, Berührung, schwer.

Wir richten die Achtsamkeit auf die linke Ferse, eine kleine Stelle, alles andere fallenlassen, nur dort sein. Was spüre ich dort?

Wir lenken die Achtsamkeit auf die linke Fußsohle. Wir gehen langsam von der Ferse die Fußsohle entlang, bis dorthin, wo die Zehen ansetzen.

Wir richten die Achtsamkeit auf den linken Fußrücken, vom Fußgelenk bis dorthin, wo die Zehen ansetzen. Was verspüre ich? Fallenlassen, weitergehen.

Wir lenken die Achtsamkeit an das untere Ende der fünf Zehen. Wir gehen langsam die Zehen entlang zu deren Spitzen. Wir richten die Achtsamkeit auf die fünf Zehenspitzen des linken Fußes und machen eine Geistesbewegung heraus, von den Zehenspitzen heraus in den Raum.

Wir richten die Achtsamkeit auf den rechten Oberschenkel, vom Schritt bis zum Knie, rundherum, Stelle nach Stelle, von innen empfunden, nicht von außen beschaut.

Wir richten jetzt die Achtsamkeit auf das rechte Knie, innen, außen und rundherum.

Nun lenken wir die Achtsamkeit auf den rechten Unterschenkel, langsam vom Knie herunter zum Fußgelenk. Jede Stelle ist wahrnehmbar, hat Empfindung. Erkennen, fallenlassen, weitergehen.

Wir richten die Achtsamkeit auf das rechte Fußgelenk und jetzt auf die rechte Ferse. Wir richten den Geist nur dorthin, auf diese eine Stelle, die rechte Ferse. Was kann ich dort spüren?

Dann richten wir die Achtsamkeit auf die rechte Fußsohle, von der Ferse bis dorthin, wo die Zehen ansetzen: jucken, kribbeln, drücken, warm, kalt, Berührung.

Wir richten die Achtsamkeit auf den rechten Fußrücken, vom Fußgelenk bis dorthin, wo die Zehen ansetzen, Stelle nach Stelle.

Und wir richten die Achtsamkeit auf das untere Ende der fünf Zehen des rechten Fußes, gehen langsam die Zehen entlang zu deren Spitzen, richten die Achtsamkeit auf die fünf Zehenspitzen des rechten Fußes und machen eine Geistesbewegung von den Zehenspitzen heraus in den Raum.

Achtsamkeit auf die Gefühle:

Erklärung der Methode

Diese Methode ist auf der zweiten Grundlage der Achtsamkeit aufgebaut, und zwar auf die Gefühle. Gefühle bestehen aus den Körperempfindungen und unseren Emotionen. Mit Emotionen reagieren wir auf unsere Körperempfindungen. Achtsamkeit sollte nicht nur in der Meditation geübt werden, weil wir es dann dem Geist unendlich schwer machen, von der Unachtsamkeit außerhalb der Meditation in die Achtsamkeit der Meditation zu gelangen. Es ist eine Anforderung, der der Geist nicht gewachsen ist. Wenn die Meditation vollkommen unkonzentriert war, wissen wir daher, daß wir außerhalb der Meditation völlig unachtsam waren und können uns danach richten.

Bei dieser Methode haben wir eine Möglichkeit, unseren Gefühlen auf zweierlei Art nahezukommen. Sollten wir nur die Körpergefühle, die Empfindungen, erleben, so genügt das. Es müssen nicht die Emotionen sein, obwohl das sehr hilfreich sein kann. Es ist äußerst aufschlußreich, wenn wir unseren Emotionen in der Meditation nahekommen können, weil es bei dieser Gelegenheit beinahe unmöglich ist, jemand anderen für unsere Reaktionen zu beschuldigen. Die meisten Menschen können auch dann noch jemanden finden, aber sie merken schnell, daß das absurd ist.

Die Emotion ist deutlich spürbar, obwohl keiner etwas getan oder gesagt hat, nichts ist geschehen, und dennoch reagieren wir. Worauf eigentlich? Wir reagieren auch hier bei der Meditation auf unangenehme Gefühle. Da können wir sogar jemandem die Schuld zuschieben, daß die Meditation zu lange dauert. Oder wir denken: „Diese Art der Meditation habe ich überhaupt nicht gern, deswegen bin ich nicht hergekommen", oder: „So etwas habe ich immer schon gemacht, das kenne ich schon." Wenn wir schon etwas länger meditiert haben, merken wir, wie absurd das ist. Es gibt nichts außerhalb von uns selbst, wir fabrizieren unsere Welt von Moment zu Moment.

Wir sind unseres Glückes Schmied und haben besondere Fähigkeiten, unseres Unglückes Schmied zu sein. Das haben wir schon so lange geübt und machen das so findig, daß wir es gar nicht mehr merken. Diese Methode kann uns dabei helfen, das zu erkennen, wenn wir achtsam sind. Wir müssen dabei in der Lage sein, die Verbindung herzustellen und zu verstehen, wie unsere Reaktionen mit unserem Unglück zusammenhängen. Wenn wir aufpassen, sehen wir das leicht. Wie unvernünftig das ist, ist wohl jedem klar, das brauchen wir nicht erst zu erwähnen.

In dieser Meditationsmethode können diese Absurditäten ganz klar und deutlich zutage treten, wenn wir gewillt sind, zu uns selbst ganz ehrlich zu sein. »Stück-für-Stück« ist daher eine Einsichtsmethode, aber alle Meditationsmethoden, die etwas wert sind, bringen beides, sowohl Ruhe als auch Einsicht, denn im Prinzip gehört beides zusammen. Wir sind zwar sehr häufig mit dem einen oder anderen beschäftigt, aber sie laufen ineinander, wenn die Meditation funktioniert. Es ist daher leicht möglich, daß wir bei dieser Methode den Geist so konzentrieren können, daß er zur Ruhe kommt, weil die »Stück-für-Stück«-Methode auch viel fordernder für unsere Achtsamkeit ist.

Wenn wir beispielsweise den Atem betrachten, so können wir ungeschoren auf unserem Kissen sitzen und den Geist herumsäuseln lassen. Keiner wird uns etwas sagen oder etwas tun. Wir sitzen da und träumen oder dösen vor uns hin. Das ist recht angenehm und daher kommt die Absicht, dagegen zu arbeiten, kaum hoch.

Das können wir hier bei dieser Methode nicht so einfach tun, denn schließlich müssen wir ja weitergehen, um die nächste Stelle zu betrachten, und auch im allgemeinen etwas verspürt haben. Daher können diejenigen, die bei der Atembetrachtung große Konzentrationsschwierigkeiten haben, und das ist nicht unüblich, gerne ausschließlich die »Stück-für-Stück«-Methode benutzen. Diejenigen, die diese Methode nicht gerne haben, sollten sie mindestens einmal am Tag üben.

Diese Methode hat noch einen speziellen Läuterungsaspekt. Alle unsere Emotionen manifestieren sich ohne Ausnahme körperlich. Daher kommt die berühmte Körpersprache, die sehr häufig deutlicher ist als die verbale Sprache. Unsere Emotionen können sich nirgendwo anders als körperlich manifestieren. Wenn wir unglücklich sind, dann weinen wir. Der Körper reagiert auf die Emotion. Wenn wir ärgerlich sind, können wir sehr leicht rot anlaufen oder aber wütend aussehen. Wenn wir uns freuen, ist es anzunehmen, daß wir entweder lächeln oder einen freudigen Gesichtsausdruck haben. Wir können daran gar nichts ändern. Wir sind in der Beziehung absolut hilflos, was an sich recht gut ist. Wir können so viele Geschichten erzählen, wie wir wollen, wenn unsere Körpersprache mit unseren Worten nicht übereinstimmt, sind wir total unglaubwürdig. Vielleicht haben wir gar nicht die Absicht zu lügen, aber auch das ändert nichts an der Tatsache.

Unsere Emotionen, die sich körperlich zeigen, erzeugen natürlich auch einen körperlichen Niederschlag und wirken sich als Blockaden aus, die uns das Leben erschweren. Diese Methode ist noch ein zusätzlicher Läuterungsprozeß, denn, jedes Mal wenn wir Gefühle oder Empfindungen verspüren, müssen wir loslassen, um weiterzugehen, andernfalls bleiben wir an einer Körperstelle haften. Daher gehen wir auch von den Finger- und Fußspitzen hinaus in den Raum, weil sonst keine andere Möglichkeit mehr zum Loslassen besteht.

»Loslassen« ist das Schlüsselwort jeder spirituellen Praxis und das Schlüsselwort zum Glück. Hier haben wir eine konkrete Aufforderung zum Loslassen und weiterhin eine absolute Möglichkeit, nicht zu reagieren. Allein diese beiden Fähigkeiten sind starke Einsichtsmöglichkeiten. Sollten wir also eine unangenehme Emotion oder Empfindung haben, dann ist jede Reaktion darauf in der Meditation sinnlos. Wenn wir das merken, können wir diese Haltung in das tägliche Leben mitnehmen. Sobald wir lernen, etwas weniger zu reagieren, erleben wir mehr Gleichmut und unser Leben wird viel harmonischer.

Gleichmut heißt nicht Gleichgültigkeit. Die Dinge sind einfach so, wie sie sind, wir müssen nicht reagieren. Wir können, wenn wir unbedingt wollen, auch der Buddha hat manchmal reagiert, weil er es für richtig gehalten hat, aber dennoch unterschwellig bleibt uns die Tiefe des Gleichmuts, die wir in der Meditation lernen. Wir können sie nur durch Einsicht ausüben, jedoch haben wir hier ein Musterbeispiel, wie es sein könnte, wenn wir einmal nicht auf alles, was auf uns zukommt, reagieren. Häufig reagieren wir auch vollkommen falsch auf Dinge, die überhaupt nicht vorhanden sind, sondern von uns projiziert werden, weil wir fehlerhaft interpretieren. Das ist ein Teufelskreis, der immer negativer wird. Wenn wir Nicht-Reagieren und Loslassen üben, dann haben wir eine äußerst wichtige Methode, die uns zu Ruhe und Frieden führen kann.

Es ist möglich, auch durch diese Methode in die erste Vertiefung einzutreten. Sollte das der Fall sein, können wir mit dem Durchgehen durch den Körper abbrechen und die erste Vertiefung erleben. Für diejenigen, die die erste Vertiefung sowieso können, wäre es dennoch wichtig, einmal am Tag diese Methode als Läuterungsprozeß zu machen. Diejenigen, für die die erste Vertiefung neu ist, ist es wichtig, sich dann sofort der ersten Vertiefung zuzuwenden.

Wenn wir die »Stück-für-Stück«-Methode zum ersten Mal machen, kann es leicht sein, daß wir an der Kopfspitze überhaupt nichts empfinden. Dann sollten wir beim nächsten Mal dort ansetzen, wo die erste Empfindung deutlich war. Vielleicht war die erste Empfindung bei den Augen; der Berührungskontakt der Augenlider auf den Augen. Dann können wir dort anfangen und nach oben zu der Kopfspitze gehen und aus der Kopfspitze heraus in den Raum. Dies macht man fünf- oder sechsmal, und dann können wir an der Kopfspitze neu anfangen.

Eine andere Schwierigkeit entsteht öfter bei größeren Stellen, daß wir zum Beispiel den ganzen Brustkorb nicht empfinden. Das ist eine der bekanntesten Schwierigkeiten. Wir identifizieren unsere Emotionen mit dem Brustkorb, weil wir sie dort am deutlichsten spüren. Viele Menschen wollen aber nichts von ihren Emotionen wissen, weil sie schon oft unangenehm waren, und daher entsteht dort eine Blockade. Wenn das der Fall ist, dann können wir zum Beispiel an der linken Schulter ansetzen, einen Streifen von ungefähr vier Zentimeter nehmen, von der Schulter herunter zur Taille gehen und wieder herauf und dies viermal wiederholen. Dann zu dem nächsten Streifen übergehen, bis wir den ganzen Weg bis zur rechten Schulter zurückgelegt haben. Wenn wir das öfter üben, kommen wir den Empfindungen nahe. Die gleiche Methode kann am Rücken benutzt werden oder an jeder größeren Stelle, die schwer zu erfassen ist.

Sollte jemand das Gefühl gehabt haben, er hätte überhaupt nichts gespürt, dann sollte derjenige jetzt einmal spüren, daß er auf einem Kissen oder Stuhl sitzt. Es ist unmöglich, diesen Berührungskontakt nicht zu empfinden. Wir können auch sofort feststellen, daß die Füße den Boden berühren. Im Falle, daß wir also die inneren Empfindungen nicht gespürt haben, dann ist der beste Weg, alle Berührungskontakte zu benutzen, und von oben nach unten durchzugehen. Wenn wir eine Brille tragen, ist diese vielleicht zu spüren, die Haare im Nacken und auch die Lippen, die sich berühren. Auf jeden Fall verursacht unsere gesamte Kleidung Berührungskontakt. Wir können daher von Stelle zu Stelle die Kleidung spüren, die die Haut berührt. Dann bemerken wir unsere Sitzstellung, vom Gesäß bis zu den Füßen. Wenn wir das drei- oder viermal gemacht haben, können wir sicherlich die Empfindungen von innen heraus spüren. Das ist der einfachste Weg, den eigenen Gefühlen nahe zu kommen.

Ein Durchgang sollte auf keinen Fall länger als eine dreiviertel Stunde brauchen. Wenn es länger dauert, verlieren wir das Interesse und den Elan, den wir benötigen. Wenn es viel schneller geht, dann könnte es zu oberflächlich sein. Es sollte im allgemeinen nicht unter einer halben Stunde dauern.

Es ist günstig, zuerst die »Stück-für-Stück«-Methode und danach die Atembetrachtung zu üben. Wir können aber auch alternativ eine Sitzung für »Stück-für-Stück« und die nächste Sitzung für die Atembetrachtung verwenden, um überhaupt die Konzentration zu stärken.

Sollte uns diese Methode nicht gefallen, dann ist es wichtig zu untersuchen, wieso eigentlich nicht. Was ist es, was mir nicht gefällt? Möchte ich mir selbst nicht so nahe kommen? Oder aber bin ich bei meinem Dösen gestört? Oder spüre ich, wie unangenehm der Körper sein kann? Wir sollten untersuchen und uns nicht rechtfertigen mit: „Ja, so bin ich eben“, sondern uns klar werden: „Wieso bin ich denn so?“ Was geht in mir vor, und bin ich davon beglückt oder nicht?“

Es hat keinen Sinn, eine Meditationsmethode abzulehnen und eine andere vorzuziehen. Alle sind hilfreich. Wir haben alle die Fähigkeit, Ruhe und Einsicht zu erleben. Die Emotionen, die wir tagtäglich erleben, müssen auch tagtäglich bereinigt werden. Die meisten Menschen putzen ihre Häuser und Wohnungen, in denen sie leben, jeden Tag und schauen darauf, daß Sauberkeit herrscht. Aus unserem Haus oder Wohnung können wir notfalls ausziehen, aus unserem Körper können wir uns nicht entfernen, bis wir begraben werden. Diesen in Ordnung zu halten und auch innerlich zu säubern, indem wir unsere emotionellen Niederschläge loslassen, dürfte noch wichtiger sein, als unsere Wohnzimmer abzustauben. Unser Körper als Wohnzimmer ist die Wichtigste von allen Behausungen.

Glossar

Die folgenden Pāli Wörter enthalten Konzepte und Ideen, für die es im Deutschen keine entsprechenden Synonyme gibt. Die Erklärungen dieser Ausdrücke sind dem »Buddhistischen Wörterbuch« von Nyāṇatiloka Mahāthera entnommen.

Achtfacher Pfad: Der zur Erlösung vom Leiden führende Pfad, d.i. die vierte der → vier Edlen Wahrheiten, nämlich:

1. Rechte Erkenntnis (*sammā Diṭṭhi*)
2. Rechte Gesinnung (*sammā Sankappa*)
3. Rechte Rede (*sammā Vācā*)
4. Rechte Handlung (*sammā Kammanta*)
5. Rechter Lebenserwerb (*sammā Ājīva*)
6. Rechte Anstrengung (*sammā Vāyāma*)
7. Rechte Achtsamkeit (*sammā Sati*)
8. Rechte Sammlung (*sammā Samādhi*).

Anāgāmi: Der Nichtwiederkehrende, ist der im Besitz der dritten Stufe der Heiligkeit befindliche Edle Jünger.

Anattā: Nicht-Selbst, Nicht-Ich oder Substanzlosigkeit von allem, was existiert. – Die Lehre von *Anattā* besagt, daß es weder innerhalb noch außerhalb der körperlichen und geistigen Daseinserscheinungen irgend etwas gibt, das man als eine für sich bestehende unabhängige Persönlichkeit bezeichnen könnte. – Eines der drei Daseinsmerkmale.

Anicca: Vergänglichkeit, ist eine Grundeigenschaft aller bedingten Vorgänge, seien sie körperlich oder geistig, grob oder fein, in der Innen- oder Außenwelt. – Eines der drei Daseinsmerkmale.

Anusaya: Die sieben Neigungen sind: Sinnliches Begehren, Widerstreben, Ansicht, Zweifelsucht, Dünkel, Daseinstrieb, Unwissenheit.

Appanā (*-Samādhi*): Volle Sammlung, ist die durch die Vertiefungen erreichte Sammlung, im Gegensatz zu der an die Vertiefungen bloß »angrenzenden Sammlung« (*Upacāra-Samādhi*).

Arahat/*Arahant*: Der Vollkommen Erleuchtete, der von allen Fesseln frei ist. Die höchste Stufe der Heiligkeit.

Ariya: Edle Menschen, sind solche, die mindestens die erste der vier Stufen der Heiligkeit auf dem Weg zu → *Nibbāna* erreicht haben.

Arūpa-Jhāna: Die vier formlosen Vertiefungen.

Avijjā: Nichtwissen, Unwissenheit, Verblendung, gilt als die Grundwurzel allen Übels in der Welt, da sie eben den Erkenntnisblick der Wesen verschleiert und sie die wahre Natur der Dinge nicht erkennen läßt.

Bhāvanā: Geistesentfaltung; meistens ungenau als Meditation bezeichnet. Man unterscheidet zweierlei Geistesentfaltung:

1. Entfaltung der Gemütsruhe
   (*Samatha-Bhāvanā*),
   d.h. Entfaltung der Sammlung
   (*Samādhi-Bhāvanā*);
2. Entfaltung des Hell-/Klarblicks
   (*Vipassanā-Bhāvanā*),
   identisch mit Entfaltung des Wissens
   (*Pañña-Bhāvanā).*

Bhava-Rāga / *Bhava-Taṇhā*: Daseinsbegierde.

Bodhisattva: Erleuchtungswesen, ein zur Buddhaschaft bestimmtes Wesen, ein zukünftiger Buddha.

Brahmavihāra: Die vier Göttlichen Verweilungsstätten: liebende Güte, Mitgefühl, Mitfreude, Gleichmut.

Citta: Geist, Bewußtsein, Bewußtseinszustand.

Cittânupassanā: Betrachtung des Bewußtseinszustandes; dritte Grundlage der Achtsamkeit.

Citta-Samādhi: Konzentration des Bewußtseins (Sammlung).

Citta-Viveka: Geistige Abgeschiedenheit.

Chanda-Samādhi: Konzentration der Absicht.

Devas: Himmelswesen, in glücklicher Sphäre lebende und für die Menschen im allgemeinen unsichtbare Wesen, die aber genauso wie die Menschen und alle anderen Wesen dem beständigen Wiedergeborenwerden, Altern und Sterben unterworfen sind und die Daseinsrunde durchkreisen.

Dhamma: Die Lehre des Buddha, Naturgesetz, Gesetz, Wahrheit, Erscheinungen. – Das *Dhamma* als das vom Buddha erkannte und verkündete Gesetz ist zusammengefaßt in den → vier Edlen Wahrheiten.

Dhammânupassanā: Betrachtung der Inhalte der Gedanken; vierte Grundlage der Achtsamkeit.

Diṭṭhi: Ansicht, Anschauung, Einsicht, Erkenntnis, wird aber, besonders wenn alleinstehend, meist im Sinne von verkehrter Ansicht, falscher Erkenntnis usw. gebraucht, seltener im Sinne von rechter Erkenntnis. Eine der drei Daseinsfesseln, die beim Stromeintritt überwunden wird.

Dukkha: Leiden, Leidunterworfensein, Unbefriedigtsein, Unzulänglichkeit. – Eines der drei Daseinsmerkmale und die erste der → vier Edlen Wahrheiten.

Fähigkeiten, fünf geistige: 1. Achtsamkeit, 2. Vertrauen, 3. Weisheit, 4. Sammlung, 5. Willenskraft.

Faktoren der Erleuchtung: Die sieben Erleuchtungsglieder: 1. Achtsamkeit, 2. Ergründung der drei Daseinsmerkmale, 3. Willenskraft, 4. Entzücken, 5. Innerer Frieden, 6. Tiefe Konzentration, 7. Gleichmut.

Fesseln, zehn: 1. Persönlichkeitsglaube, 2. Zweifelsucht, 3. Anhaften an Regeln und Riten, 4. Sinnliches Begehren, 5. Übelwollen, 6. Begehren nach feinkörperlicher Existenz, 7. Begehren nach der formlosen Ebene, 8. Dünkel – Fehlglaube über das »Ich«, 9. Unruhe, 10. Unwissenheit.

Hindernisse, fünf: 1. Begierde nach Sinnesbefriedigung, 2. Übelwollen, 3. Lässigkeit und Trägkeit, 4. Unruhe und Rastlosigkeit, 5. Zweifelsucht.

Iddhi-Pāda: Die vier Machtfährten: Konzentration der Absicht, Konzentration der Willenskraft, Konzentration des Bewußtseins (Sammlung), Konzentration des Erwägens.

Jhāna: Vertiefung, meditative Vertiefung. Bezeichnung für die vier feinkörperlichen und die vier formlosen Vertiefungen.

Kalyāṇa-Mitta: Edler Freund, der in der Lehre des Buddha erfahren ist und auf dem spirituellen Weg ein Freund und Lehrer sein kann.

Kamma / Karma (skrt.): Wörtl. Wirken, Tat, bezeichnet die heilsame oder unheilsame Absicht, die hinter unseren Gedanken, Worten und Taten steht. *Karma* bedeutet also keineswegs das Ergebnis des Wirkens oder das Schicksal von Menschen oder ganzen Völkern.

Kammaṭṭhāna: Übungsgebiet, Kontemplations- und Innenschauthema.

Karuṇā: Mitgefühl.

Kāyânupassanā: Betrachtung des Körpers; erste Grundlage der Achtsamkeit.

Kāya-Viveka: Körperliche Abgeschiedenheit.

Khandha: Die Daseins- oder Anhaftungsgruppen, nennt man die fünf Gruppen, aus denen ein Mensch besteht: Körper, Gefühl, Wahrnehmung, Geistesformationen und Sinnesbewußtsein, d.h. der Körper und die vier Teile des Geistes.

Lokiya: Weltlich, nennt man alle, nicht mit dem überweltlichen Pfad verbundenen Bewußtseinszustände und Geistesfaktoren.

Lokuttara: Überweltlich, nennt man die als die vier überweltlichen Pfadergebnisse bezeichneten Bewußtseinszustände.

Magga-Phala: Pfad und Frucht. Der Eintritt in einen der überweltlichen Bewußtseinszustände.

Māna: Dünkel – Fehlglaube über das »Ich«, ist eine von den an den Kreislauf des Daseins kettenden zehn Fesseln.

Māra: Der Versucher, ist die Personifikation der die Menschen überwältigenden Leidenschaften.

Meditationsmethoden, vierzig: 10 Kasina-Übungen (Farbscheiben); 10 Leichenbetrachtungen; 10 Achtsamkeiten: auf den Buddha, seine Lehre, seine heilige Jüngerschaft, den Körper, die Ein- und Ausatmung, Körperhaltung, Körperteile und Bewegungen, Gefühle, Bewußtseinszustände und Geistesobjekte; vier Göttliche Verweilungsstätten: liebende Güte, Mitgefühl, Mitfreude und Gleichmut; vier unkörperliche Gebiete; eine Vorstellung der Unerfreulichkeit der Nahrung; eine Zerlegung des Körpers in seine vier Elemente.

Mettā: Liebende Güte, bedingunsglose Liebe, ist eine der vier Göttlichen Verweilungsstätten. Die anderen drei sind: Mitgefühl, Mitfreude und Gleichmut.

Muditā: Mitfreude.

Nibbāna: Wörtl. nicht-brennen, ist das höchste Ziel allen buddhistischen Strebens, die endgültige, restlose Befreiung aus der Daseinsrunde, von allem künftigen Wiedergeborenwerden, Altern und Sterben, Leiden und Elend.

Nivaraṇa: Die fünf Hindernisse: 1. Begierde nach Sinnesbefriedigung, 2. Übelwollen, 3. Lässigkeit und Trägkeit, 4. Unruhe und Rastlosigkeit, 5. Zweifelsucht.

Padhāna: Die vier großen Anstrengungen: vermeiden, überwinden, entfalten, erhalten.

Papañca: Weitschweifigkeit, Mannigfaltigkeit, Vervielfältigung.

Paṭiccasamuppāda: Die bedingte Entstehung, ist die Lehre von der Bedingtheit aller körperlichen und geistigen Phänomene.

Pīti: Entzückendes Körpergefühl in der ersten Vertiefung, Interesse, Begeisterung.

Puthujjana: Weltling, nennt man jeden, der noch sämtliche zehn Fesseln und daher noch keine der vier Heiligkeitsstufen (Stromeintritt usw.) verwirklicht hat.

Rūpa-Jhāna: Die vier feinkörperlichen Vertiefungen.

Sacca: Wahrheit, die → vier Edlen Wahrheiten.

Sakadāgāmī: Der Einmalwiederkehrende; die zweite der vier Stufen der Heiligkeit auf dem Weg zu → *Nibbāna*.

Sakkāya-Diṭṭhi: Persönlichkeitsglaube. Die erste der zehn Fesseln, die beim Stromeintritt aufgegeben wird.

Samatha: Ruhe, Ruhemeditation, ein Synonym von *Samādhi*.

Sampajañña: Wissensklarheit; oft verbunden mit Achtsamkeit (*Sati-Sampajañña*).

Saṁsāra: Kreislauf des Daseins oder der Wiedergeburten, der scheinbar unauflösliche Prozeß des immer wieder und wieder Geborenwerdens, Alterns, Leidens und Sterbens.

Saṁvega: Ergriffenheit, Gefühl der Dringlichkeit.

Sangha: Wörtl. Schar, ist eine Bezeichnung für die Mönchs- und Nonnengemeinschaft.

Sankhāra: Gestaltung, Bildung, bezeichnet sowohl die Tätigkeit des Gestaltens als auch den passiven Zustand des Gestaltetseins, das Gestaltete, das Gebilde, Karmaformationen in Gedanken, Worten und Taten.

Sīlabbata-Parāmāsa: Glaube an Regeln und Riten, ist die von dem Stromeingetretenen überwundene dritte von den zehn ans Dasein kettenden Fesseln.

Sotâpanna: Stromeingetretener; der erste der Edlen Jünger, der die ersten drei Fesseln abgelegt hat.

Sotâpatti: Stromeintritt; die erste der vier Stufen der Heiligkeit auf dem Weg zur Verwirklichung des → *Nibbāna*.

Stück-für-Stück-Methode: Achtsamkeit auf die Empfindungen im Körper (siehe Anhang).

Theravāda: Die Lehre der Ordensälteren, die im Pali-Kanon überlieferte älteste Fassung der Buddha-Lehre. Eine der beiden großen Traditionen des Buddhismus, die in Sri Lanka, Burma, Thailand, Laos und Kambodscha beheimatet ist.

Tugenden, zehn: 1. Freigebigkeit, 2. Sittlichkeit, 3. Entsagung, 4. Weisheit, 5. Willenskraft, 6. Geduld, 7. Wahrhaftigkeit, 8. Entschlußkraft, 9. Liebende Güte, 10. Gleichmut.

Tugendregeln, fünf: 1. Ich will mich darin üben, kein Lebewesen zu töten. 2. Ich will mich darin üben, nichts zu nehmen, was mir nicht gegeben wurde. 3. Ich will mich darin üben, keinen sexuellen Mißbrauch zu betreiben. 4. Ich will mich darin üben, nicht zu lügen und keine groben Worte zu gebrauchen. 5. Ich will mich darin üben, Alkohol und Drogen zu vermeiden.

Upādāna Khandha: Die fünf Gruppen des Anhaftens. Der Körper und die vier Teile des Geistes: Sinnesbewußtsein, Gefühl, Wahrnehmung und Geistesformationen.

Upekkhā: Gleichmut.

Vedanânupassanā: Betrachtung der Gefühle; zweite Grundlage der Achtsamkeit.

Vicikicchā: Skeptischer Zweifel, Zweifelsucht, ist eins der fünf Hindernisse und eine der drei Daseinsfesseln, die beim Stromeintritt überwunden werden.

Vīmaṁsā-Samādhi: Konzentration des Erwägens.

Vipāka: Karmawirkung.

Vipassanā: Einsicht; das aufblitzende, intuitive Erkennen der Vergänglichkeit, des Leidens und der Unpersönlichkeit aller körperlichen und geistigen Erscheinungen.

Virāga: Gierlosigkeit.

Viriya-Samādhi: Konzentration der Willenskraft.

Wahrheiten, vier Edle: 1. Existenz ist *Dukkha*. 2. Der Grund dafür ist Begierde. 3. Es gibt ein Ende von *Dukkha*, das → *Nibbāna* heißt. 4. Der Weg, der dorthin führt, ist der → Edle achtfache Pfad.

Yathābhūta-Ñāṇadassana: Das Wissen und Sehen der Dinge, wie sie wirklich sind; eine der 18 Arten des Erkenntnisblicks.

Lebenslauf

Die *Ehrw. Ayya Khema* wurde als Kind jüdischer Eltern 1923 in Berlin geboren. Mit 15 Jahren musste sie Deutschland mit einem Kindertransport nach Schottland verlassen und entging so der Deportation durch die Nazis.

1940 kam sie nach China, wo sie während der japanischen Besatzung drei Jahre in Zivilgefangenschaft gehalten wurde. 1949 wurde Ayya Khema amerikanische Staatsbürgerin und lebte als Ehefrau und Mutter zweier Kinder in Kalifornien. 1964 siedelte die Familie nach Australien über und führte auf einer eigenen Farm ein autonomes Landleben.

Auf ihren Reisen durch Asien kam Ayya Khema mit dem Buddhismus in Berührung. Nach Jahren der Ausbildung bei namhaften Lehrern in Burma, Thailand, Sri Lanka, U.S.A. und Australien begann sie 1975 Meditation und die Lehre des Buddha – in der Theravada-Tradition – zu vermitteln. Sie wurde eine gesuchte Meditationsmeisterin und gründete 1978 unweit von Sydney das Waldkloster »Wat Buddha Dhamma«. Mit 56 Jahren wurde sie in Sri Lanka als Nonne ordiniert. Zwei Jahre später gründete sie das »International Buddhist Women's Centre« nahe Colombo. 1984 schuf sie mit ihrem Frauenkloster und

Meditationszentrum auf einer kleinen Insel – mit Namen »Parappuduwa Nuns Island« – im Südwesten Sri Lankas eine internationale Stätte für Studium und Praxis des Buddhismus.

Nach 50 Jahren der Abwesenheit kehrte sie auf Bitte ihrer Schülerinnen und Schüler in ihre Heimat zurück, um das Dhamma zu lehren und in Deutschland zu etablieren.

Aufgrund ihrer Inspiration entstand im Allgäu das Buddha-Haus, sowie das erste buddhistische Waldkloster Deutschlands, mit Namen »*Metta Vihara*«.

Der Jhana Verlag wurde durch ihre Initiative gegründet und konnte zahlreiche Bücher mit ihrer Lehrdarlegung veröffentlichen, die unterdessen in viele Sprachen übersetzt worden sind.

Die Ehrw. Ayya Khema starb am 2. November 1997 im Buddha-Haus im Allgäu. Sie war buddhistische Nonne, Meditationsmeisterin und eine der größten Mystikerinnen dieses Jahrhunderts.

Weitere Bücher im Jhana Verlag

Der Pfad zum Herzen

– auf den Spuren des Buddha –

In diesen Vorträgen wird die Lehre des Buddha auf einfache und verständliche Weise im Sinne einer konkreten Lebenshilfe für den Alltag erklärt.

broschiert, 120 Seiten, 3. Auflage
Preis 10,00 € / 18,50 sFr
ISBN 3-931274-04-7

Komm und sieh selbst

– Eine Reise in neue Welten –

Hier gibt Ayya Khema mit ihren klaren und praxisnahen Interpretationen der Lehre des Buddha einen Wegweiser, wie wir die Erkenntnisse in unserem Alltag bis hin zur inneren Freiheit anwenden können.

geb., 312 Seiten, 2.verb. Auflage
Sonderpreis 10,00 € / 17,70 sFr
ISBN 3-931274-07-1

Grenzenloses Sein

– Gedenkschrift für Ayya Khema –

Das wohl persönlichste Buch über das Leben und Werk von Ayya Khema mit privaten Tagebuchnotizen, unveröffentlichten Vorträgen, zahlreichen Fotos.

geb. mit Schutzumschlag, 424 Seiten
Sonderpreis 15,00 € / 26,30 sFr
ISBN 3-931274-12-8

Jhana Verlag • Buddha-Haus • Uttenbühl 5
87466 Oy-Mittelberg • Tel.: 0 83 76 / 5 02 • Fax: 5 92
e-mail: info@jhanaverlag.de • www.buddha-haus.de

Ayya Khema

Ich schenke euch mein Leben

Die Geschichte einer ungewöhnlichen, bewundernswerten Frau: Ayya Khema, mit bürgerlichem Namen Ilse Kussel, wuchs im Berlin der 20er-Jahre auf. Als Fünzehnjährige floh sie vor den Nazis nach England. Ein rastloses Leben führte sie durch die halbe Welt, bis sie in Ceylon ihre geistige Heimat im Buddhismus fand. Sie gründete das erste buddhistische Waldkloster Deutschlands und wurde als spirituelle Lehrerin hoch geehrt. Ein Leben, so spannend wie ein Roman.

Knaur MensSana

Thich Nhat Hanh

Die fünf Pfeiler der Weisheit

Thich Nhat Hanh, einer der bedeutendsten buddhistischen Lehrer der Gegenwart, hat die fünf Kernaussagen des Buddhismus für unsere Zeit neu formuliert und interpretiert. An Gesellschaftsthemen wie Beziehungen oder Kommunikation macht er deutlich, dass der Buddhismus auch im westlichen Alltag von zentraler Bedeutung ist.